U0636662

2014

中国金融发展报告

上海财经大学现代金融研究中心
上海财经大学金融学院

上海财经大学出版社

图书在版编目(CIP)数据

2014 中国金融发展报告/上海财经大学现代金融研究中心,上海财经
大学金融学院编. 一上海:上海财经大学出版社,2014.11
ISBN 978-7-5642-2053-2/F・2053
Ⅰ.①2… Ⅱ.①上… ②上… Ⅲ.①金融业-经济发展-研究报告-
中国-2014 Ⅳ.①F832
中国版本图书馆 CIP 数据核字(2014)第 283337 号

□ 责任编辑　施春杰
□ 封面设计　张克瑶
□ 责任校对　赵　伟　廖沛昕

2014 ZHONGGUO JINRONG FAZHAN BAOGAO
2014 中 国 金 融 发 展 报 告
上海财经大学现代金融研究中心
上 海 财 经 大 学 金 融 学 院

上海财经大学出版社出版发行
(上海市武东路 321 号乙　邮编 200434)
网　　址:http://www. sufep. com
电子邮箱:webmaster @ sufep.com
全国新华书店经销
同济大学印刷厂印刷
上海景条印刷有限公司装订
2014 年 11 月第 1 版　2014 年 11 月第 1 次印刷

710mm×960mm　1/16　15.75 印张　282 千字
定价:46.00 元

2014 中国金融发展报告编委会

主　任：王安兴　丁剑平
成　员：胡乃红　钟　明　王　甄
　　　　李　曜　王安兴　丁剑平

前　言

　　经过 30 年高速增长之后,过去 30 年积累的社会和经济问题逐步进入爆发期,中国经济进入经济结构调整、发展方式转变的关键时期,中国的金融改革也在逐步深入进行之中。新的中央领导集体非常关注系统性与区域性金融风险的防范,不断采取各种措施稳定经济增长、转换经济增长模式、促进就业,防止发生金融危机与社会经济危机。在这种新的政治、经济环境下,《2014 中国金融发展报告》正式面世。

　　《2014 中国金融发展报告》是上海财经大学现代金融研究中心与上海财经大学金融学院联合组织编写的年度性研究报告。本年度报告分为"概况篇"和"专题篇"。

　　《2014 中国金融发展报告》的"概况篇"对 2013 年中国金融市场在各个层面的发展和潜在风险进行了全面梳理;详细介绍了 2013 年中国银行业的创新发展与系统性风险;对 2013 年中国保险业运行进行了认真的分析;展望了 2014 年中国银行业和保险业的发展前景,系统分析了在国内外经济情况动荡不安的形势下企业的融资环境和未来趋势展望,对我国的中小企业融资环境特别是私募股权基金和风险投资基金存在的问题进行了严谨的分析,并指出了其未来发展前景。

　　《2014 中国金融发展报告》的"专题篇"较完整地介绍了系统性与区域性金融风险和金融危机的理论,指出中国与发达资本主义国家发生金融危机的异同,并结合中国社会政治、经济形势,详细分析了中国各级政府的债务风险、不同类型的商业银行和公司的债务风险;通过案例解释中国的系统性和区域性金融风险与国际经验的异同,指出中国发生系统性和区域性金融风险的机制;总结了 2013 年中国各级政府、商业银行、工商企业的潜在债务风险,以及可能的应对之策。

《2014 中国金融发展报告》是上海财经大学现代金融研究中心与金融学院教师集体创作的成果,自 2000 年开始已经连续出版了 15 期。本年度报告由王安兴、丁剑平总负责。其中,丁剑平负责"概况篇"框架的拟订和统稿,王安兴负责"专题篇"框架的拟订和统稿,金德环对"专题篇"框架的拟订和统稿也有重要贡献。

《2014 中国金融发展报告》第一篇"概况篇"各章节的主要内容和执笔者如下:

（1）2013～2014 年中国银行业的创新发展与系统性风险——胡乃红、钟洁、顾淑霏

（2）2013 年中国保险业运行分析和 2014 年展望——钟明、李岩、张婷

（3）经济动荡中企业的融资环境分析和展望——王甄

（4）我国的中小企业融资环境——李曜

《2014 中国金融发展报告》第二篇"专题篇"各章节的主要内容和执笔者如下:

（1）系统性和区域性金融风险——王栋梁、朱宇杰

（2）中国政府债务风险——王栋梁、林正凯

（3）2013 年中国银行业风险分析——甘文超

（4）企业债务风险分析——王栋梁、林正凯

上海财经大学现代金融研究中心　　王安兴

上海财经大学金融学院

2014 年 7 月

目　录

第二篇　专题篇

第一篇

概况篇

1 2013～2014 年中国银行业的创新发展与系统性风险

胡乃红　钟洁　顾淑霏

为了帮助国内外和社会各界更加全面深入地了解 2013～2014 年中国银行业的经营情况和发展趋势,本次报告从银行业的创新发展与系统性风险两个方面对 2013～2014 年中国银行业进行了较为全面的介绍、分析和展望。报告从 2013～2014 年我国银行业的发展、创新、风险和监管四个方面,分别对利率市场化、人民币跨境结算、影子银行、互联网金融、民营银行等热点问题进行了客观深入的解读,并阐述了银行产品和业务创新以及国际化发展过程中随之而来的系统性风险。

1.1　2013～2014 年我国银行业的发展

从中国人民银行集中管理到四大国有行专营,历经国有银行股份制改革、中小银行兴起、外资银行入资等过程,到如今多层次、宽业务、强竞争的市场格局,中国银行业的发展是一个不断完善、改革的过程。正如 2013 年 11 月举行的十八届三中全会在《中共中央关于全面深化改革若干重大问题的决定》关于"完善金融市场体系"中指出的,金融改革仍然是中国深化体制改革的重点和难点,而作为国民经济重要脉搏的中国银行业的改革更是国内金融改革的重中之重。2013～2014 年中国银行业发展突出表现在市场化、国际化的发展上。

1.1.1　市场化

1.1.1.1　利率市场化

为了发挥市场在资源配置中的作用,实现有效竞争,最为重要的一步是确立市场定价机制。而作为所有金融要素定价的基础——利率,便成了市场化最主要的目标。2013～2014 年是利率市场化进一步放开的一年。自 2013 年 7 月 20 日起,中国人民银行决定全面放开金融机构贷款利率管制,包括取消贷款利率 0.7 倍的下限,由金融机构根据商业原则自主确定贷款利率水平。至此我国贷款利率市场化基本完成,仅剩下最为关键的一步,即逐步放开存款利率上限。临近年尾,存款利率市场化又获得小步推进。12 月 9 日,同业存单开闸,几天之后,国家开发银行、工商银行、农业银行、中国银行、建设银行、交通银行、招商银行、中信银行、兴业银行、浦发银行等纷纷发行同业存单。作为目前唯一具有存款性质的市场化利率,同业存单利率能为未来存款利率市场化提供参考,为存款利率市场化进行铺垫。

图 1—1 为 2012～2013 年的银行间拆放利率(shibor)数据,可以看到无论是国有银行还是股份制银行,存贷利率均出现了差异。但大型国有银行之间的差异还表现得不是十分明显,股份制银行与之相比差异显著。

利率市场化在完善市场竞争和提高资源配置效率的同时,也给整个金融市场带来了一定的风险。对于在我国金融体系中占据主导地位的银行业来说,利率市场化将对其产生深远影响。商业银行不仅要面对存贷利率差收窄、赢利能力下降、风险明显加大、定价能力亟待提升等冲击与挑战,其传统的业务模式和内部管理模式也将面临转型挑战。例如,2013 年 6 月前后出现的"钱荒"引起货币市场的波动,显露了商业银行信贷扩张管理不善引发的流动性风险。此次"钱荒"中,央行拒绝注入流动性的同时启动正回购,大型商业银行加入借钱大军,隔夜头寸拆借利率一天内飙升 578 个基点,达到 13.44%,如图 1—2 所示。与此同时,各期限资金利率全线大涨,"钱荒"进一步升级,资本市场大幅下挫。

虽然贷款利率已全面放开,但约束银行经营成本的存款利率却仍没有放开。面对利率差收窄和经营风险加大的考验,所有商业银行应该找准市场定位,寻求差异化经营和加强风险管理机制,不同规模的银行可以探索国际化经营、专业化经营或者综合化经营的不同发展方式。

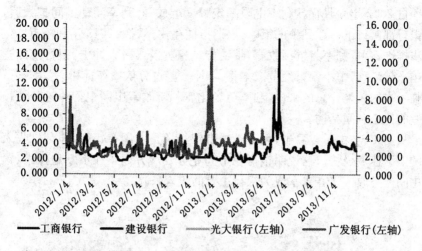

资料来源：shibor 官网。

图 1－1　2012～2013 年工商银行、建设银行、光大银行、广发银行的 shibor 数据

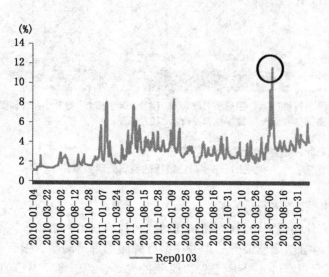

资料来源：国泰安数据库。

图 1－2　2010 年到 2013 年 10 月底货币市场的 7 天回购利率

1.1.1.2　银行业利润结构的变化

利率市场化加大了商业银行业务转型的压力。在信贷增速放缓、存款分流以及融资约束的市场条件下，商业银行面临发展方式、业务模式、业务范围和管理模式等各方面的转型压力，而外部环境的变化也给银行转型带来机遇。

自 2012 年 6 月存款利率上限一定程度上放开、利率浮动区间扩大后,多数银行都实行了一浮到顶的策略,以期招揽存款。随着 2013 年利率市场化的稳步推进,存贷利率将继续收窄,带给传统赢利模式极大冲击,银行揽储竞争将越来越激烈,中小银行经营成本将上升,一些过分依赖存贷利率差的银行将面临亏本的风险。总的来说,利率市场化有利于改善中国银行业过分依赖存贷差的传统利润结构。

从图 1—3 中可以看出,无论是国有银行还是非国有银行,非利息收入占比的上涨速度极快。这说明银行在中间业务发展方面正在不断地探索,银行的中间业务收入将在未来成为银行主要的收入来源之一。

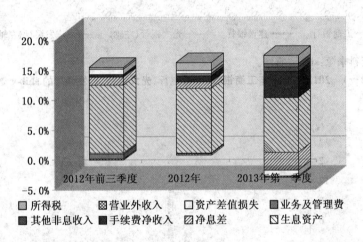

资料来源:根据各银行公开数据整理。

图 1—3　商业银行的利润驱动因素

1.1.1.3　民营银行的发展

从国有计划经济转型而来的中国经济,政策制定和市场准入总是偏向于国有银行。因此,民营银行一直关注银行牌照的解禁问题。银行业的对内开放,允许民间资本进入是银行业 2013 年的大事。2013 年 7 月 5 日,国务院办公厅正式下发的《关于金融支持经济结构调整和转型升级的指导意见》中明确提出,"尝试由民间资本发起设立自担风险的民营银行、金融租赁公司和消费金融公司等金融机构"。此消息一出,各类民营资本闻风而动,到年底总计有36 家民营银行获得核准。

比起国有计划资本,民营资本的优势在于有较为灵活的业务发展,具有机制活、效率高、专业性强等一系列优点,同时也有着区域性、规模小、侧重小微企业信贷和风险自担的特点。民营资本的准入标志着目前国内银行市场已经在向完全竞争市场方向迈出极大的一步,势必将影响银行业的行为。然而,新的银行的进入要经过严格的审批程序,并不能在市场上迅速开辟较大的业务份额。这一方面反映了监管部门对风险的控制,也暗示着目前实现完全竞争市场化的条件还不够成熟。银行好开,风险难防。在国家金融新政利好的宏观环境下,风险自担是对蜂拥而至的民营银行家们的"生死考量"。

1.1.2 国际化

银行国际化,是指银行从事国际金融业务,到海外建立机构开展业务,其经营由国内发展到国外,从封闭走向开放的过程。从内容上看,银行国际化主要包括业务国际化、机构国际化、管理国际化和监管国际化。金融危机的爆发重创欧美经济,中国一跃成为拉动全球经济发展的主力。然而,当前人民币国际化程度与我国经济发展水平不匹配,完善汇率制度、实现人民币自由兑换势在必行。

随着我国经济逐步走向成熟、利率市场化的推进和竞争的加剧,中资银行本土经营的赢利空间逐渐收窄,在人民币跨境贸易结算和资本项目自由化逐步推进的同时,银行业需要通过发展海外市场拓宽赢利渠道。2013～2014年中国银行业在国家改革开放方针影响下,国际化进程进一步加快,国际影响力进一步提高,体现在对外直接投资上升、"走出去"步伐加快。继续按主动性、可控性和渐进性原则,进一步完善人民币汇率形成机制,坚持以市场供求为基础,参考一篮子货币进行调节,增强人民币汇率弹性,保持人民币汇率在合理均衡水平上的基本稳定,扩大人民币在跨境贸易和投资中的使用,金融市场创新和规范管理进一步加强。

2013年第三季度,中国境内金融机构对境外直接投资流出73.28亿美元,流入8.70亿美元,净流出64.58亿美元,较第二季度1.35亿美元的净流出相比,环比增幅较多,且多于同期境外金融机构来华直接投资净流入(见图1—4)。这一趋势反映了以银行业为代表的国内金融机构"走出去"步伐进一步加快。

据中国银监会的数据显示,截至2012年末,共有16家中资银行在海外设立了1 050家分支机构。其中,在亚洲设立机构数量达到937家,占中资银行全部海外机构数量的90%以上。随着中国经济影响力的增强,以及人民币使用范围的不断扩大,预计中国银行业在亚洲的影响力还将不断扩大。

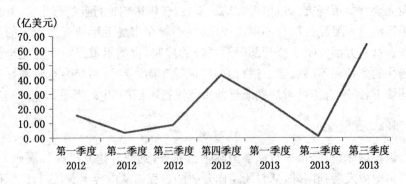

资料来源：国家外汇局。

图1-4 2012年第一季度到2013年第三季度金融机构对外直接投资净流出

表1-1 中国银行业"走出去"大事记

年 份	事 件
2009	建设银行开展海外业务，在与我国双边贸易额超过200亿美元的17个国家设立机构
2010	工商银行在伦敦、卢森堡和法兰克福拥有分行，并计划最终将其欧洲总部设在卢森堡分行，并正加快推进海外扩张
2011	建设银行谈判收购一家巴西银行，计划在拉丁美洲最大的经济体开设一家子公司
2012	工商银行被获准在巴西设立分行，以帮助其客户在拉美开展业务，并收购了标准银行阿根廷分行80%的股份

　　实现国际化是中国经济发展的必经阶段。目前，中国已经是世界第二大经济体，经济金融实力不断增强，国际化的基本条件已经具备。只有走稳人民币国际化、资本项目实现可兑换、完善汇率市场形成机制等每一步，人民币国际化才能更好地服务中国的实体经济。然而，不可忽略的是，中国金融市场大门进一步打开，在全球货币政策全面量化宽松条件下，泛滥的流动性会让更多的海外资金进入中国市场，而这些资本究竟对国内的银行体系带来了怎样的利弊，还有待深入研究。

1.2 2013～2014年我国银行业的创新

　　随着中国经济的不断发展，市场机制不断完善，金融创新的市场需求也迅猛增长。当前，随着改革进程的加快和改革成果的显现，中国银行业在客观上已经具备了一定的创新条件，在主观上也形成了很强烈的创新动力。2013年是银行业的一大创新年,主要体现在业务与产品、外部经营环境以及组织结构方面,我们将在下文一一详述。

1.2.1　银行的信托贷款业务与未贴现票据承兑业务

近几年来,银行的信托贷款业务发展快速,从图1—5可以看到,到2013年3月,银行的信托贷款达到了一个顶峰。这对金融创新与经济发展都起到了积极的作用。但信托贷款业务的发展也带来了较大的风险隐患。一些信托机构将一般信托存款假冒委托存款,变相扩大信托贷款规模。

当经济回落、信贷需求不足时,银行会"以票充贷"。如图1—5所示,2012年的经济下行,使银行的未贴现承兑汇票业务急剧上升。

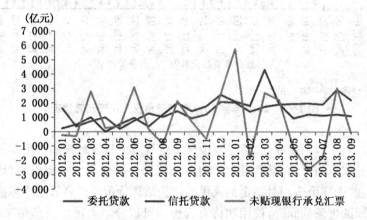

资料来源:中国人民银行网站。

图1—5　2012年到2013年9月份的相关贷款数据走势

1.2.2　跨境人民币业务

人民币跨境贸易结算自2009年7月6日开闸。据中国人民银行公布,2013年全年跨境贸易人民币结算业务累计为4.63万亿元,较上年的2.94万亿元同比大增57%,反映出人民币国际化持续推进下,货币使用度飞速增长。如图1—6所示,跨境贸易和投资人民币结算业务平稳有序发展。

经国务院批准,2013年10月9日,中国人民银行与欧洲中央银行签署了规模为3 500亿元人民币/450亿欧元的中欧双边本币互换协议。与欧洲中央银行建立双边本币互换安排,可为欧元区人民币市场的进一步发展提供流动性支持,促进人民币在境外市场的使用,也有利于贸易和投资的便利化。

实现人民币跨境结算是人民币国际化的第一步,给境内外企业均带来一

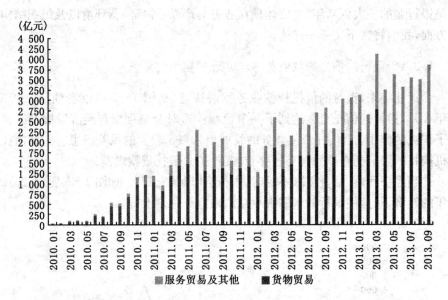

资料来源:中国人民银行网站。

图1—6 2010年到2013年跨境贸易人民币结算情况

些好处。对于境内企业,跨境结算业务一定程度上有效地规避了汇率风险,增加了财务成本的可预测性,且由于流程的精简使得交易成本得以降低。对于境外企业,选择币值相对稳定的人民币作为结算货币可以降低汇率风险,拓宽其在中国的市场的同时,使用和持有人民币可以分享人民币升值带来的经济效益。然而,跨境结算也有诸多风险,如汇率风险、政策风险、贸易壁垒等。目前,我国跨境人民币结算总量占外贸总额依然偏低,跨境贸易人民币结算存在结构性失衡问题,在跨境贸易中,使用人民币结算的贸易伙伴主要集中在中国周边国家和地区。

1.2.3 影子银行体系的活动

影子银行是游离于银行监管体系之外、行使着银行的功能却不受监管或少受监管的非银行金融机构。我国的影子银行目前表现为三类:一是银行表外业务融资、委托贷款和银信合作产品;二是小贷公司、担保公司、典当行和财务公司等非银行机构以及地下钱庄、亲友间借贷等;三是尚在起步阶段的私募基金、货币市场基金等。影子银行系统与传统银行系统相比,其信用转换的过程要复杂得多,一般来说,包括以下四个步骤:

(1)贷款起源。金融机构通过商业票据、中期票据和债券进行融资。

（2）贷款仓库。由多渠道或单一渠道中转机构发行资产支持商业票据（ABCP)进行融资。这些中转机构是金融公司发起的具有独立所有权的公司,职能主要是购买资产,然后以所购资产为基础发行商业票据,发起公司试图通过中转公司将风险移至表外,中转公司资本金很少且其资产在发起公司的资产负债表外,破产后对其发起公司影响较小。多渠道中转机构向多家公司购买资产,单一渠道中转机构则向一家公司购买资产。

（3）资产证券化。资产证券化就是将能够产生现金流的资产转化为可交易债券的过程,通常由发起人将证券化资产出售给一家特殊目的机构（SPV),或者由 SPV 主动购买可证券化的资产;然后,SPV 将这些资产汇集成资产池（Assets Pool),再以该资产池所产生的现金流为支撑在金融市场上发行有价证券融资;最后,用资产池产生的现金流来清偿所发行的有价证券。其典型产物就是 ABS(资产支持证券)和更加复杂的 CDO(担保债务凭证)。

（4）批发性融资。最后,证券化产品在批发性融资市场上取得资金,资金的提供者包括货币市场共同资金,另外还有众多直接货币市场投资者,包括短期资金批发市场（Repo)、商业票据和资产支持商业票据等工具、固定收益共同基金、养老基金等。

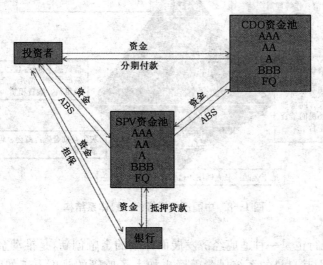

图 1—7　影子银行流程

我国的金融体系尚处于建立发展的阶段,过去的金融发展主要是以国有商业银行为中心,辅以其他非银行金融机构,例如证券、基金、信托、保险等。再者,我国对金融机构业务范围、金融产品等方面管理一向较为稳健。从影子银行传统的定义来看,我国对非银行金融机构的管理比较充分,我国的影子银行发展较为分散,并未形成网络状的影子银行体系,而是零散地通过影子银行业务为市场上有融资需求的个人、企业或政府提供资金。

但值得注意的是,近两年来,我国的信托产品大行其道,融资租赁快速发展,成为影子银行体系中新的增长点。2008年信托业总资产刚突破万亿元,而2012年底,已经达到7万亿元,融资租赁业突破万亿元,小额贷款、融资担保、典当行等也出现迅猛扩张趋势。同时,这些非银行金融机构在利率定价方面有比较大的灵活性,更能适应市场的发展,比银行有一定的优势。利率市场化改革实际上推动了影子银行的发展。

影子银行规模在2012年底大约在25万亿元左右。同期,中国商业银行总资产为93.6万亿元,影子银行资产规模占商业银行资产规模的比例为26.7%,占银监会监管的全部金融机构资产规模约18%。而美国的影子银行规模在2008年已经超过了商业银行的资产规模,欧洲的影子银行规模也与商业银行规模接近。

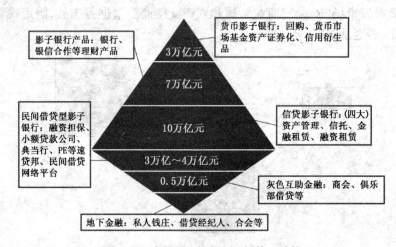

图1-8 中国影子银行(金融)体系结构

影子银行也是一种适应经济发展而伴生的金融创新,是推动金融发展的积极力量,但其自身的系统风险无疑也加大了监管的难度。正如图1-8所示,影子银行的融资规模相当庞大,且目前其融资总量仍在增长。这将给我国的金融体系带来巨大的风险敞口,是监管层必须重视的问题。

1.2.4 互联网金融

2013年是互联网金融的元年。以余额宝为代表的金融产品的成功推出,标志着以大数据、云计算为基础的新金融模式作为黑马闯入，给整个金融体系带来了一定程度的冲击。监管层根据国内互联网金融的业务将其划分为五种模式：第三方支付、P2P、众筹、互联网理财和互联网保险。互联网行业与金融业在中国融合得如火如荼，而在互联网和金融都十分发达的美国，这二者虽有结合，却一直没有得到进一步的发展。其根本原因主要有两个：①中国金融体系中的"金融压抑"宏观背景，即相当规模的个人、中小企业没有受到金融服务；②所涉及的金融业务的监管存在空白。

也就是说，互联网金融与传统金融并不是完全对立的存在；相反，互联网金融弥补了以银行为代表的传统融资方式的空缺。以营利为目的的商业银行由于考虑成本、风险因素等，拒绝贷款给中小企业，导致了近年来中国民间借贷的蓬勃发展和影子银行体系的产生。顺应形势，互联网金融在一定程度上解决了中小企业贷款难、个人支付平台较繁琐、存款收益低等问题。详细比较见表1-2。

表 1-2　　　　　　　　　　　　　互联网金融比之传统金融的优势

传统金融服务的缺陷	互联网金融的优势	典型代表
中小企业获得银行贷款难	通过掌握大量交易数据，直接对企业评级后放贷	阿里巴巴
银行支付体系无法满足便利性需求	开拓第三方支付平台，存、取、支付等功能便捷	支付宝
银行活期存款利率受到限制	开辟银行存款到货币基金的通道并兼具支付功能	余额宝

2013 年以来，央行推出的一系列防控互联网金融风险的监管举措正式对外明确：鼓励互联网金融发展创新的理念、方向、政策不会改变。对待任何金融创新都应该采取限制和鼓励并存的态度，在没有彻底了解之前，市场不能一味打击和提倡。央行有关负责人再次重申，下一步探索和完善互联网金融监管必须围绕五个原则：一是互联网金融创新必须坚持金融服务实体经济的本质要求，合理把握创新的界限和力度；二是互联网金融创新应服从宏观调控和金融稳定的总体要求；三是要切实维护消费者的合法权益；四是要维护公平竞争的市场秩序；五是要处理好政府监管和自律管理的关系，充分发挥行业自律的作用。由此可见，在民间饱受争议的互联网金融，央行对其持有既包容又管制的态度。

1.3 2013～2014年我国银行业的风险分析

2013年银行业总体保持稳健运行,在创新发展的同时,银行体系也存在突出的风险问题。下面分别从市场化和国际化的角度,对其中主要的风险展开分析。

1.3.1 市场化发展中的风险分析

1.3.1.1 银行理财产品的风险

银行理财产品自2005年发行以来,发展势头迅猛。尤其是近年国内融资需求猛增而货币政策偏紧,刺激起国内银行理财产品十分火爆。在现实中,银行理财产品除了是一种理财服务,还成为一种重要的融资渠道。在国内的影子银行或者说银行的影子业务中,理财产品扮演了重要的角色。据有关统计,2013年国内银行共发行了4.9万款理财产品,比2012年的3.2万款增长高达40%。2013年的银行理财产品从银行来看,国有大行和股份制上市银行成为银行理财产品发行的主力。

不过,理财产品的泛滥也带来了潜在的风险。理财产品的迅速膨胀形成了大量的表外资产。这些规模庞大的表外资产可能会对银行的资产质量和经营稳定性带来影响。此外,大量发行理财产品埋藏了潜在的违约风险。不久前中诚信托的"诚至金开1号"理财产品差点爆发债务违约风暴,最后由来历不明的第三方投资者出面摆平此事。在国内1年期定存利率最高3.3%的情况下,能获得9%～11%报酬率的理财产品的确很有吸引力。但是,这些巨额资金大多被投向实际情况并不透明的风险商品。在目前经济增长放缓的背景下,获利恶化的理财项目及面临经营破产的投资者正在增加,一旦发生债务违约,将可能产生银行体系的系统性风险。

1.3.1.2 银行信托业务的风险

目前,银行信托的常用方式包括信托收益权转让、应收款项类投资、委托贷款债权转让、理财产品对外委托贷款四种,通过这些操作,银行或者把客户贷款变成了资金类金融资产(应收账款类投资),或者直接在表外。

随着表外业务数量的增加,其所带来的不透明和潜在的信贷风险也不断增加,尤其银行的"银信合作"业务。比如工行的做法是,企业首先设立自益型财产权信托计划,再将信托受益权转让给银行理财资金,这样,银行在不作受益权转让登记的情况下,达到"曲线"为企业融资的目的。表外业务的扩张给银行带来了潜在的信用风险和市场风险,从而加大了系统性风险发生的可能性。

1.3.1.3 影子银行的风险

当前,影子银行体系民间借贷、规模过大、套利严重等行为大量存在,游离于监管体系之外的影子银行聚集了大量的风险,具体表现如下:

(1)存在监管漏洞。在目前金融控股公司蓬勃发展的趋势中,跨市场产品和跨市场机构监管无力,更遑论对影子银行的结构化产品和场外交易的"监管空白"。并且多头监管使得没有一家监管机构能够获得相应的法律授权负责整体风险,出现威胁整个金融体系稳定的重大危机问题时也缺乏完善有效的协调机制。

(2)融资规模过大,风险敞口暴露严重。民间借贷、担保公司、委托贷款、小额贷款、地下钱庄、典当行、期货配资、融资租赁8种影子银行融资占据融资总量很大的比例,其中民间借贷规模最为庞大。这样大的融资规模伴随着巨大的风险敞口,且不受监管约束。

(3)扭曲的委托贷款。上市公司的控股股东以及控股子公司凭借上市公司获取低息贷款,再将贷款以基准利率转贷给关联企业,上市公司成为整个企业集团及关联公司的"资金中转站"。

(4)挑战货币政策的宏观调控。高杠杆运作的影子银行对整个金融机构体系的经营、金融市场的资产质量等稳健性指标有着无法忽略的影响。央行作为最后的救助人,其挽救行为以及事后采取的数量宽松等措施很可能对中长期通货膨胀和货币政策造成影响。

1.3.1.4 地方融资平台债务风险

根据2013年中国银行业监督管理委员会印发的《中国银监会关于加强2013年地方政府融资平台贷款风险监管的指导意见》,地方政府融资平台是指由地方政府出资设立并承担连带还款责任的机关、事业、企业三类法人。地方政府在投资基础设施等公益项目时,由于财政资金短缺而成立自己的投融资公司,向银行贷款并给银行以政府的担保。这样一来,非信贷融资的增长使风险急剧增加。据近年来中国审计署报告显示,地方政府融资平台的债务风险经过两年来的整顿与调整,不仅没有减少,反而还在增加,且地方政策性债务管理中存在偿债压力大、借新还旧率高、变相融资突出等问题。当前,不少地方政府只看到中国经济增长处于顺周期,而不管房地产泡沫是否会破灭,仍崇尚举债发展观念,一旦地方债务超过地方财政收入能力,还款风险很有可能集中爆发。再加之部分融资平台公司管理不规范,存在法人治理结构不完善、资本金到位率低等问题。

1.3.2 国际化发展中的风险分析

1.3.2.1 人民币跨境业务风险

作为人民币实现国际化的第一步,人民币跨境结算业务的开展面临诸多挑战。在贸易项下推出了人民币的跨境支付结算后,投资项下人民币结算也跟着开展起来。比如在境外用人民币来对国内债券投资,RQFII的推出,都加快了人民币的跨境使用。人民币的跨境使用,促进了银行人民币跨境业务的蓬勃发展,但由此带来的系统性风险更加值得关注。中国人民银行副行长胡晓炼在2012年6月召开的"陆家嘴论坛"上表示,跨境人民币业务的改革政策哪一项能走得更快,既取决于主观设计,也取决于当时的环境、条件。改革政策的推出要更多回归到为实体经济服务上来,要防止系统性风险。

(1)风险的复杂性。相比国内业务,银行的国际业务面临的风险有更强的复杂性和不确定性。银行在国际化经营中,影响风险的因素增多(如东道国政治风险等),风险更加未知和不可控,管理难度加大。此外,银行在国外设立分支机构,运作相关业务,会产生风险协同的消极作用。宏观经济、信贷、市场、流动性、合规、操作、信誉等要素的协同作用会产生系统性风险。国家和银行需要关注系统性风险叠加所带来的消极影响。互联网金融的兴起,就是传统银行国际化经营中的一个风险。

(2)风险的传染性。通过国际化的交易和联系,外国银行的危机更易引起我国银行的风险,甚至引起国内金融体系的动荡。全球化的金融市场在提高资源配置效率的同时,也提高了风险的传染速度和强度。

(3)体系的脆弱性。在金融一体化的大背景下,借助发达的网络信息技术,加之模仿国外先进的管理方法,跨国银行的创新层出不穷。衍生产品和创新业务固然促进了银行的效益,但因其管理手段不成熟、与实体经济联系越来越弱等特点使得风险更加集中,银行体系变得更加脆弱,从而系统性风险不断累积。

(4)市场竞争加剧。国内银行投资国外的同时,国外银行也在中国开展了越来越多的业务,直接对我国银行业产生竞争压力,迫使其提高效率、缩减成本、降低利率等,这在一定程度上也增加了银行的系统风险。

1.3.2.2 银行国际化进程中的风险

尽管我国商业银行的国际化发展面临着一些机遇,但在现有的制度格局下,国内商业银行"走出去"不可能一帆风顺。不同市场的监管要求、市场风险、自身的管理素质等因素都将成为约束国内银行国际化发展的"瓶颈",能否正确应对这些挑战,直接关系到我国商业银行国际化的成败。

(1)政治风险和法律风险。对于任何一个国家,金融业都是重要的经济资源,该领域中的市场准入、并购会对东道国的政治、经济、金融等方面产生影响。同时,西方一些国家把中国当成潜在威胁加以防范,因此,它们必然会对我国商业银行的进入实施各种约束,这些政治风险需要我们正确估计和应对。此外,银行并购通常面临诸多法律风险,如反托拉斯法、劳工保护法等。所以,如何熟悉并且适应国外的监管环境和法律标准是中资银行海外并购面临的最大挑战。

(2)管理风险。银行国际化发展涉及政治、经济、金融、法律、文化、习俗、宗教、银行管理等多方面因素,国内惯用的经营手法、管理模式、激励机制和企业文化,大多不适用西方的模式和习惯。而且,尽管我们可以实施本土化战略,但是,如何跨境管理好海外的本土化团队,如何保持对各个部门的有效控制成为一大挑战。

(3)客户基础薄弱。据商务部近年的统计数据显示,目前中国境外兼并收购的企业只有三分之一处于盈利和持平状态,其余的均为亏本。虽然海外投资的初衷是为了获得更多国外的客户,但似乎海外客户并不容易获取。

(4)财务风险。在海外直接设立分行不仅费用成本高,赢利困难,而且有的企业一味地扩展海外业务而忽略成本因素,造成财务风险的累积。

1.4 2013～2014年我国银行业的风险监管

不断的金融创新和发展在给银行业带来机会的同时,也带来了一系列的风险。当前的经济改革是一项系统性工程,一方面,作为金融体系的监管主体,国家应该针对各类风险有所应对措施,加强对融资主体和金融中介的市场硬约束,强化市场纪律;另一方面,作为金融体系的风险承担者,银行自身也应该完善风控体系,在竞争中谋求发展的同时谨防风险。

1.4.1 国家层面的风险应对

1.4.1.1 建立宏观审慎指标、措施、工具、框架

(1)增加资本充足率,如减记债的发行、《巴塞尔协议Ⅲ》。资本充足率作为一种风险缓冲剂,具有承担风险、吸收损失、保护银行业金融机构抵御意外冲击的作用。按照我国《商业银行资本充足率管理办法》规定,商业银行资本

包括核心资本和附属资本,核心资本包括实收资本或普通股、资本公积、盈余公积、未分配利润和少数股权;附属资本包括重估储备、一般储备、优先股、可转换债券和长期次级债券。通过限定资本充足率的下限来确保银行的抵御风险能力。

2010年9月12日,《巴塞尔协议Ⅲ》出台,要求各商业银行的一级资本充足率下限从现在的4%上调至6%。其中,由普通股构成的核心一级资本占银行风险资产的下限将从现在的2%提高至4.5%,各银行还需增设"资本防护缓冲资金",总额不得低于银行风险资产的2.5%。资本充足率保持8%不变。

《巴塞尔协议Ⅲ》进一步提出了三大支柱,即最低资本要求、监管部门的监督检查和以信息披露为核心的市场约束。这三大支柱对那些在金融市场上活跃的银行来说,起到了一定的监督作用。

(2)杠杆率。中国银监会起草的《商业银行杠杆率管理办法》(以下简称《办法》),参考《巴塞尔协议Ⅲ》,拟确立我国银行业杠杆率监管政策的总体框架。《办法》规定,商业银行并表和未并表的杠杆率均不得低于4%。

(3)流动性指标。中国人民银行要求各金融机构要统筹兼顾流动性与赢利性等经营目标,合理安排资产负债总量和期限结构,合理把握一般贷款、票据融资等的配置结构和投放进度,注重通过激活货币信贷存量支持实体经济发展,避免存款"冲时点"等行为,保持货币信贷平稳适度增长。商业银行应针对税收集中入库和法定准备金缴存等多种因素对流动性的影响,提前安排足够头寸,保持充足的备付率水平,保证正常支付结算;按宏观审慎要求对资产进行合理配置,谨慎控制信贷等资产扩张偏快可能导致的流动性风险,在市场流动性出现波动时及时调整资产结构;充分估计同业存款波动幅度,有效控制期限错配风险;金融机构特别是大型商业银行在加强自身流动性管理的同时,还要积极发挥自身优势,配合央行起到稳定市场的作用。

1.4.1.2 关注中间业务发展过程中的虚高部分

银行的中间业务的发展激发了银行的业务创新与业绩增长,如图1—9所示;无论是大型银行、股份制银行还是城市商业银行,中间业务都在逐年攀升,相应地,利息收入占比在逐渐下降。但与此同时带来的是中间业务的虚增。中间业务的虚增部分会增加银行的经营风险。

如银监会72号文就对银信合作进行了规定,将银信理财合作业务表外资产转入表内计算风险加权资产。同时,规定"七不准"原则,即不得以贷转存、不得存贷挂钩、不得以贷收费、不得浮利分费、不得借贷搭售、不得一浮到顶、不得转嫁成本。随着"七不准"的执行,不规范经营的重头——中长期贷款收益也将受到影响(如图1—12所示)。

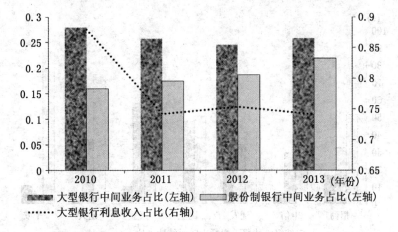

图1—9 大型商业银行和股份制商业银行中间业务收入占比

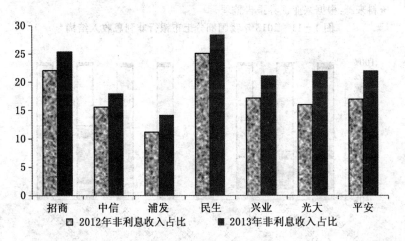

资料来源：根据兴业证券报告整理。

图1—10 2012~2013年我国部分上市银行非利息收入增长情况

另外，从图1—10所列举我国部分上市银行非利息收入情况来看，2012~2013年各银行的非利息收入都有明显增长，但各银行非利息收入的结构差异明显，如图1—11所示。

2013～2014年中国银行业的创新发展与系统性风险

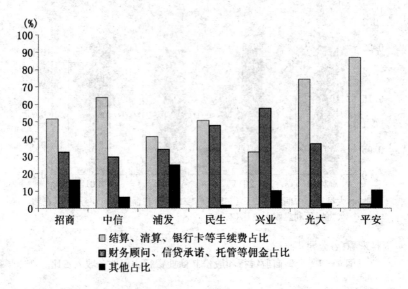

资料来源：根据兴业证券报告整理。

图1—11 2013年我国部分上市银行非利息收入结构

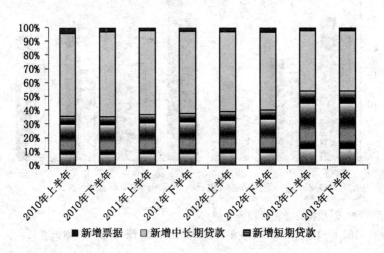

资料来源：央行网站。

图1—12 2013年我国商业银行的新增中长期贷款占比

1.4.1.3 关注跨市场、跨机构的交叉性金融风险和影子银行业务带来的风险隐患

我国影子银行的监管最核心的是区分不同的影子银行种类，既要发挥其作为融资渠道补充的有益作用，也要有效防范其风险。我国影子银行的典型

特征是以套利性融资为核心的市场创新。

(1)要坚决防止利用银行贷款提供融资的行为。大型企业和担保公司利用自己的优势地位,从银行取得贷款,再次通过隐蔽形式发放出去赚取资金的差价,这种行为加大了中小企业的融资成本,造成社会总福利的下降。商业银行要摸清大型企业和担保公司担保贷款的真实用途,按照银监会"三个办法、一个指引"的要求,加强对贷款发放、支付和贷后各个环节的管理,防止贷款被挪用套利。

(2)有效防范地方政府融资平台风险。中国银监会在《关于加强2013年地方政府融资平台贷款风险监管的指导意见》中指出,2013年,各行业金融机构要遵循"总量控制、分类管理、区别对待、逐步化解"的总体原则,以控制总量、优化结构、隔离风险、明晰职责为重点,继续推进地方政府融资平台(简称"融资平台")贷款风险管控。通过落实到地方政府,并在加大监管力度的同时监督其贯彻执行指导意见,相信地方融资平台风险能够得到有效的控制。

(3)尽快出台并表处理办法,提高理财产品的透明度。保本固定收益的理财产品一般进入银行的资产负债表;非保本的浮动收益的理财产品一般不进入资产负债表,形成了一个特殊目的载体(SPV),对这部分业务要加强申报式监管。所以说,影子银行不完全是银行以外的机构,银行本身也会设置类似SPV/SIV的影子机构。这部分业务如果一直在表外,则难以被有效监管。

(4)建议将全部融资性租赁公司纳入证监会监管。信托业务、委托业务的监管重点是资金的投向,对不符合国家产业政策、金融监管政策的资金应用,应给予风险提示,以免出现因产业结构调整带来的风险,尤其是房地产信托。金融租赁业务与机构的监管应尽量统一到一个监管机构,目前分割状态的监管不利于风险控制。

对于小额贷款公司和融资性担保公司,地方金融局的监管是有效的,但是,小额贷款公司出现的表外理财业务、融资性担保公司的违规放贷业务应引起重视,提出更高的业务合规监管要求;对于尚未纳入监管体系的投资公司、资产管理公司、财富管理公司等机构,应尽快明确监管主体,建立起信息报备系统,提高这类机构运行的透明度。

(5)引导民间融资健康发展。在存款利率实际为负利率和中小企业融资难的双重因素影响下,民间借贷有其存在的空间。民间借贷体现了通过市场配置金融资源,促进了多层次信贷市场的形成和发展。当前需要加快规范民间借贷的立法,明确有资金者的放贷权利,界定合法放贷和非法集资的界限,推动民间借贷合法化,并促使其规范运作,提高透明度。

(6)对互联网金融实施有效监管。互联网金融近两年在中国的快速发展为很多互联网巨头创造了庞大的市场机会,也催生出不少金融创新。目前,阿里巴巴、百度、腾讯等互联网巨头正在大举侵入长期由传统银行业主导的业务领域,这些业务包括贷款发放和向消费者提供投资产品等。在互联网金融大行其道的背后,很多投资者们并不清楚他们所投资的资金流向,同时投资者的个人信息也存在被窃取的风险。因此,相关监管部门应该加快防范互联网金融业日益上升的风险,以防止出现消费者信息被盗用或误用的情况,确保互联网投资产品的风险得到充分披露,并禁止非法融资活动。

最后要提的是,一方面,目前监管机构过分强调零风险,行政化色彩浓重的监管行为常常容易渗入金融机构的日常经营,使得金融机构的市场化的经营行为难以充分开展,抑制了金融创新发展。而且,现有的分业监管体制造成了中央银行与监管部门,以及监管部门之间的行政分割,出现监管真空、监管冲突和监管重复并存,以及协调难度加大等问题。因此中央与地方金融监管职责亟须明确。另一方面,中国经济从计划经济转型而来,在短时间内完全实现市场化十分艰难,这就使得政策性金融尤为重要。因此,管制与市场之间如何寻找一个平衡点,本质是一个"度"的问题,也是改革过程中必须解决的难点所在。

1.4.2 银行层面的风险应对

目前,银行业普遍存在着"委托—代理"关系需进一步厘清、公司治理制度还不够完善、组织架构职责边界尚待明晰、信息披露透明度有待增强以及外部监管有效性需继续提高等问题。现提出相应应对策略如下:

(1)构建风险指标体系并不断进行调整。《商业银行风险监管核心指标(试行)》提出了相关的风险水平指标、流动性风险指标、信用敞口指标等相关指标,来加强银行对风险的识别、评价和预警,有效防范金融风险。要求各商业银行应根据银行自身特点构建相关相适应的统计与信息系统,准确反映风险水平、风险迁徙和风险抵补能力。同时,银行应根据变换的市场环境与经济环境来适时做出调整,以及时应对突如其来的风险冲击。

(2)建立完善的内部组织框架。银行应该进一步探究公司治理模式,其前提是应该具有一个人格化的产权主体,从而建立起一个对经理层的有效激励与约束机制。同时,银行应强化董事会的独立性,缩短委托—代理链,充分沟通信息。在完善内部治理的同时,提高治理效率,完善风险管理体系,提高银行的风险内控水平,完善风险识别、度量、监测、控制和检查机制。

(3)不断完善风险防范机制。银行在经营过程中可能会遇到多种风险,如操作风险、信用风险、流动性风险等,为了正确识别风险、分散风险和补偿风险,银行可以充分利用科技手段和国际经验建立一个符合国际标准的银行风险测控系统,及时、准确地勘测和量化潜在风险,控制资产业务流程,实现风险的动态控制。

2 2013年中国保险业运行分析和2014年展望

钟明 李岩 张婷

2.1 中国保险业整体运行情况

2013年是"十二五"规划实施的关键年。在国内外社会经济错综复杂的形势下,中国经济社会发展呈现整体平稳、稳中有进、稳中向好的态势,实现了"稳"、"进"、"好"的发展目标。中国保险业在全面深化改革的背景下,积极进取,开拓创新,扭转了近几年业务增速连续下滑的态势,呈现出平稳回升、进中向好的良好势头。

2.1.1 保险业整体发展增速,总体实力增强

截至2013年年末,中国保险业共有保险机构171家,比2012年增加了7家。其中,中资保险机构117家,外资保险机构54家。中资保险机构中,集团(控股)公司10家,财产保险公司43家,人身保险公司42家,再保险公司3家,资产管理公司18家,村镇保险互助社1家。外资保险机构中,财产保险公司21家,人身保险公司28家,再保险公司5家。

2013年,中国保险业发展显现增速的态势,市场规模全球排名第四位。2013年,全行业共实现原保险保费收入17 222.24亿元,较2012年的

15 487.93亿元增长了 11.2%,增速较 2012 年的 8.01%提高了 3 个百分点。其中,财产保险的原保险保费收入 6 212.26亿元,较 2012 年的 5 330.93亿元增长了 16.53%;人身保险的原保险保费收入 11 009.98亿元,较 2012 年的 10 157亿元增长了 8.4%,增速提高了 3.9 个百分点。

2013 年,全国养老保险公司企业年金缴费 588.76 亿元,较 2012 年的 661.73 亿元有所减少。截至 2013 年年末,全国养老保险公司企业年金受托管理资产 2 495.34亿元,较 2012 年的 2 009.01亿元增加了 486.33 亿元;全国养老保险公司企业年金投资管理资产 2 167.52亿元,较 2012 年的 1 711.16亿元增加了 456.36 亿元。

2013 年,我国保险市场的保险密度为 1 266元,较 2012 年的 1 143元增加了 123 元;保险深度为 3.03%,较 2012 年的 2.99%提高了 0.04 个百分点。

2013 年,中国保险业总体实力不断增强。截至 2013 年年末,保险业总资产 82 887亿元,同比增长 12.7%;净资产 8 475亿元,同比增长 7%;预期利润总额达到 991 亿元,同比增长 112.5%。全行业实现投资收益 3 658亿元,收益率 5.04%,是近 4 年来的最高水平。

表 2—1 反映了 2013 年 1~12 月全国各月原保险保费收入及增长情况。

表 2—1　　　　2013 年 1~12 月全国各月原保险保费收入及增长情况　　单位:万元,%

月份	原保险保费收入	同比增长	财产保险	同比增长	人身保险	同比增长
1	20 118 666.96	6.35	6 115 067.74	23.62	14 003 599.22	0.23
2	13 822 570.31	−0.35	3 394 375.43	4.89	10 428 194.88	−1.94
3	17 564 661.79	12.89	5 618 522.99	16.52	11 946 138.80	11.26
4	13 161 470.91	21.05	5 303 144.43	19.20	7 858 326.48	22.33
5	12 771 479.69	10.46	4 999 015.34	12.39	7 772 464.35	9.25
6	17 685 149.43	21.62	5 836 522.54	14.59	11 848 626.89	25.40
7	11 971 349.19	13.57	4 817 723.49	13.62	7 153 625.70	13.53
8	12 331 631.68	8.11	4 778 824.77	15.97	7 552 806.92	3.67
9	14 899 115.35	10.47	5 349 335.60	17.26	9 549 779.73	6.99
10	11 990 154.52	15.48	4 509 256.47	19.95	7 480 898.06	12.94
11	12 547 565.87	11.02	5 127 749.27	17.26	7 419 816.61	7.07
12	13 358 559.53	7.44	6 273 039.76	19.28	7 085 519.76	−1.24

资料来源:中国保险监督管理委员会。

从保险公司的市场份额来看,2013 年中国保险业的市场集中度仍然很高。财产保险市场份额排名前五位的公司依次是人保股份、平安产险、太保产险、国寿产险和中华联合。2013 年中资财险公司的市场份额为 98.72%,比 2012 年降低了 0.07 个百分点,虽然中资财险公司的市场份额呈逐年微降的趋势,但仍占据市场绝对主导地位。人身保险市场份额排名前五位的公司依次是国寿股份、平安寿险、新华人寿、太保寿险和人保寿险。2013 年中资寿险公司市场份额为 94.44%,较 2012 年降低了 0.79 个百分点,但同样占据市场主导地位。

表 2-2 反映了 2013 年中国财产保险市场和人身保险市场排名前十位的中资保险公司和外资保险公司的保费收入及市场占比情况。

表 2-2　2013 年排名前十位的中资和外资保险公司的保费收入及市场占比情况

中资公司					
财产保险			人身保险		
公司名称	保费收入(万元)	占比(%)	公司名称	保费收入(万元)	占比(%)
人保股份	22 300 500.46	34.408	国寿股份	32 671 989.03	30.418
平安财产	11 536 500.97	17.800	平安寿险	14 609 092.52	13.601
太保财产	8 161 322.97	12.592	新华人寿	10 363 979.12	9.649
国寿财产	3 184 854.46	4.914	太保寿险	9 510 121.59	8.854
中华联合	2 971 153.86	4.584	人保寿险	7 527 343.74	7.008
大地财产	1 984 601.32	3.062	泰康	6 112 387.55	5.691
阳光财产	1 659 796.15	2.561	太平人寿	5 185 274.83	4.828
出口信用	1 403 116.87	2.165	中邮人寿	2 303 716.76	2.145
太平保险	1 079 980.30	1.666	生命人寿	2 224 283.97	2.071
天安	995 097.59	1.535	阳光人寿	1 575 583.66	1.467
外资公司					
财产保险			人身保险		
公司名称	保费收入(万元)	占比(%)	公司名称	保费收入(万元)	占比(%)
安盟	143 034.18	0.221	工银安盛	1 028 719.47	0.958

外资公司					
财产保险			人身保险		
公司名称	保费收入(万元)	占比(%)	公司名称	保费收入(万元)	占比(%)
美亚	114 890.87	0.177	友邦	940 776.61	0.876
利宝互助	84 701.20	0.131	中美联泰	567 006.01	0.528
安联	65 597.78	0.101	中意	478 893.80	0.446
三星	61 172.87	0.094	招商信诺	424 027.30	0.395
国泰财产	51 874.19	0.080	信诚	413 329.16	0.385
三井住友	46 939.17	0.072	中英人寿	353 060.47	0.329
东京海上	46 929.63	0.072	中宏人寿	298 744.39	0.278
苏黎世	39 493.94	0.061	华泰人寿	289 186.71	0.269
富邦财险	35 722.01	0.055	中荷人寿	212 159.52	0.198

资料来源:中国保险监督管理委员会。

从保险市场的区域发展来看,全国东部、中部和西部的发展水平依然存在较大差距,东部仍然保持着保险市场主力军的地位,2013年稳居市场份额前三甲的省区依次是江苏、广东和山东,与2012年的市场份额排名完全一致。

2013年,全国东部地区16个省市(广东、江苏、山东、北京、上海、天津、浙江、河北、辽宁、福建、海南、深圳、宁波、大连、青岛、厦门)共实现原保险保费收入9 939.69亿元,占全国原保险保费收入的57.72%,较2012年降低了0.1个百分点。其中,财产保险实现原保险保费收入3 587.75亿元,占全国财产保险原保险保费收入的57.75%,较2012年下降了0.65个百分点;人身保险原保险保费收入6 351.94亿元,占全国人身保险原保险保费收入的57.69%,较2012年上升了0.18个百分点。

2013年,全国中部地区8个省(山西、安徽、江西、河南、湖南、湖北、黑龙江、吉林)共实现原保险保费收入3 876.60亿元,占全国原保险保费收入的22.5%,较2012年降低了0.27个百分点。其中,财产保险实现原保险保费收入1 253.50亿元,占全国财产保险原保险保费收入的20.18%,较2012年上升了0.53个百分点;人身保险实现原保险保费收入2 623.10亿元,占全国人身保险原保险保费收入的23.82%,较2012年下降了0.58个百分点。

2013 年,全国西部地区 12 个省、自治区、直辖市(重庆、四川、贵州、云南、西藏、陕西、甘肃、青海、宁夏、新疆、内蒙古和广西)共实现原保险保费收入3 320.70亿元,占全国原保险保费收入的 19.28%,较 2012 年上升了 0.41 个百分点。其中,财产保险实现原保险保费收入1 287.82亿元,占全国财产保险原保险保费收入的 20.73%,较 2012 年上升了 0.33 个百分点;人身保险实现原保险保费收入2 032.88亿元,占全国人身保险原保险保费收入的 18.46%,较 2012 年上升了 0.39 个百分点。

表 2—3 反映了 2013 年全国 31 个省、自治区、直辖市及部分城市原保险保费收入及结构情况。

表 2—3　2013 年全国各省、自治区、直辖市原保险保费收入及结构情况

单位:万元,%

地　区	原保险	占比	财产保险	寿险	意外险	健康险
北京	9 944 445.36	5.77	2 880 314.72	5 708 117.63	299 261.29	1 056 751.72
天津	2 768 019.81	1.61	1 022 782.71	1 485 404.32	59 112.65	200 720.13
河北	8 375 850.30	4.86	3 097 712.20	4 672 419.72	166 282.14	439 436.24
辽宁	4 466 513.65	2.59	1 655 047.84	2 427 332.89	93 429.66	290 703.26
大连	1 760 042.09	1.02	636 011.98	968 374.02	38 954.95	116 701.15
上海	8 214 286.69	4.77	2 852 463.20	4 358 917.71	324 371.90	678 533.87
江苏	14 460 778.02	8.40	5 186 081.39	8 091 738.95	418 809.09	764 148.59
浙江	9 244 182.79	5.37	4 151 449.33	4 351 602.91	253 673.86	487 456.70
宁波	1 854 981.44	1.08	968 425.03	781 030.25	46 622.16	58 904.00
福建	4 630 608.22	2.69	1 571 587.03	2 571 703.40	135 096.65	352 221.14
厦门	1 117 845.33	0.65	481 262.94	532 426.95	32 241.75	71 913.70
山东	11 014 356.26	6.40	3 704 670.76	6 284 557.45	252 250.95	772 877.10
青岛	1 789 854.28	1.04	751 294.03	882 377.35	40 906.17	115 276.73
广东	14 341 486.36	8.33	4 873 457.17	8 051 088.34	402 695.99	1 014 244.87
深圳	4 687 626.16	2.72	1 727 972.63	2 527 580.01	133 451.06	298 622.46
海南	726 055.97	0.42	316 954.51	356 217.55	18 791.59	34 092.32
山西	4 123 840.38	2.39	1 445 458.69	2 397 032.16	79 712.97	201 636.56
吉林	2 664 427.30	1.55	910 943.58	1 506 752.81	44 839.99	201 890.92
黑龙江	3 843 234.52	2.23	1 136 230.62	2 404 736.42	75 726.29	226 541.19
安徽	4 830 124.23	2.80	2 038 467.72	2 425 611.90	90 036.41	276 008.20
江西	3 179 534.27	1.85	1 161 965.36	1 775 238.21	77 035.80	165 294.90

地 区	原保险	占比	财产保险	寿险	意外险	健康险
河南	9 165 234.88	5.32	2 388 330.18	6 133 971.69	148 057.95	494 875.06
湖北	5 873 983.01	3.41	1 693 459.76	3 628 095.24	157 893.15	394 534.86
湖南	5 085 651.96	2.95	1 760 163.05	2 861 286.65	137 011.36	327 190.89
重庆	3 592 327.51	2.09	1 125 204.93	2 084 162.20	138 158.26	244 802.12
四川	9 146 768.91	5.31	3 151 222.07	5 209 850.08	267 034.47	518 662.30
贵州	1 816 151.91	1.05	890 349.26	749 021.79	72 448.79	104 332.07
云南	3 207 743.25	1.86	1 517 550.62	1 316 541.83	123 037.20	250 613.60
西藏	114 309.15	0.07	79 598.42	9 380.07	14 083.61	11 247.05
陕西	4 174 519.55	2.42	1 370 730.14	2 468 164.48	103 952.40	231 672.53
甘肃	1 801 517.73	1.05	683 427.80	957 826.42	49 364.96	110 898.55
青海	390 154.84	0.23	195 111.26	138 211.11	13 327.65	43 504.82
宁夏	727 028.52	0.42	313 954.39	321 085.80	20 363.95	71 624.38
新疆	2 734 861.40	1.59	1 132 306.37	1 243 999.82	106 555.33	251 999.88
内蒙古	2 746 908.65	1.59	1 297 293.41	1 213 780.64	64 583.99	171 250.61
广西	2 754 732.94	1.60	1 121 501.24	1 354 202.46	104 974.36	174 054.88
集团、总公司本级	852 387.62	0.49	831 821.55	1 572.90	9 272.05	9 721.12
全国合计	172 222 375.20	100.00	62 122 577.83	94 251 414.16	4 613 422.77	11 234 960.47

资料来源:中国保险监督管理委员会。

2.1.3 赔付额持续增长,保险经济补偿功能日益显现

2013 年,保险业服务经济社会的能力继续提升,全行业原保险赔付和支出 6 212.90 亿元,较 2012 年的 4 716.32 亿元增长了 31.73%。其中,财产保险原保险赔付和支出 3 439.14 亿元,比 2012 年的 2 816.33 亿元增长了 22.11%;人身保险原保险赔付和支出 2 773.77 亿元,比 2012 年的 1 899.99 亿元增长了 45.99%。在人身保险中,人寿保险原保险赔付和支出 2 253.13 亿元,较 2012 年增长了 49.71%;健康险赔付和支出 411.13 亿元,较 2012 年增长了 37.88%;意外伤害险赔付和支出 109.51 亿元,较 2012 年增长了 13.13%。

表 2—4 反映了 2013 年 1~12 月全国各月原保险赔款与给付额及其结构情况。

表2—4　　　2013年1～12月全国各月原保险赔款与给付额及其结构情况　　　单位:万元

月份	赔款与给付额	财产保险	人身保险	寿险	健康险	意外险
1	5 009 201.54	2 805 036.26	2 204 165.27	1 751 672.27	357 741.60	94 751.40
2	4 468 728.09	1 944 189.24	2 524 538.86	2 238 238.84	218 737.32	67 562.70
3	5 401 262.57	2 547 832.72	2 853 429.85	2 447 233.28	316 267.62	89 928.95
4	5 054 225.38	2 537 695.37	2 516 530.00	2 119 275.73	313 847.71	83 406.56
5	4 868 026.95	2 663 960.63	2 204 066.33	1 798 778.93	322 458.87	82 828.53
6	4 824 152.92	2 443 920.96	2 380 231.95	2 021 478.75	283 862.76	74 890.44
7	5 058 761.16	2 834 104.91	2 224 656.26	1 773 350.03	356 874.79	94 431.44
8	5 113 334.49	2 839 310.06	2 274 024.44	1 860 693.18	316 148.87	97 182.39
9	5 289 990.49	2 904 496.74	2 385 493.75	1 950 832.10	340 296.93	94 364.72
10	4 674 199.18	2 761 165.49	1 913 033.68	1 502 207.14	330 109.41	80 717.13
11	5 695 445.65	3 680 472.79	2 014 972.86	1 506 738.95	406 140.23	102 093.68
12	6 671 701.87	4 429 193.96	2 242 507.91	1 560 830.19	548 785.00	132 892.72

资料来源:中国保险监督管理委员会。

尤其在大灾赔付方面,保险的经济补偿功能日显突出。在东北地区洪涝风雹灾害、四川盆地及西北地区暴雨洪涝灾害、四川及甘肃地震、“尤特”台风、“菲特”台风等重大自然灾害事故中,保险业积极履行了赔付责任。财产保险公司为台风“菲特”支付赔款52.8亿元,为黑龙江洪灾支付农业保险赔款27.2亿元。

2.1.4　保险行业资产继续快速增长,投资收益率创4年来最高

2013年,中国保险行业整体实力持续增强,总资产继续保持快速增长的势头。截至2013年年末,全行业总资产为82 886.95亿元,较2013年年初的73 545.73亿元增长了12.7%。其中,产险公司总资产10 941.45亿元,同比增长了15.45%;寿险公司总资产68 250.07亿元,同比增长了11.9%;再保险公司总资产2 103.93亿元,同比增长了14.02%;资产管理公司总资产190.77亿元,同比增长了29.92%。保险全行业净资产8 475亿元,较2013年年初增长了7%。

2013年年末,保险资金运用余额为76 873.41亿元,占行业总资产的92.74%。其中,银行存款22 640.98亿元,占比29.45%;各类债券33 375.42亿元,占比43.42%;股票和基金7 864.82亿元,占比10.23%;其他投资12 992.19亿元,占比16.9%。2013年,全行业共实现投资收益3 658.3亿元,

投资收益率为 5.04%,较 2012 年上升了 1.65 个百分点,是近 4 年来的最高水平。

表 2—5 反映了 2013 年 1～12 月保险行业累计资产总额、资金运用结构以及增长情况。

表 2—5　　　2013 年 1～12 月保险行业累计资产总额、资金运用结构及增长情况

单位:万元,%

月份	银行存款	同比增长	投资	同比增长	资产总额	同比增长
1	218 648 385.1	27.57	460 888 293.2	20.57	736 149 331.1	22.05
2	217 153 520.5	16.92	465 439 176.9	20.94	740 509 128.7	19.56
3	239 921 956.9	15.91	468 754 116.3	22.76	766 864 640.8	20.43
4	220 787 448.1	14.10	476 969 658.5	22.35	756 361 575.5	19.53
5	219 702 501.3	10.42	489 283 108.4	23.81	767 696 747.5	19.27
6	234 050 157.1	3.66	494 242 497.7	26.00	788 396 900.9	16.35
7	223 033 497.1	8.74	498 477 367.7	23.18	782 594 272.8	18.42
8	221 422 027.5	6.98	505 642 782.4	24.73	790 589 242.6	19.06
9	228 786 259.8	4.09	512 802 437.3	22.67	805 300 247.3	16.71
10	217 834 926.2	4.04	518 979 726.4	22.91	798 628 917.1	16.87
11	218 118 333.7	2.65	528 712 757.7	23.67	809 036 615.0	16.89
12	226 409 772.3	−3.43	542 324 291.6	20.26	828 869 456.0	12.70

资料来源:中国保险监督管理委员会。

2013 年保险资金运用收益率近年来首次出现回升,超过 5%,这一方面得益于相对平稳的宏观经济环境,另一方面得益于中国保监会逐步松绑保险资金运用范围所释放的红利。保险资产结构不断得到优化微调,企业债和另类投资等高收益资产的投资力度加大,分别较 2013 年年初增加了 2 个百分点和 6.3 个百分点。2013 年,传统固定收益品种协议存款收益率为 4.59%;债券投资收益率为 4.64%;股票和基金的权益投资收益率分别为 3.61% 和 5.06%;新型固定收益类品种基础设施债权计划和混合类品种保险资管产品的收益率分别为 5.39% 和 4.01%;另类投资包括其他贷款、长期股权投资、投资性房地产和其他投资,其收益率分别为 5.73%、7.65%、26.86% 和 10.35%。

2.2 中国财产保险市场

2.2.1 财产保险市场继续保持快速增长态势

截至 2013 年年末,全国共有 64 家财产保险公司,其中,中资保险公司 43 家,外资保险公司 21 家。2013 年,国内保险市场新增 2 家中资财产保险公司,一家是北部湾财产保险股份有限公司,另一家是众安在线财产保险公司。众安在线财产保险公司作为我国第一家互联网保险公司,不设任何分支机构,完全通过互联网进行销售和理赔。

2013 年,中国财产保险市场继续保持较快增长的态势,财产保险业务共实现原保险保费收入 6 212.26 亿元,同比增长 16.53%,较 2012 年的增速上升了 1.09 个百分点。

2013 年,财产保险业务累计赔款支出 3 439.14 亿元,同比增长 22.11%。

2013 年,我国财产保险市场的保险密度为 456.5 元,比 2012 年的 393 元增长了 15.96%,保险深度为 1.09%,比 2012 年的 1.03% 增长了 0.06 个百分点。

图 2-1 反映了 2013 年 1～12 月全国各月财产保险原保险保费收入与 2012 年同期数据的对比情况。

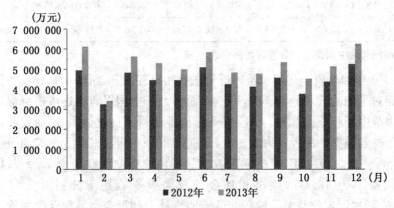

资料来源:中国保险监督管理委员会。

图 2-1 2012 年和 2013 年全国各月财产保险原保险保费收入对比

截至 2013 年年末,财产保险公司总资产为 10 941.45 亿元,较 2013 年年初增长 15.45%;财产保险公司净资产 2 505.98 亿元,较 2013 年年初增加

299.46 亿元,增长 13.57%。

2013 年,财产保险公司预计利润 349.98 亿元,较 2012 年增加了 24.65 亿元,同比增长 7.58%。2013 年,财产保险公司承保利润 26.43 亿元,较 2012 年减少了 95.65 亿元,同比下降了 78.35%。2013 年,财产保险公司业务及管理费支出 1 240.96 亿元,较 2012 年增加 174.89 亿元,同比增长 16.4%。2013 年,财产保险公司的综合费用率为 35.35%,其中,中资财产保险公司的综合费用率为 35.05%,外资财产保险公司的综合费用率为 60.93%。

表 2—6 反映了 2013 年财产保险各险种的原保险保费收入、保费比重、赔款支出和承保利润情况。

表 2—6   2013 年财产保险各险种保费收入、保费比重、赔款支出和承保利润情况

单位:亿元

险　　种	原保险保费收入	保费比重	赔款支出	承保利润
机动车辆保险	4 720.79	75.99%	2 719.83	—29.32
企业财产保险	378.80	6.10%	213.65	—20.30
农业保险	306.59	4.94%	194.94	20.48
责任保险	216.63	3.49%	89.21	9.23
信用保险	155.17	2.50%	69.64	6.94
保证保险	120.37	1.94%	16.52	15.46
货物运输保险	102.94	1.66%	42.78	12.91
工程保险	78.61	1.27%	29.70	3.81
船舶保险	53.53	0.86%	28.74	4.49
特殊风险保险	39.98	0.63%	15.85	1.86
家庭财产保险	37.87	0.61%	17.20	—0.09
其　　他	1.98	0.03%	1.10	—

资料来源:中国保险监督管理委员会。

2.2.2 《农业保险条例》正式实施,大灾风险管理机制建立

2013 年,我国农业保险继续保持快速发展态势。农业保险原保险保费收入 306.6 亿元,同比增长 27.4%。承保主要农作物突破 10 亿亩,占全国主要农作物播种面积的 42%,提供风险保障突破 1 万亿元。水稻、玉米、小麦三大

粮食作物保险覆盖率分别达到 64.9％、67.3％和 61.8％。从保费规模而言，农业保险已成为我国财产保险市场的第三大险种，居世界农业保险市场第二位。我国农业保险持续快速发展的主要原因有二：一是我国广大的农村具有巨大的潜在保险需求；二是各级财政补贴政策对农业保险发展起到了极大的推动作用。

2013年，农业保险的保障作用显著，向3 177万受灾农户支付赔款 208.6亿元，同比增长 41％。在一系列重大灾害事故发生后，保险业全力以赴开展抗灾救灾、保险理赔工作。如黑龙江洪灾导致全省4 800万亩农作物受灾，农业保险向 50.9万农户支付赔款 27亿元，户均5 331元，最高的一户为 352万元。

2013年3月1日，《农业保险条例》正式实施，我国农业保险发展进入有法可依的新阶段。全国各省市按照《农业保险条例》的要求，开展了一系列促进农业保险的工作，取得了一定的成果。山东省保监局与山东省财政厅共同出台了《山东省农业保险新增补贴品种实施方案》。山东省种植险承保面积占山东耕地总面积的比例达 70.6％。此外，山东保监局积极推动开展"蔬菜价格指数保险"试点、"农村保险互助社"试点等工作。青海省在东部农业区乐都、互助、湟中 3个县 6个乡（镇）开展农业保险试点。保费补贴品种从最初的 7个增加到 12个，参保农户达 14万户次，总保险金额达到 92亿元。与此同时，青海省制定了中央、省级财政大比例承担保费的政策和"大数法则"的农业保险方案，增强了农牧民参保意识。广西壮族自治区专门制定出台了《关于加快发展政策性农业保险进一步促进农业持续稳定发展的若干意见》，提出要按照"低成本、低保障、广覆盖"的原则，通过 3年左右的时间，建立政策性农业保险的制度体系。保险费负担的总体水平为农户负担 20％、财政补贴 80％。其中，中央财政补贴 42％，自治区财政配套 28％，市（县）财政配套 10％。海南省农业保险保费收入32 223.64万元，同比增长 62.61％。自 2012年以来，新增 4个试点险种并均实现承保，惠及 19个市县区。相关单位举办了针对基层的各种培训班 17期，培训内容涉及《农业保险条例》、农业保险政策、产品、承保理赔操作流程等。2013年 11月的"海燕"台风造成海南省三亚、乐东等多个市县的香蕉、橡胶、大棚瓜菜等多种农作物严重受损，保险赔款成为投保农户灾后恢复再生产的重要资金来源。

为了贯彻落实《农业保险条例》，进一步建立和完善农业保险大灾风险分散机制，规范农业保险大灾风险准备金管理，促进农业保险持续健康发展，财政部于 2013年 12月 19日印发了《农业保险大灾风险准备金管理办法》（以下简称《办法》），《办法》明确了农业保险大灾准备金计提的具体规定和管理原则。根据《办法》规定,保险机构应当分别按照农业保险保费收入和超额承保利润的一定比例,计提大灾准备金逐年滚存;保险机构应当公平、合理拟定农业保险条款与费率,结合风险损失、经营状况等建立健全费率调整机制;保险机构计提保费准备金,应当分别以种植业、养殖业、森林等大类险种的保费收入为计提基础。保险机构总部经营农业保险的,参照所在地省级分支机构计提保费准备金。保险机构计提保费准备金的比例,由保险机构按照《农业保险大灾风险准备金计提比例表》规定的区间范围,在听取省级财政等有关部门意见的基础上,结合农业灾害风险水平、风险损失数据、农业保险经营状况等因素合理确定。计提比例一旦确定,原则上应当保持 3 年以上有效。其间,如因特殊情况需调整计提比例,应当由保险机构总部上报相关省级财政部门同意后,自下一年度进行调整。保险机构应当按照相关规定,及时足额计提大灾准备金,并在年度财务报表中予以反映,逐年滚存,逐步积累应对农业大灾风险的能力。根据《办法》对于大灾准备金使用的规定,大灾准备金专项用于弥补农业大灾风险损失,可以在农业保险各大类险种之间统筹使用。保险机构使用大灾准备金,应当履行内部相关程序,应当以农业保险大类险种的综合赔付率作为使用大灾准备金的触发标准,当出现《办法》列明的情形时,保险机构也可以使用大灾准备金。大灾准备金的使用额度,以农业保险大类险种实际赔付率超过大灾赔付率部分对应的再保后已发生赔款为限。保险机构应当采取有效措施,及时足额支付应赔偿的保险金,不得违规封顶赔付。

2.2.3 网络保险异军突起,首家互联网保险公司设立

互联网保险是一种新兴的、以计算机互联网为媒介的保险营销模式,保险公司、保险专业中介机构通过互联网开展保险产品销售或者提供相关保险中介服务等经营活动。保险公司纷纷开拓网销渠道或自建电销平台。平安保险和太平洋保险已设立电商公司,人保财险虽未设立电商公司,但其公司内部设立了电销和网销事业部。中国平安、人保财险、天平保险、美亚保险、华泰保险、安联财产保险等 10 家财险公司的天猫官方旗舰店也已开业,互联网保险日益成为保险行业发展的新的业务增长点。

截至 2013 年年底,全国已有 60 家保险公司经营互联网保险业务,其中寿险公司 44 家,财险公司 16 家,占全保险行业的 45%,较 2012 年的 34 家保险公司增加了 26 家。

2013 年,全行业互联网保险规模保费 291.15 亿元,较 2012 年的 106.24亿元增长了 174%。其中,人身保险公司规模保费 54.46 亿元,财产保险公司规模保费 236.69 亿元;中资保险公司规模保费 289.01 亿元,外资保险公司规

模保费 2.14 亿元。

2013 年,在 60 家保险公司中,互联网保险规模保费排名前 5 位的公司是人保财险、平安财险、太保财险、国华人寿和泰康人寿,规模保费分别为 149.75 亿元、57.87 亿元、21.84 亿元、19.89 亿元和 6.44 亿元。

2013 年 9 月 29 日,中国保监会批准中国第一家互联网保险公司——众安在线财产保险股份有限公司开业。"众安在线"的股东包括阿里巴巴、腾讯、平安保险等 9 家公司,注册资本为人民币 10 亿元,总部设在上海,业务范围包括与互联网交易直接相关的企业财产保险、家庭财产保险、货物运输保险、责任保险、信用保险、保证保险以及上述业务的再保险分出业务,国家法律法规允许的保险资金运用业务以及其他经中国保监会批准的业务。"众安在线"作为国内首家专注于互联网保险业务的创新型保险公司,它的诞生标志着互联网与保险进入了核心业务的渗透与融合阶段。

2.2.4 试点巨灾保险,巨灾保险制度起步

十八届三中全会通过的《中共中央关于全面深化改革若干重大问题的决定》(下称《决定》)中明确提出要完善保险经济补偿机制,建立巨灾保险制度。我国巨灾保险制度建设将按照"中央统筹协调、地方破题开局、行业急用先建"的"三条线,齐步走"战略加速推进,而突破口初步为建立城乡居民住宅地震保险制度。

2013 年,中国保监会批复深圳、云南为我国巨灾保险首批试点地区,此后,两地加紧对制度框架的研究和设计,云南主要试点的是地震保险,两家保险公司的首批地震保险产品已经进入报备阶段。2013 年 12 月 30 日,《深圳市巨灾保险方案》经深圳市政府常务会议审议并原则通过。深圳试点保障险种多,由于毗邻大亚湾核电站,巨灾风险中包含了核风险。深圳巨灾保险制度由政府巨灾救助保险、巨灾基金和个人巨灾保险三部分组成:第一部分是政府巨灾救助保险。由深圳市政府出资向商业保险公司购买,用于巨灾发生时对所有在深圳人员的人身伤亡救助和核应急救助。第二部分是巨灾基金。由深圳市政府拨付一定资金建立,主要用于承担在政府巨灾救助保险赔付限额之上的赔付,且巨灾基金具有开放性,可广泛吸收企业、个人等社会捐助。第三部分是个人巨灾保险。由商业保险公司提供相关巨灾保险产品,居民自愿购买,主要满足居民更高层次、个性化的巨灾保险需求。保障的对象为灾害发生时处于深圳市行政区域范围内的所有人口。

截至 2013 年年底,除了深圳与云南,上海、宁波、四川等省市地区政府根据当地实际条件,提出建立区域性巨灾保障制度,实施方案均在研讨之中。

2014 年 1 月 6 日,在中国保监会新闻发布会上,财产保险监管部副主任何浩表示保监会将会同有关部门在综合考虑我国经济发展状况、国家地理环境、保险市场发育程度等因素的基础上,进一步摸清行业在巨灾方面的历史赔付情况,评估巨灾风险承受能力,研究制订我国巨灾保险具体实施方案,以制度建设为基础,以商业保险为平台,以多层次分级分担风险为保障,建立我国巨灾保险制度。在中央层面,将巨灾保险纳入国家财政预算,与我国综合减灾体系对接,积极推动立法,研究制定《地震巨灾保险条例》;在地方层面,推动巨灾保险在深圳、云南等试点地区尽快破题,在总结经验的基础上扩大试点;在行业层面,研究开发巨灾保险产品,建立巨灾保险基金,立足行业自身选择重点领域研究突破。

中国保监会副主席陈文辉在 2014 年全国财产保险监管工作会议上强调,加强顶层设计,稳步推动建立巨灾保险制度。立足于"保民生、保基本、稳财政"的基本点,加快制定我国巨灾保险制度整体框架和城乡居民住房地震保险制度实施方案。选择重点灾因、重点领域作为突破口先行先试,及时完善并不断扩大试点。积极协调国家相关部委,争取财税政策支持,推动加快地震巨灾保险条例的立法进程。

2.2.5 首家专属自保公司设立,专业自保领域开闸

2013 年 12 月 24 日,中国保监会作出《关于中石油专属财产保险股份有限公司开业的批复》,同意其开业。"中石油专属财产保险"成为中国第一家专属自保公司。该公司注册资本为人民币 50 亿元,总部设在新疆克拉玛依市,业务范围是中国石油天然气集团公司内的财产损失保险、责任保险、信用保险、保证保险、短期健康保险和意外伤害保险以及再保险业务。

对于开闸专业自保领域,中国保监会于 2013 年 12 月 11 日发布了《关于自保公司监管有关规定的通知》,作为自保公司申请、开业、监管的暂行办法。通知规定,自保公司的成立须由中国保监会批准,由一家母公司单独出资或由母公司及其控股子公司共同出资,注册资本与公司承担的风险相匹配。出资人的资产总额应超过 1 000 亿元人民币,且为主营业务突出、赢利状况良好的大型工商企业。中国保监会对设立自保公司的企业设立一定的准入条件,不仅是为了保证自保公司具有一定规模的保险业务基础和较强的经营管理能力,以稳定自保公司的日常经营,也是为了防止在政策发布初期,引发企业为获取保险牌照而集中申请设立自保公司,不利于自保市场初期的健康发展。

专属自保公司的业务范围为母公司及其控股子公司的财产保险、员工的短期健康保险、短期意外伤害保险业务。很显然,新设专属自保公司的经

营范围有别于新设普通财产保险公司的经营范围。根据中国保监会的相关规定,新设财产保险公司的业务范围实行分级分类,这意味着新设财产保险公司开业时只能经营部分险种的财产保险业务。放宽自保公司业务范围,是为了保证自保公司有一定的业务基础,同时通过多险种的经营,可以增加自保公司业务收入,扩大企业的自保覆盖面,分散自保公司自身的经营风险。同时,中国保监会允许自保公司可以在不设立省级分公司的情况下,经营标的属于母公司的当地财产保险业务,这也是对现行分支机构管理政策的一大突破。

中国保监会副主席王祖继在中国自保公司发展与监管研讨会上指出,自保公司作为国际保险市场创新的重要体现,符合中国保险业的改革发展方向。发展自保公司有利于丰富保险市场组织形式,促进股份制公司、专业性公司、相互制公司等市场主体优势互补、共同发展,也有利于拓宽保险服务领域、增强专业服务能力、推进产品服务创新。中国保监会批准境内首家自保公司——中石油专属财产保险股份有限公司开业,在自保公司发展和监管方面进行了积极探索和实践。王祖继强调,对于自保公司的发展既要鼓励积极探索,又要注重统筹规划;既要大力支持创新,又要切实防范风险;既要借鉴国际经验,又要立足中国国情。中国保监会将继续积极稳妥地推进自保公司发展,跟踪研究自保公司发展实践,完善相关规章制度,努力探索具有中国特色的自保公司发展模式,把自保公司发展同保险市场体系建设和准入退出机制改革有机结合起来,纳入中国保险业全面改革的整体部署,推动自保公司在保险业全面改革中迈上新的台阶。

2.2.6 强制责任保险,发挥社会风险管理职能

2013 年,责任保险原保险保费收入 216.6 亿元,较 2012 年增长17.88%,增幅达到 32.86 亿元,为食品、医疗、环境等领域提供风险保障48.6 万亿元。尽管责任保险的保费收入占整个财产保险市场的 3.49%,但责任保险仍是仅次于机动车辆保险、企业财产保险和农业保险之后的第四大保险险种。2013 年,责任保险赔款支出 89.21 亿元,很好地发挥了社会风险管理职能。

2013 年,强制责任保险又有新的举动,2013 年 1 月 21 日,环保部和保监会联合发布《关于开展环境污染强制责任保险试点工作的指导意见》,试点企业范围包括重金属企业、按地方有关规定已被纳入投保范围的企业以及其他高环境风险企业。2013 年 10 月 29 日,国务院法制办就《食品安全法(修订草案送审稿)》公开征求意见,送审稿新增规定,国家建立食品安全责任强制保险

制度,食品生产经营企业应当按照国家有关规定投保食品安全责任强制保险。如果这一条款获得采纳,那么"食品安全责任强制保险"将成为进入法律层面的强制保险。

2.3 2013年中国人身保险市场

2.3.1 人身保险市场整体发展速度提升

截至2013年年末,全国共有寿险公司70家,其中,中资寿险公司42家,外资和中外合资寿险公司28家。2013年,新增2家寿险公司,一家是中韩人寿保险有限公司,另一家是德华安顾人寿保险有限公司。

2013年,中国人身保险市场发展呈现增速回升的态势,共实现原保险保费收入11 010亿元(其中包括财产保险公司经营的意外险和短期健康保险原保险保费收入268.9亿元),较2012年增加852.98亿元,同比增长8.4%。其中,寿险保费收入9 425.14亿元,较2012年的8 908.06亿元增长了5.81%;健康险保费收入1 123.50亿元,较2012年的862.76亿元增长了30.22%;人身意外伤害险保费收入461.34亿元,较2012年的386.18亿元增长了19.46%。

2013年,未计入保险合同核算的保户投资款和投连险独立账户本年新增缴费3 295.5亿元,其中,寿险业务保户投资款和投连险独立账户本年新增缴费3 015.13亿元,健康险业务保户投资款本年新增缴费280.37亿元。

2013年,人身保险业务发生赔款与给付支出2 773.77亿元,较2012年增加了873.78亿元,同比增长46%。其中,寿险业务给付金额2 253.13亿元,同比增长49.7%;健康险业务赔款与给付支出411.13亿元,同比增长37.9%;意外险业务赔款支出109.51亿元,同比增长13.1%。2013年人身保险业务赔付支出大幅度上升的原因是因为2008年热销的5年期分红险产品集中到期,全年分红产品的给付支出高达1 760.09亿元,同比大增76.9%。

2013年,我国人身保险市场的保险密度是809.13元,较2012年的750.13元增加了59元,保险深度为1.94%,较2012年的1.96%下降了0.02个百分点。

图2—2反映了2013年1～12月全国各月人身保险原保险保费收入与2012年同期数据的对比情况。

截至2013年年末,寿险公司总资产为68 250.07亿元,同比增加7 258.85亿元,同比增长11.9%。寿险公司净资产为4 452.35亿元,同比增加147.88

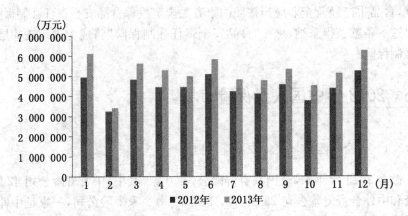

资料来源:中国保险监督管理委员会。

图 2—2 2012 年和 2013 年全国各月人身保险原保险保费收入对比

亿元,同比增长 3.4%。2013 年,寿险公司全年预计利润 496.91 亿元,同比增加 428 亿元,同比增长 621.7%,预计利润率为 4.56%。2013 年,寿险公司总资产增长得益于投资收益增加和资产减值损失减少。

2013 年,寿险公司发生业务及管理费支出 1 191.28 亿元,较 2012 年增加 111.5 亿元,同比增长 10.3%。

从业务结构来看,2013 年寿险公司人身保险新单业务扭转了 2012 年负增长的局面,全年新单业务实现保费收入 4 996.18 亿元,同比增长 3.1%,新单业务保费收入占寿险公司保费收入的 46.52%,这说明续期保费仍是拉动保费增长的主要力量。在新单业务中,期缴原保险保费收入 1 470.38 亿元,占比 29.43%。

2013 年,退保仍是人身保险市场较为严重的问题,寿险公司退保金为 1 906.57 亿元,同比增长 59.1%,退保率为 3.8%,比 2012 年同期增加 1.04 个百分点,但依然低于 5% 的警戒线。退保率上升的原因有二:一是由于保险销售误导造成的不良后果,使投保人选择退保;二是由于理财型保险产品的收益不理想,投保人选择退保购买其他较高收益的理财产品。从人身保险的险种来看,普通寿险退保金为 92.8 亿元,占总退保金的 4.87%;分红寿险退保金为 1 788.13 亿元,占总退保金的 93.79%;投连险退保金为 0.09 亿元;万能险退保金为 0.78 亿元。

2.3.2 寿险渠道多元化,银保市场格局调整

2013 年,寿险公司的销售渠道更趋多元化和均衡化。寿险公司银邮代理

业务继续收缩,原保险保费收入3 940.11亿元,同比降低了4.6%,占比36.68%,比重下滑4.81个百分点,因此,拉低了行业的整体增速。个人代理业务原保险保费收入5 495.9亿元,同比增长13.7%,占比51.17%,比重增加2.61个百分点。寿险公司直销业务原保险保费收入1 026.55亿元,同比增长38.6%,占比9.56%,比重增加2.12个百分点。专业代理原保险保费收入76.68亿元,同比增长12.7%,占比0.71%。其他兼业代理原保险保费收入157.91亿元,同比增长9.1%,占比1.47%。保险经纪原保险保费收入43.78亿元,同比增长14.8%,占比0.41%。

2013年,银保市场出现两大变化:一是银保市场格局有所变化。中小型保险公司、银行系保险公司崛起,而寿险保费收入排位靠前公司的银保业务份额出现了下降。银保渠道保费收入前十名的公司中,生命人寿、华夏人寿分别增长了87%和450%;中国人寿银保渠道的新单规模保费收入为782亿元,同比下滑了15%;泰康人寿银保渠道的新单规模保费收入为187亿元,同比下滑23%;太平洋人寿银保渠道的新单保费收入为153亿元,同比下滑16%。二是热点产品切换迅速,2013年上半年人身保险产品以分红保险、万能保险为主,2013年8月费率市场化以后,人身保险产品以固定收益类保险为主。

2013年,电话营销和网络营销等新兴渠道高速发展,其中,电话渠道实现原保险保费收入141.19亿元,占比1.31%,网络渠道实现原保险保费收入3.28亿元,占比0.03%。

2.3.3 普通型人身保险预定利率改革突破2.5%上限

经国务院批准,普通型人身保险费率政策改革正式启动,新的费率政策从2013年8月5日起正式实施。费率政策改革的基本思想是"放开前端,管住后端",即前端的产品预定利率由保险公司根据市场供求关系自主确定;后端的准备金评估利率由监管部门根据"一篮子资产"的收益率和长期国债到期收益率等因素综合确定,通过后端影响和调控前端合理定价。普通型人身保险预定利率改革的具体内容包括两个方面:一是放开普通型人身保险预定利率,将定价权交给公司和市场。普通型人身保险预定利率由保险公司按照审慎原则自行决定,不再执行2.5%的上限限制。二是明确法定责任准备金评估利率标准,强化准备金和偿付能力监管约束,防范经营风险。改革后,新签发的普通型人身保险保单,法定责任准备金评估利率不得高于保单预定利率和3.5%的小者。

普通型人身保险费率政策改革,是人身保险业的一项基础性、战略性、长远性的重大改革,是引领行业完善体制机制、转变发展方式的重要举措,对人身保险业的持续健康发展具有深远意义。

为保障改革的顺利施行,中国保监会同时出台了五项与之相关的配套政策:第一,对国家政策鼓励发展的养老业务实施差别化的准备金评估利率,允许养老年金等业务的准备金评估利率最高上浮15%,支持发展养老保险业务;第二,适当降低长期人身保险业务中风险保额相关的最低资本要求,鼓励和支持发展风险保障业务;第三,在控制费用总水平、消费者利益不受损害的前提下,由保险公司自主确定佣金水平,优化费用支付结构,促进风险保障业务发展;第四,进一步规范总精算师的任职和履职,明确总精算师责任,发挥精算专业力量在费率改革中的积极作用;第五,加强人身保险条款和保险费率的管理,将偿付能力状况作为保险条款和保险费率审批、备案的重要依据,并根据预定利率是否高于规定的评估利率上限,分别采取审批、备案方式进行管理。

人身保险费率改革政策出台后,各大保险公司对新政反应迅速,仅仅在费率改革后两个月时间,各公司报送的费改产品就达到82个。截至2013年年底,普通型人身险新单保费同比增长520%,增速创13年来新高。同时,由于人身险费率定价机制改革,将定价权交给市场和企业,极大地激发了市场主体产品创新的动力,多家寿险公司推出了众多新产品,不但产品降价成为趋势,而且产品呈现差异化。

2.3.4 三部委放行"递延纳税",中国版401K启航

十八届三中全会强调构建多层次的社会保障体系,特别提出,"制定实施免税、延期征税等优惠政策,加快发展企业年金、职业年金、商业保险,构建多层次社会保障体系"。

2013年12月6日,财政部、人力资源社会保障部和国家税务总局联合发布《关于企业年金职业年金个人所得税有关问题的通知》(以下简称《通知》)。《通知》的主要内容包括:(1)企业和事业单位根据国家有关政策规定的办法和标准,为在本单位任职或者受雇的全体职工缴付的企业年金或职业年金单位缴费部分,在记入个人账户时,个人暂不缴纳个人所得税。个人根据国家有关政策规定缴付的年金个人缴费部分,在不超过本人缴费工资计税基数的4%标准内的部分,暂从个人当期的应纳税所得额中扣除。(2)年金基金投资运营收益分配记入个人账户时,个人暂不缴纳个人所得税。(3)个人达到国家规定的退休年龄,在本通知实施之后按月领取的年金,全额按照"工资、薪金所得"项目适用的税率,计征个人所得税;在本通知实施之后按年或按季领取的年

金,平均分摊计入各月,每月领取额按照"工资、薪金所得"项目适用的税率,计征个人所得税。

目前,我国养老保障体系主要包括"三大支柱":基本养老保障、企业补充养老保障和个人储蓄性养老保障。其中,作为"第一支柱"的基本养老保障体系已发展得比较完善。而作为"第二支柱"的企业补充养老保障(包括企业年金和职业年金等企事业单位及其职工在依法参加基本养老保障的基础上,自愿建立的补充养老保障制度)和"第三支柱"个人储蓄性养老保障发展相对滞后。企业年金和职业年金个人所得税递延政策的出台,体现了国家大力推动养老体系"第二支柱"发展的趋势。此次年金个人所得税递延政策采用了国际通行的"EET模式"(E代表免税,T代表征税),即在年金缴费环节(企业为个人缴纳部分及个人缴纳部分)和年金基金投资收益环节暂不征收个人所得税,将纳税义务递延到个人实际领取年金的环节(全额按照"工资、薪金所得"项目适用的税率计征)。截至2013年年底,我国建立企业年金的企业约6万家,参加职工约2 000万人,企业年金基金积累约5 400亿元;但与同期美国资产规模超过3.7万亿美元的401K计划相比,我国的养老市场未来还有巨大的发展空间。

2.3.5 发布首套重大疾病经验表,推进健康保险发展

2013年11月14日,中国保监会发布《中国人身保险业重大疾病经验发生率表(2006～2010)》,这是我国第一套重疾经验表。之前我国寿险公司一直借助再保险的经验数据研发重疾险。从2013年12月31日起,重疾表被用于重疾险产品的法定准备金评估工作。首套重疾表的发布,对于中国重疾险的科学发展具有重要的"奠基"作用。

首套重疾经验表共有5张表,包括6病种经验发生率男性表和女性表、25病种经验发生率男性表和女性表,以及恶性肿瘤、急性心梗、脑卒中3种主要重大疾病的单病种发生率参考表。在该套重疾表的编制过程中,采用了高达7 500万条的样本保单量,且数据质量高,采用的编制技术成熟,达到国际领先水平,并有所创新。

首套重疾表提供了各年龄重疾死亡占总死亡的比例,有利于寿险公司精细化定价和评估。从2014年起,寿险公司会以重疾表作为精算依据研发新的重疾险产品。但是,决定重疾险价格的因素是极为复杂的,除了重疾发生率外,还要受到保障责任范围、费用率、利润率等诸多因素的影响,费率难以用统一标准比较。所以,随着费率市场化的不断深入,重疾险产品的价格还是以市场因素为主要导向。

2.4 2013年中国保险中介市场

2.4.1 中介市场继续保持上升势头,整体经营状况稳定

截至 2013 年年末,全国共有保险专业中介机构 2 528 家,相比 2012 年减少了 6 家。其中,保险中介集团公司 5 家,全国性保险专业代理机构 139 家,区域性保险专业代理机构 1 626 家,保险经纪机构 428 家,保险公估机构 320 家。虽然区域性代理机构的数量有所下降,但全国性保险专业代理机构增加了 47 家,增幅达 50%,这表明我国保险专业中介机构开始注重向全国性机构转变。

截至 2013 年年末,全国共有保险营销员 3 508 315 人,比 2012 年减少了近 12 万人,同比下降 7.3%。在保险营销员中,初中及以下学历 72.7 万人,占比 21%;高中学历 172.7 万人,占比 49%;大专学历 81.1 万人,占比 23%;本科及以上学历 24.2 万人,占比 7%。最近几年,保险营销员学历的不断提高,有助于保险营销员整体素质的提高和保险行业形象的提升。

表 2—7 反映了 2013 年全国寿险公司各中介渠道业务收入的情况。

表 2—7　　　　　　　　2013 年全国寿险公司中介渠道业务收入情况

渠　道	原保险保费收入(亿元)	同比增长(%)	占比(%)
银邮代理	3 940.1	—4.6	36.7
个人代理	5 495.9	13.7	51.2
专业代理	76.9	12.7	0.7
其他兼业代理	157.9	9.1	1.5
保险经纪	43.8	14.8	0.4

资料来源:中国保险监督管理委员会。

除了传统销售渠道,2013 年电话销售平稳发展,网络销售开始兴起,成为保险中介市场不可忽视的重要部分。截至 2013 年年末,寿险公司电话营销渠道实现原保险保费收入 141.19 亿元,网络营销渠道实现原保险保费收入 3.28 亿元。财产保险公司机动车辆保险电话营销渠道实现原保险保费收入 859.33 亿元,网络营销渠道实现原保险保费收入 231.24 亿元,分别占机动车辆保险业务的 18.2%和 4.9%。

2013 年,中国保险中介市场呈现保险兼业代理专业化、保险专业中介规

模化的趋势。保险兼业代理作为我国保险中介市场的重要组成部分,一直存在违规经营、虚假宣传、误导消费者等问题,为此,中国保监会多次发文力促保险兼业代理专业化。2013年,中国保监会积极支持和推动汽车企业、邮政、银行等机构代理保险业务专业化经营,通过兼业代理专业化从保险公司和银行、邮政、车商之间盘根错节的利益关系中剥离出一个渠道,便于管理,提高效率,并将兼业代理专业化作为未来发展的主要趋势。中国保监会在"十二五"期间致力于加速保险中介的集团化和规模化,以解决我国保险中介市场"小、散、乱"的现象,提升保险中介的实力,更好地管理营销队伍。继2012年3家保险中介集团成立后,2013年又有2家保险中介集团成立。保险中介集团的建立可以利用规模优势强化销售,树立品牌,有助于建立客户的忠诚度,也有助于保险监管的统一管理,繁荣和完善保险中介市场,提升保险行业的整体水平。

2.4.2 "泛鑫事件"为中介监管敲响警钟

2013年8月15日,上海最大保险代理公司——上海泛鑫保险代理有限公司资金链断裂,公司总经理陈怡携款跑路加拿大,涉及金额近5亿元。上海泛鑫保险代理有限公司成立于2007年7月,公司自2010年起才开始主营个人寿险代理业务,2011年该公司完成新单保费1.5亿元,业务规模在上海保险中介市场排名第一,并进入全国保险中介市场前十;2012年新单保费超4.8亿元,同比增长超200%。泛鑫公司快速膨胀的原因,就是借助返佣这一非法行为。泛鑫保代与消费者签订双合同,一份是保险合同,另一份是向消费者返还高额现金的合同,用保险公司支付给泛鑫保代的佣金来支付第二份合同约定的高额收益。此外,泛鑫以趸交的方式向客户收取保费,却以期缴的方式把保费给保险公司,通过"以期代趸"的方式扩张新的业务,但由于投资环节出现问题,最终导致资金链的断裂。泛鑫还联手部分银行的客户经理,通过夸大理财产品的收益率来向银行客户进行销售,由于受到高额利润的诱惑,许多银行经理违规向个人理财客户推荐泛鑫的理财产品。

与泛鑫合作的保险公司有6家,分别是光大永明、阳光保险、幸福人寿、昆仑健康、泰康人寿、海康人寿,这些寿险公司不仅白付了佣金,并且无法获得保费。"泛鑫事件"对保险代理行业产生了一定的负面影响,造成消费者对保险信任度的下降。

2013年,在保险中介市场上,有些大的保险代理公司提出了手续费前置的概念,即将续期佣金也一并算在第一年佣金里面,其手续费最高可达150%~160%。泛鑫保险代理公司第一年的佣金费用就高达150%。保险中介公司在从保险公司拿到高额佣金后,可以新客户的名义购买第二份保单,这使得保险中介短期内账面上的代理销售量大增,相关保险中介手中的保单雪球越滚越大,直到无法缴纳后期的保费而资金链断裂。

"泛鑫事件"为中国保险中介市场乃至整个保险市场敲响了警钟。事件发生后,各地保监局采取措施严防中介风险。北京保监局要求各家保险专业中介机构要对自身及所属分支机构2010~2013年之间的个人人身保险业务合规性进行全面自查,重点排查是否存在承诺收益、利用股权激励等进行误导性销售的行为,是否存在非法集资、侵占或挪用保费和保险金的行为,是否存在销售保险以外的金融理财产品行为。山西保监局以数据真实性为重点加强保险中介监管,一是定期汇总辖内6 100余家兼业代理机构和90家专业代理机构的业务数据,做好风险排查及防范工作;二是做好公司与代理机构间数据的横向比对,重点检查和清理"数据不真实"的代理机构;三是数据分析与代理机构分类评价相结合,科学评估各中介机构实际运行情况;四是将各类业务数据作为代理机构许可证延续审核的重要条件之一。2013年已劝退业务规模有限、无法正常经营的兼业代理机构250家。黑龙江保监局搭建三大平台,切实防范保险中介领域风险。一是建立沟通平台,通过保险中介市场观察员信息报告制度,畅通与各保险中介公司、保险行业协会之间互动交流渠道,了解中介领域传销、非法集资、不当股权激励及违法违规销售理财产品等风险,及时发现问题苗头,推进风险关口前移。二是完善数据平台,将保险专业中介机构年度分类监管评价指标进一步细化调整为季度指标,及时采集监管数据,为实施差异化监管提供依据。三是构建宣导平台,充分利用省保险行业协会短信平台向行业内外通报保险中介市场动态以及违法违规案例,提示相关风险信息,提高公众的风险防范意识。

2013年9月,中国保监会印发《保监局案件风险监管考核办法》(以下简称《办法》)。《办法》从基础管理、案件风险预防与警示教育、案件报告与风险处置、督促问责与整改四个环节对各保监局案件风险监管工作进行全流程的量化考核评估,进一步完善保险案件风险监管的制度体系。

2013年12月,保监会向人身保险公司下发了《关于加强人身保险公司专业中介业务管理有关问题的通知(征求意见稿)》,并在2013年12月30日前完成了第一轮征求意见。《征求意见稿》提出,"保险专业代理机构佣金的5%应作为风险保证金由人身保险公司缴存于专门的商业银行账户,用于应对保险专业代理机构出现的重大风险。保单到期后,由人身保险公司将应对重大风险结余的保证金及其利息支付给保险专业代理机构"。

2.4.3　加强保险公司中介业务检查,清理整顿保险兼业市场

长期以来,中国保监会一直注重对保险公司中介业务的检查,坚持早动手、早准备、早出结果的原则。2013年2月,中国保监会下发《关于2013年保险公司中介业务检查和保险兼业代理市场清理整顿工作有关事项的通知》(以下简称《通知》),对保险公司中介业务检查工作做出统一部署。

《通知》明确指出,2013年保险公司中介业务检查重点是督促保险公司中介业务实现真实、合法、透明,着力严查重处保险公司利用保险兼业代理机构弄虚作假、虚增成本、非法套取资金等问题。保险兼业代理市场清理整顿工作重点以保险公司中介业务检查为切入点,严查重处保险兼业代理机构协助保险公司套取资金、销售误导、挪用侵占保费等扰乱市场秩序和侵害消费者利益等违法违规行为,引导保险兼业代理机构专业化发展。

《通知》强调,2013年将保险公司中介业务检查与保险兼业代理市场清理整顿工作紧密结合,统筹考虑,在深入查处保险公司中介业务违法违规行为的同时,清理整顿违法违规的保险兼业代理机构,对问题严重的保险兼业代理机构要依法取消代理资格,对管理混乱、服务不规范、专业素质不高,与保险公司财务业务关系不合法、不真实、不透明的要予以严格限制和及时清理。《通知》要求,在保险公司中介业务检查及保险兼业代理市场清理整顿工作中,各保监局要坚持突出重点、统筹兼顾、严查重处、依法移送、加强信息披露。

2013年8月,中国保监会发布2013年上半年中介业务检查报告,根据报告披露的信息,各保监局共检查8家保险公司的88个基层保险机构,其中省级公司35个、地市及以下基层机构53个,延伸检查车商、银邮等保险中介机构85家。查实8家保险公司利用中介业务渠道弄虚作假,非法套取资金2 583.79万元。其中,人保财险非法套取资金706.16万元,居于被检查的各公司之首。2013年,中国保监会对保险公司中介业务的抽查力度远远大于往年。

2.4.4　提高保险营销员的学历门槛,提升保险营销员素质

2013年1月,中国保监会下发《保险销售从业人员监管办法》(以下简称《办法》),并于2013年7月1日开始施行。《办法》第二章第七条规定,报名参加资格考试的人员,应当具备大专以上学历和完全民事行为能力。这意味着将保险营销员参加资格考试学历门槛由2006年规定的"初中以上文化程度"提高至"应当具备大专以上学历"。但各地方保监局可以根据地区实际情况适当调整,分为全国通用(A证)和地方使用(B证)两种证书。报考学历为大专

及以上者,可通过考试获取 A 证,报考学历为高中、中专及同等学力者,可通过考试获取 B 证。A 证和 B 证在销售地域上有所不同。

《办法》的出台具有重大意义。首先,更加有利于保护保险消费者利益。《办法》落实法律规定,对包括保险公司人员(不管是营销员还是员工)和保险代理机构人员在内的所有直接面对保险消费者、从事保险产品销售工作的人员,立足保险销售的工作性质和内容进行统一规范,提出了一致的从业资格要求和执业规范,对保险消费者的保护更加到位和有力,也体现公平原则。其次,更加有利于理顺监管关系。《办法》明确了对保险销售从业人员管资格、提素质、明责任的基本监管方向。特别是从监管上强调,无论保险公司与保险销售从业人员之间建立的是何种民事法律关系,都要切实强化保险公司的管理责任。当前,全行业正在探索推进保险营销体制改革工作,《办法》的出台进一步奠定了制度基础。再次,通过提高学历要求,提高从业人员素质,通过强化公司管理责任,提高保险服务水平,有利于促进行业转型升级,提升形象。

2.5 中国保险业监管和改革

2013 年是全面贯彻落实党的十八大精神的开局之年,也是实施"十二五"规划承前启后的关键一年。中国保监会发布了《中国第二代偿付能力监管制度体系整体框架》《关于普通型人身保险费率政策改革有关事项的通知》等一系列保险监管办法,推出了若干监管新政和关乎国计民生的农业保险政策、大病医疗保险政策,坚定不移地推进保险领域三大市场化改革。中国保监会主席项俊波在全国保险监管工作会议上明确 2013 年监管工作要认真完成好三项年度工作任务:第一,推进费率形成机制改革,形成更合理的费率水平;第二,加强对保险法人机构的监管,继续推进第二代偿付能力监管体系建设,加强资金运用监管;第三,进一步加大保险消费者权益保护工作力度,继续推进解决销售误导和理赔难问题。

2.5.1 发布第二代偿付能力监管体系框架,完成监管顶层设计

2012 年 4 月,中国保监会正式启动第二代偿付能力监管体系建设,计划用 3～5 年的时间,建成一套既符合中国国情,又与国际接轨,以风险为导向的现代偿付能力监管体系。2013 年,在全行业的不断努力下,第二代偿付能力监管体系建设进展顺利,取得了阶段性成功。

第一,制定并发布第二代偿付能力监管体系的整体框架,完成了第二代偿付能力监管体系的顶层设计。2013 年 5 月,中国保监会正式发布《中国第二

代偿付能力监管制度体系整体框架》,明确了监管的总体目标,列出了若干基本技术原则,最突出的是明确了中国偿付能力监管"三支柱"的框架体系,即第一支柱定量资本监管要求,第二支柱定性监管要求,第三支柱市场约束机制要求。

第二,先后启动15个第二代偿付能力项目组,开展技术标准研究。中国保监会集合国内外专家、行业精英、公司、咨询机构、评级机构等,成立了15个项目组,这15个项目组中,到2013年已经完成了3个项目组的工作,分别是2个全面总结项目组和1个整体框架项目组。

第三,第二代偿付能力监管体系建设在国内国际的影响力进一步扩大。2013年7月,中国保监会举行"偿付能力监管改革与合作国际研讨会",8个新兴市场监管机构代表和国际保险监督官协会代表参会,中国保监会向与会嘉宾介绍了第二代偿付能力监管体系建设的基本情况。在第八次中欧财金对话中,中国保监会也向欧盟介绍了中国第二代偿付能力监管体系建设的基本情况,并获得欧盟方面的高度评价。2013年11月,美国财政部新设了一个联邦保险办公室,发布了一个《如何完善美国保险监管体系》的报告,在这个报告中,两次提到了中国第二代偿付能力监管体系建设,认为中国第二代偿付能力监管体系的方向和框架已经符合国际潮流。2013年,英国精算师协会也主动参与了中国第二代偿付能力监管体系的研究和建设,北美产险协会还专门设立了一个中国第二代偿付能力监管体系建设的跟踪小组,专门跟踪中国第二代偿付能力监管体系建设的发展情况,并愿意积极参与。这意味着我国第二代偿付能力监管体系建设的国际影响力显著提高。

2.5.2 保险业支持上海自贸区建设,积极开展保险创新试点

2013年9月29日,中国(上海)自由贸易试验区(以下简称"上海自贸区")正式挂牌,为了充分发挥保险功能作用,中国保监会批复8项保险业支持上海自贸区建设的措施内容,包括支持外资专业健康保险机构设立、巨灾保险机制探索、国际专业保险中介机构业务开展、功能型保险机构建设,以及航运保险、离岸保险、责任保险、巨灾保险、健康医疗保险等未来重点险种发展等多方面内容。这些举措不仅有利于保险业开拓市场领域,创新服务模式,积极配套支持上海自贸区建设,而且有利于调整保险产品结构,扩大保险需求,促进保险资金运用,激发保险业发展动力,提升保险国际竞争力。

上海自贸区保险业的定位是离岸保险、对外投资和产品创新。在离岸保险方面,中国保监会积极支持中外资保险机构在上海自贸区开设离岸账户,在机构准入、产品管理、资金运用等方面采用与国际市场逐步接轨的监管政策,

吸引大量具有中国利益的海外离岸保险业务和再保险业务回流和聚集。在重点险种创新方面,中国保监会聚焦航运保险、各类责任险以及与国际贸易资金融通相关的各类信用保险、保证保险等业务发展,对于在自贸试验区产品创新、渠道创新等给予政策支持。在保险资金海外投资方面,中国保监会充分利用自贸试验区外汇管理体制创新的机遇,积极扩大保险资金境内境外双向投资的范围,进一步允许保险资金以创新方式走出去开展各类投资。

上海自贸区挂牌以后,保险机构积极入驻上海自贸区。2013年,中国太平洋财产保险公司、大众财产保险公司已在自贸区内设立了分支机构,天安财产保险公司等五家机构也纷纷递交了申请。此外,还有数十家机构,包括中外资产寿险机构、资产管理公司、航运保险专业公司以及经纪机构,都表达了入驻自贸试验区的意愿,还有部分尚未进入中国保险市场的外资保险机构也在积极争取在上海自贸区内设立法人机构。

2.5.3 人身保险费率政策改革启动,推进定价机制市场化

2013年8月1日,中国保监会发布《关于普通型人身保险费率政策改革有关事项的通知》,这标志着寿险产品定价机制市场化进入新阶段。此次保险费率政策改革的基本思想是放开前端、管住后端,即前端的产品预定利率由保险公司根据市场供求关系自主确定,后端的准备金评估利率由监管部门根据"一篮子资产"的收益率和长期国债到期收益率等因素综合确定,通过后端影响和调控前端合理定价。此次费率政策改革的具体内容包括两个方面:一是放开普通型人身保险预定利率,将定价权交给公司和市场。普通型人身保险预定利率由保险公司按照审慎原则自行决定,不再执行2.5%的上限限制;二是明确法定责任准备金评估利率标准,强化准备金和偿付能力监管约束,防范经营风险。改革之后,新签发的普通型人身保险保单,法定责任准备金评估利率不得高于保单预定利率和3.5%之中的较小者。

经国务院批准,新的费率政策从2013年8月5日起正式实施。为保障改革顺利实施,中国保监会同时出台了与之相配套的监管政策:

第一,对国家政策鼓励发展的养老业务实施差别化的准备金评估利率,允许养老年金等业务的准备金评估利率最高上浮15%,支持发展养老保险业务。

第二,适当降低长期人身保险业务中与风险保额相关的最低资本要求,鼓励和支持发展风险保障业务。预计将释放寿险行业资本占用约200亿元,释放的资本可支持发展新业务4 000亿元。

第三,在控制费用总水平、消费者利益不受损害的前提下,由保险公司自

主确定佣金水平,优化费用支付结构,促进风险保障业务发展。

第四,进一步规范总精算师的任职和履职,明确总精算师责任,发挥精算专业力量在费率改革中的积极作用。

第五,加强人身保险条款和保险费率的管理,将偿付能力状况作为保险条款和保险费率审批、备案的重要依据,并根据预定利率是否高于规定的评估利率上限,分别采取审批、备案方式进行管理。

此次人身保险费率改革政策有两大特点:一是延续之前寿险费率市场化改革的思路,放开定价要素管制“前线”,守住评估要素监管“安全线”;二是采取循序渐进的改革路径,从市场份额相对较小的普通型人身保险产品开始,新型产品,包括分红保险的预定利率、万能险的最低保证利率等,仍维持原有的限制。

2.5.4 推进保险资金运用市场化,探索“4+1”监管模式

2013年,中国保监会连续下发多项旨在推进保险资金运用市场化改革的新政,保险资金的投资范围及监管政策发生了重大变化。在扩大保险资金的投资范围、拓宽资金运用渠道的政策方面,中国保监会先后下发了《关于保险资金投资创业板上市公司股票等有关问题的通知》、《关于保险机构投资风险责任人有关事项的通知》、《关于保险资产管理公司开展资产管理产品业务试点有关问题的通知》、《关于债权投资计划注册有关事项的通知》等。在加强保险资金运用监管、防范系统性风险的政策方面,中国保监会先后下发了《关于加强保险资金投资债券使用外部信用评级监管的通知》、《关于规范有限合伙式股权投资企业投资入股保险公司有关问题的通知》、《关于加强和改进保险机构投资管理能力建设有关事项的通知》等。

为了推动保险资金运用市场化,中国保监会于2013年10月下发《关于加强和改进保险资金运用比例监管的通知(征求意见稿)》,向保险机构征求意见。新政提出了“多层次比例监管框架”概念,保险资金权益类投资的上限有望从25%放开至30%,同时,进一步放宽不动产投资范围,包括基础设施投资计划、不动产投资相关金融产品,境外品种还包括房地产信托投资基金,且不动产投资比例放宽至30%。

根据2013年推出的一系列保险资金运用市场化改革新政,中国保监会把基础设施债券投资计划等保险资产管理产品由备案制向注册制改革,并坚持市场化改革方向,在投资比例、投资范围、投资方式等领域实行更大、更彻底的开放。中国保监会在转变监管方式和简政放权上迈出更大的步伐,在防范风险方面出台更有力、更具针对性的措施,逐步实现在制度框架下,公司投资自

主决策,行业性产品的募集和投资由行业协会自定标准、自行注册、自律监督。中国保监会更注重风险的监测和预警,对越过红线的公司,保留干预权,依规处罚。中国保监会正在研究保险资金运用的"4+1"监管模式。"4"为流动性红线、收益性红线、拨备率红线、信息披露红线的监管。"1"为责任人制度,对因资金运用发生的重大案件和损失,追究公司的行政和专业两类责任人。对关联交易等敏感性投资行为,实行百分之百的公开披露率。

2.5.5 商业车险市场化改革缓慢,交强险经营模式不明确

自 2011 年启动商业车险改革以来,进展十分缓慢,原定于 2013 年 9 月之前启动商业车险费率市场化改革的计划被延后。根据中国保监会 2012 年年底下发的《关于进一步深化商业车险条款费率制度改革有关问题的通知(征求意见稿)》,首次确定了商业车险条款费率改革分三步走,"先统一、后差异"、"先条款、后费率"。第一步,全行业实施新的商业车险条款和费率,保险公司使用由保险行业协会制定的统一示范条款和保险行业协会参考纯损失率拟定的费率;第二步,鼓励保险公司在协会条款基础上适当增加保险责任;第三步,符合条件的保险公司可以根据自有数据开发商业车险条款和费率。最终形成"以协会条款为基本保障、公司个性化条款为补充的多元化商业车险条款体系"。2013 年,商业车险市场化改革步伐与市场预期不尽一致,改革未取得实质性进展,相关部门并未公布商业车险示范性条款,改革进程延后。

在交强险方面,经营模式不明确。目前,中国交强险采取"前端政府定价,后端市场经营"的模式,遵循"不赢利不亏损"原则,这使得市场经营主体地位不明,政府、企业、监管机构的责任义务界定不清。自 2006 年 7 月交强险开展以来,截至 2012 年年底,交强险保费收入共计 4 915 亿元,累计亏损 256 亿元。交强险长期亏损的主要原因是赔付成本持续上升,而交强险费率逐年下降。交强险实行统一费率、责任限额和条款内容,保险公司没有风险选择权和定价权,同时盈亏也由保险公司单独承担。随着医疗费用、劳务费用以及零配件价格上涨,交强险持续亏损不可避免。所以,改革交强险经营模式,完善交强险制度迫在眉睫。

2.5.6 加强保险中介市场监管,规范市场秩序

2013 年,中国保监会加大力度整顿保险中介市场。2012 年 6 月,中国保监会宣布暂停审批区域性保险中介机构和注册资本金不足 5 000 万元的保险中介机构,2013 年 5 月,中国保监会加强制度建设,下发了一系列规范性文件,《关于修改〈保险经纪机构监管规定〉的决定》、《关于修改〈保险专业代理机

构监管规定〉的决定》、《关于进一步明确保险专业中介机构市场准入有关问题的通知》,将保险专业代理公司、保险经纪公司的注册资本金门槛从原来的200万元和1 000万元同时提升到5 000万元。

对于在新的监管规定颁布前设立的注册资本金不足5 000万元的保险专业代理公司、保险经纪公司,保监会不强制要求一次性增资,可以在现有状态下继续经营,也允许在注册地所在省(自治区、直辖市)及已经设有分支机构的省(自治区、直辖市)申请设立分支机构。但如果要在没有设立分支机构的省(自治区、直辖市)增设分支机构,其注册资本金应增至5 000万元。这样可以力求做到平稳过渡,不对保险业务发展造成冲击。

在准入门槛提高的背景下,一些不符合新规的保险中介机构被淘汰出局。2013年6月3日,中国保监会发布公告注销北京华钢联合保险经纪有限公司、正丰国际保险经纪(北京)有限公司、希尔曼(北京)国际保险经纪有限公司的业务许可。

2.5.7 颁布大病保险管理办法,推动大病医疗保险发展

2013年3月12日,中国保监会印发《保险公司城乡居民大病保险业务管理暂行办法》(以下简称《办法》),这是在《关于开展城乡居民大病保险工作的指导意见》的基础上,对大病保险业务更为具体的规定。《办法》对开办大病保险的保险公司的经营资质列出了具体条件,包括注册资本金、偿付能力、经营管理年资和经验、专项管理和独立核算、服务网络、精算技术、医学专业人员配备、信息管理系统等各个方面。另外,《办法》对投标管理、业务管理、服务管理、财务管理、风险调节、监督管理、市场退出等方面也作出了明确规定。

《办法》对保险公司在投标过程中违反有关规定,开展大病保险业务过程中受到3次以上行政处罚,违规支付手续费,给予保险合同约定以外的回扣或者其他利益的,保险监管机构三年内不将其列入大病保险资质名单。要求投标文件由保险公司总公司同意,并出具精算意见书、法律意见书和相应授权书。

《办法》规定,保险公司对大病保险单独核算,加强资金管理,严格核定业务成本,据实列支大病保险经营费用支出,加强费用管控力度,降低大病保险管理成本,提高经营效率。保险公司遵循收支平衡、保本微利的原则,与投保人协商合理确定大病保险赔付率、费用加利润率。建立动态风险调整机制,根据实际经营结果、医保政策调整和医疗费用变化情况,通过调整下一保险期间保险责任、保险费率等方式,对保险期间的超额结余和政策性亏损等盈亏情况进行风险调节,确保大病保险业务可持续发展。

2.5.8 加强规范管理,解决理赔难和销售误导问题

2013年,中国保监会的重点工作是继续推进解决保险理赔难和销售误导问题,保护保险消费者的合法权益,为此,中国保监会发布了一系列改善保险理赔服务、综合治理销售误导的规范性文件。

2013年1月14日,保监会下发了《关于规范财产保险公司电话营销业务市场秩序,禁止电话营销扰民有关事项的通知》,要求各保险公司应当完善电销相关制度,规范电销业务行为,切实防范电销扰民问题发生,共同创造良好的电销业务发展环境。

2013年1月15日,保监会下发了《保险销售从业人员监管办法》,对保险销售从业人员的从业资格、执业管理、保险机构的管理责任进行了规定。该办法明确保险销售从业人员应当具备大专学历,取得全国通用的资格证书,才能在全国范围内销售保险产品;保险公司及代理机构必须切实树立管理责任意识,履行好对从业人员的教育、培训、指导、监督责任,建立行之有效的管理制度和机制。该办法还明确规定了保险公司等相关机构对其销售从业人员的管理责任以及相应的惩罚性措施。

2013年4月25日,保监会下发了《人身保险电话销售业务管理办法》,对市场准入、销售行为、监督管理三个方面作了明确规定。该办法加强了对电话销售主体的资质管理和销售环节的细节管理,以解决销售误导、电话扰民、服务不到位等问题。该办法明确了监管责任主体,呼出地保监局负责电话销售中心批设及委托代理项目备案等事项,呼入地保监局负责对辖内电话销售业务进行检查,并对违规行为进行处罚。

2013年8月27日,中国保监会下发《关于禁止强制销售保险的紧急通知》,要求保险从业人员应该严格遵守法律法规,不得强迫消费者订立保险合同,保险公司应全面排查清理,加强销售行为管理,各保监局要加强监管,严厉查处强制销售保险的违法违规行为。

为了进一步加强保险公众宣传,提升全社会的保险意识,中国保监会将每年的7月8日确定为"全国保险公众宣传日",并配合不同的年度宣传主题在全国范围内开展全行业宣传活动。2013年7月8日是首个全国保险公众宣传日,年度宣传主题是"倾听由心,互动你我",开展了播放专题宣传片,发布保险公众调查结果,开通官方微博、微信公众账号,开放中国保监会办公区域等多种形式的宣传活动。"保险公众宣传日"的确立对提高保险消费信心、保护消费者权利、刺激扩大保险消费作用重大,同时对普及保险知识、提高保险意识、提升保险行业形象、促进保险业持续健康发展有着极为重要的意义。

2.6 2014 年中国保险业改革发展展望

2013 年,中国保险业以转方式、调结构为主攻方向,总资产首次突破 8 万亿元,保费收入跃居世界第四位,行业风险保障作用突出,服务经济社会能力明显提高,整体呈现"稳中有进、进中向好"的态势。

展望 2014 年,保险业风险防范工作面临重大挑战,满期给付和退保、部分公司偿付能力不足、流动性、资金运用等风险将有所显现,从严监管将是主基调。与此同时,保险业将坚持市场化的改革方向,充分发挥市场在资源配置中的决定性作用。中国保监会将把改革创新贯穿于监管的各个环节,全面推进保险服务体系、市场体系、监管体系三大领域的改革创新。此外,十八届三中全会、中央经济工作会议以及城镇化工作会议,对保险业的一些重点问题提出了明确要求,这其中有很多保险业的利好政策和信号,为保险发挥功能作用释放了巨大红利,这必将深刻影响保险业。

2.6.1 加强和改进保险监管,防范保险业面临重大风险

中国保监会主席项俊波强调,2014 年是保险业风险防范工作面临重大挑战的一年,集中体现在防范化解满期给付和退保、部分公司偿付能力不足、流动性、资金运用等风险。

由于近几年保险资金平均收益率低于五年期银行存款利率,寿险业面临的退保压力比较大,同时 2013 年也是寿险满期给付的高峰,到 2014 年,全行业满期给付金约为 1 600 亿元,2015 年甚至将达到 2 300 亿元左右。满期给付,相当于银行的归还本息,它一方面意味着之前利润的确认,另一方面也意味着负债规模和可用资金规模的减小。满期给付的压力主要是对当期净利润的压力,满期给付的风险主要是流动性的风险。在大型保险企业受到压力的同时,个别中小型保险公司很可能面临现金流不足的风险。

正因为存在这些风险,2014 年中国保监会将加强和改进监管,在第二代偿付能力监管体系建设、保险资金运用监管、产品监管、公司治理监管、保险集团监管等方面要有明显突破。随着保险产品创新不断加速,保险市场呈现出多样性与复杂性,各类风险不断积累。中国保监会将按照"放开前端、管住后端"的思路,加大偿付能力和资产配置的硬约束,强化信息披露和风险责任人的硬要求,落实追责制度,坚守不发生系统性、区域性风险的底线。强化现场检查和非现场检查,依法查处违规问题,严肃处理相关机构和当事人。推动保险公司经营机制改革,主要通过强化外部监督和高管责任约束倒逼公司改革,

推进产品监管方式改革,对产品实行分类监管,将部分产品由备案制改为报告制,同时加大对审批产品的审查力度。

2.6.2　全面深化改革,推进三大体系创新

2014年1月21日,中国保监会主席项俊波在全国保险监管工作会议上明确指出,2014年保险监管工作总体要求的核心是"稳中求进、改革创新"。中国保监会将成立全面深化改革领导小组,统筹推进保险业的改革创新,主要是推进保险服务体系、市场体系和监管体系的改革创新。

在保险服务体系改革创新方面,建设一个在现代金融体系、社会保障体系、农业保障体系、灾害救助体系和社会管理体系中发挥重要作用的现代保险服务业。按照十八届三中全会对保险业提出的要求,在巨灾保险、农业保险、商业养老和健康保险、责任保险等领域取得新进展。

在保险市场体系改革创新方面,让市场在资源配置中发挥决定性作用,进一步激发市场发展的内生动力与活力。重点工作是坚持三大市场化改革方向,即深化费率形成机制改革,推进资金运用体制改革,推进市场准入退出机制改革。对于市场准入,预计2014年中国保监会将适当限定新设保险公司的业务范围,对资本金、内控和赢利水平等提出更高要求,支持设立一批专业性保险公司。推动区域保险业协调发展,逐步填补有关省市的法人机构空白。对于市场退出,2014年将建立针对股东、业务、人员、分支机构和法人机构的多层次、多渠道退出机制,明确市场退出的标准和程序,规范市场化并购重组,引导保险市场存量调整,加快推动有关立法工作,明确风险处置的触发条件。对保险公司来说,在市场化改革倒逼下,未来要更加注重成本控制,更加注重差异化经营,更加注重资产负债管理等核心能力建设。

在保险监管体系改革创新方面,推进相关法律的立法和修订工作,推进第二代偿付能力监管体系建设,简政放权,探索负面清单模式下的监管方式。

2.6.3　深化费率形成机制改革,扩大市场化范围

2014年1月21日在北京召开的全国保险监管工作会议上,中国保监会主席项俊波指出,2014年保监会将继续深化费率形成机制改革,建立市场化定价机制,落实寿险费率改革政策,积极稳步推进以市场化为导向的商业车险条款费率管理制度改革,统筹考虑交强险改革。

在寿险领域,2014年的重点是在总结普通型人身保险产品放开预定利率成效和经验的基础上,扩大费率市场化的范围,防范改革可能引起的风险。2014年将启动分红险、万能险费率形成机制改革,实现人身险费率形成机制

的全面市场化。另外,中国保监会将启动与费率形成机制相适应的精算制度改革,完善准备金评估规则,完善分红账户管理和分红特储制度,在放开前端的同时从后端管住风险。

在产险领域,2014 年的重点是深化商业车险条款费率管理制度改革,完善市场化的商业车险条款费率形成机制,条件成熟的地区先行先试。对于交强险改革,从短期看是研究建立区域费率制度,并适时调整交强险的责任限额和费率水平,进一步完善调节机制,规范诊疗和伤残鉴定标准等,完善救助基金等相关配套制度;从长期看是从根本上解决交强险面临的诸多问题,需要对《交强险条例》等法律法规进行修改。

2.6.4　加快保险资金运用体制改革,迎接保险大资管时代

继 2012 年中国保监会下发的《保险资金投资债券暂行办法》、《保险资金境外投资管理暂行办法实施细则》等 13 项保险投资新政正式启用后,2013 年保险资金开始涉足不动产、股指期货、债券计划等多领域投资,进程大幅提速。2013 年 10 月,中国保监会印发了《关于加强和改进保险资金运用比例监管的通知(征求意见稿)》,保险资金投资渠道再现松绑,提高了保险企业投资权益类资产的仓位比例。2014 年 2 月 19 日,中国保监会发布实施了《关于加强和改进保险资金运用比例监管的通知》(以下简称《通知》)。《通知》系统整合了现行监管比例政策,建立了以保险资产分类为基础、以多层次比例监管为手段、以差异化监管为补充、以动态调整机制为保障的比例监管新体系。《通知》根据风险收益特征,将资产划分为流动性资产、固定收益类资产、权益类资产、不动产类资产和其他金融资产五个大类。其中,投资权益类资产、不动产类资产、其他金融资产和境外投资的账面余额占保险公司上季末总资产的监管比例分别不高于 30％、30％、25％、15％,投资流动性资产、固定收益类资产无监管比例限制。《通知》的发布与实施,一方面大大简化了监管比例,实现我国保险资金运用比例监管政策与国际监管惯例的初步接轨;另一方面增强了市场活力,提高了监管效率,体现了"放开前端、管住后端"的监管思路及大力推进监管转型的基本取向。

随着保险资金投资渠道不断增加,保险企业资金将面临投资能力提升的考验,可以预计 2014 年保险企业为了更好地角逐大资管领域,保险业将在人才配给上做出充足的准备,同时在保险资产管理产品设计上更具创新性。

从 2013 年下半年保险企业在公募领域进行人才挖脚可看出,保险资金期望通过提升投资实力从而在大资管时代中占据一席之地,由此出现了公募元老级人物相继转投保险业的现象。可以想象,2014 年会有更多的公募人才涌

人保险业,加入保险投资的人才队伍中。与此同时,2014 年在保险资金运用创新方面会有更大的动作,项目资产支持计划试点、资产管理产品试点、股债结合等产品创新将加快步伐,继续打破行业界限,提升资产管理效率。

2.6.5 加速巨灾保险制度建设,强化农业保险风险管控

2013 年以来我国自然灾害频发,四川雅安地震、东北洪涝灾害等都造成了巨大损失。在大灾频发的情况下,巨灾保险推广迫在眉睫。

十八届三中全会通过的《中共中央关于全面深化改革若干重大问题的决定》中明确提出要完善保险经济补偿机制,建立巨灾保险制度。目前,中国保监会正全力推进巨灾保险试点工作,已同意云南和深圳作为试点开展巨灾保险。其中,云南楚雄以地震为主,针对居民住房保障;而深圳主要面临洪水、台风等灾害,通过综合巨灾方式为当地居民的人身财产提供保障。2013 年 12月 30 日,《深圳市巨灾保险方案》经深圳市政府常务会议审议并原则通过;2014 年 1 月 6 日,云南楚雄彝族自治州试点住宅(农房)地震保险。从两地实践的方案来看,尽管细节模式不同,但大体框架均是当地财政支持,由商业保险机构提供产品,实现广覆盖、低保障的巨灾风险保障体系。地方破题的同时,中国保监会争取在 2014 年把《巨灾保险条例》上报国务院通过,工作重点是研究地震巨灾保险产品开发和统筹基金设立问题,会同国务院相关部门制定具体实施方案,争取尽早报国务院后实施。

2013 年 3 月 1 日《农业保险条例》开始实施后,农业保险发展迅猛。太平洋保险、阳光产险、国寿财险、永安保险、紫金保险等公司纷纷加入农业保险市场,广西、湖南、内蒙古、天津、陕西、重庆以及云南等地农险经营主体大规模扩容。预计 2014 年全国的农业保险业务将呈现持续快速发展的态势。

此外,2014 年保险业还将落实好农险大灾风险准备金的建立工作。农险大灾风险准备金将通过国家、省级、保险公司多方参与的方式,设置多层次的准备金模式。2013 年保险公司开发出许多创新型农险产品,如天气指数保险、价格指数保险等,预计 2014 年农业保险产品在创新上将会有更多的期待,还将有一批创新产品落地,如甘肃准备试点中药材保险。

由于农业保险条例尚存在较多盲点和关系需要厘定,农业保险条例在实施过程中面临一系列复杂的问题。第一,地方政府、监管部门与保险机构关系未理顺,保险机构在农业保险市场的主体作用未能有效发挥。一些地方政府部门以经济发展水平为由,压减补贴标准,这样既难以推动保险机构在商业化与政策性上实现平衡,也难以调动保险公司设保和农民参保的积极性。《农业保险条例》对政府具体的农业保险管理职能及其与保险公司、公估公司等市场

主体关系缺乏明确界定。第二,农业保险中介组织培育缺位,理赔到户难以有效落实。农民和保险公司的最大争议就是受灾程度。县域保险市场长期处于监管真空、市场竞争无序状态,加之《农业保险条例》的配套政策尚未出台,导致一些实际无资质的保险机构充斥农业保险队伍,扰乱农业保险市场。第三,税收等相关配套缺位,专业公司处于竞争劣势,农业保险市场易出现垄断,不利于竞争主体多元化和专业化发展。专业农业保险公司迄今享受不到税收优惠政策。由于农业保险市场竞争和费率由政府主导等因素,农业保险产品利润较低,专业保险公司单靠农业保险险种的微薄利润难以生存。

2014 年,中国保监会将在总结各省推广农业保险经验的基础上,对《农业保险条例》施行一年来暴露的问题进行专项研究,出台相关的配套政策,明确各级地方政府的职责权限,明确基本运行规则,减少对农业保险市场正常运行的行政干预,使已初步形成的农业保险制度进一步完善。

2.6.6 借政策东风,保险业深挖养老领域商机

2013 年 9 月 15 日,国务院对外发布了《关于加快发展养老服务业的若干意见》(以下简称《意见》),《意见》明确指出我国将开展住房反向抵押养老保险试点。为贯彻落实国务院《关于加快发展养老服务业的若干意见》,中国保监会推动"以房养老"保险试点。保监会已起草《关于开展老年人住房反向抵押养老保险试点的指导意见(征求意见稿)》,计划在北京、上海、广州、武汉四个城市进行试点。

保险业明显加快了开发养老领域投资的步伐,多家保险企业已陆续涉足养老地产。目前,合众、泰康、国寿等保险公司都有了自家的养老社区,合众人寿的养老社区已在武汉率先投入使用。在多家企业涉足养老地产开发之后,北京等地政府还出台补贴政策,对保险企业投资养老社区项目构成了利好性刺激,预计 2014 年将会有更多的保险企业布局养老领域。

2013 年 12 月 7 日,财政部、人力资源社会保障部和国家税务总局共同发布了《关于企业年金、职业年金个人所得税有关问题的通知》(以下简称《通知》)。《通知》规定,自 2014 年 1 月 1 日起我国实施企业年金、职业年金个人所得税递延纳税优惠政策,这给予保险企业涉足养老保险领域一个新发展路径。但是,目前健康养老保险在企业年金管理方面发挥的作用并未达到预期。2014 年,借助这个发展契机,健康保险公司和养老保险公司或将有所作为。保险公司作为企业年金的受托人、投资管理人和账户管理人,有机会在管理企业年金上进一步涉足养老险领域,承担重要角色。

年金递延所得税新政将成为中国养老金体系第二支柱新一轮快速发展的

重要引擎,有助于推动我国养老体系"三大支柱"更加平衡地发展,为今后养老提供更多元、更稳定的保障。对企业而言,为企业的人力资源管理部门提供了一个新的整体薪酬分配渠道。企业缴费部分的税收优惠安排,可以帮助企业在成本不增加的情况下,给予员工更为受益的收入安排,为优化员工整体薪酬结构提供了新的机遇,也将有利于推动企业年金计划的建立和普及。对个人而言,为员工提供了实现当期收入再分配的工具,帮助员工在享受税收优惠的前提下,更为积极地进行养老财务规划。新政的出台将鼓励员工的参与积极性,将推动年金计划共同供款的模式,从而更有效地发挥其养老保障的作用。

新的年金所得税递延政策仍需完善配套政策。第一,从政策的公平性角度看,税收优惠政策应该覆盖更多人群,简化报备手续,方便灵活就业者加入。第二,在年金税收新政出台之后,尽快对现行《企业年金管理办法》进行修订,对加入年金计划的企业形式、企业和职工缴费的配比、年金的领取规则等问题进行更加完善的规定,以更好地指导年金的发展。第三,目前设立企业年金给企业的免税优惠上限仅为 5%,如果能够将税收优惠上限进行上调,将更大地激发企业的积极性。

2.6.7　规范互联网保险,关注大数据

2013 年是互联网金融的元年,许多保险公司出现了在互联网上片面夸大高收益宣传、返现送礼造噱头、打监管擦边球的现象。2014 年,中国保监会将涉及互联网保险宣传的监管和整治,防止互联网保险陷入高收益比拼的恶性竞争。

中国保监会还未对互联网保险产品提出监管,但对于互联网金融产品主打高收益、补贴收益的作风,证监会已明确给出属违规的界定,表明互联网理财产品将与传统的理财产品一样纳入监管。随着证监会等监管层对互联网金融产品违规宣传的规范和治理,2014 年互联网保险也将纳入传统保险的监管范围之中。

为加强网络保险监管工作,防范化解网络保险创新风险,构建加强网络保险监管工作的长效机制,2014 年 1 月,中国保监会制定了《加强网络保险监管工作方案》,对网络保险的监管作了如下规定:第一,调研了解网络保险的现状与发展趋势。根据职责分工,调研了解本领域网络保险发展现状、存在的问题、前景展望以及完善网络保险监管的对策分析。第二,完善网络保险监管制度。在梳理现行有关网络保险监管制度的基础上,从市场主体准入的条件和标准、经营行为的规范、网络客户合法利益保护等方面,加快制定并逐步完善保险公司、中介机构网络业务监管制度。第三,组织开展专项检查。根据保险

机构网络保险经营情况、相关案件和举报投诉情况,将网络保险纳入2014年专项检查或综合性检查计划,切实维护保险消费者合法权益。第四,加大保险消费者风险教育工作力度。加强协作配合,指导行业组织和保险机构开展宣传教育活动,将网络保险风险纳入2014年消费者教育和公众宣传工作,通过12378保险消费者投诉维权热线、保监会官方微博、微信以及全国保险公众宣传日等活动,提醒保险消费者认清新型保险犯罪的手段和方式,树立正确的保险理念,切实提升防骗的意识和能力。第五,加强监管协作。加强与公安机关的协作配合,加大对网络保险犯罪的打击力度,适时开展打击网络保险犯罪专项行动,对于网络保险犯罪做到早发现、早打击,切实把风险消除在萌芽状态。

为了促进并规范人身保险公司互联网保险业务发展,维护市场秩序,切实保护消费者合法权益,中国保监会下发了《关于促进人身保险公司互联网保险业务规范发展的通知》(征求意见稿),强调了对保险产品网销的严格监管,这包括公司宣传和披露以及风险合规管理与其他渠道看齐,同时要求客户回访内容和标准化不低于其他渠道。保监会强调,保险公司通过互联网销售风险保障型和长期储蓄型以外的保险产品,遵循审慎经营的原则,强化风险管控和成本管理。除了互联网保险即将纳入监管视线外,2013年度互联网保险的创新产品也成为一大看点,随着2013年赏月险、爱情险、虚拟财产险等创新型保险的试水,2014年也必定会有更多的创新型保险在互联网上问世。

数据和标准是科学监管和行业发展的重要基础,2014年,中国保监会将深化保险统计改革,构建新型统计指标体系。中国保险业将做好数据体系和平台架构的统一规划,充分发挥中国保信公司的作用,加快车险、健康险、中介、保单登记、再保险接受人登记、保险资金运用等数据平台建设。同时,中国保险行业协会将抓紧推进产险主要险种纯风险损失率的测算工作,适时启动人身保险业经验生命表的修订工作,为行业风险管理、费率厘定及偿付能力监管奠定数据基础。积极发挥中国保险业标准化技术委员会的作用,加快制定、修改、完善一批行业标准。此外,中国保监会将推动保险公司加强IT治理,对保险公司信息系统开展渗透性测试和动态监测,将信息安全评估指标纳入偿付能力风险指标体系,防范化解信息安全风险。中国保监会将密切关注大数据和互联网金融对保险业的影响,充分利用信息技术促进保险业转型升级。

参考文献

[1]2014年人身保险监管工作会议,http://www.circ.gov.cn/tabid/5171/InfoID/3905923/frtid/6475/Default.aspx.

［2］2014 年财产保险监管工作会议，http：//www. circ. gov. cn/web/site0/tab5171/info3905391. htm.

［3］保监会召开保险消费者权益保护工作会议，http：//www. circ. gov. cn/web/site0/tab5171/info3910191. htm.

［4］保监会举办中国自保公司发展与监管国际研讨会，http：//www. circ. gov. cn/web/site0/tab5171/info3907139. htm.

［5］保监会发布首张重疾表，http：//money. 163. com/13/1231/15/9HEDS7QU00253B0H. html.

［6］保监会：保险销售从业人员学历要求提高至大专，http：//finance. chinanews. com/fortune/2013/01－15/4490607. shtml.

［7］"以房养老"，http：//news. xinhua08. com/a/20131231/1289868. shtml；http：//insurance. hexun. com/2014－03－26/163363135. html.

［8］保险宣传日，http：//guoqing. china. com. cn/2014－03/26/content_31898791_3. htm.

［9］项俊波：稳步推进巨灾保险试点工作，http：//insurance. hexun. com/2014－03－12/162946806. html.

［10］泛鑫事件持续影响，多地保监局排查中介风险，http：//insurance. hexun. com/2014－03－12/162943797. html.

［11］在监管部分新增了上海自贸区的内容，http：//guoqing. china. com. cn/2014－03/26/content_31898791_3. htm；http：//news. hexun. com/2013－12－14/160591931. html.

3 经济动荡中企业的融资环境分析和展望

王甄

本章主要研究中国上市公司自 1992 年开始至 2013 年融资环境的变化和趋势。本章的所有分析都基于上市企业财务数据的实证研究。实证研究主要分为两个部分:首先,基于企业财务报表,计算自 1992 年至 2013 年中国上市公司每年的内部融资(内部现金流)和外部融资(股权融资和债务融资)的变化和趋势。从这些简单的数据分析可以对上市公司的内部和外部资金来源有个大概的了解。其次,本文用回归的方法估计中国上市公司每年的投资—现金流敏感性和现金—现金流敏感性[①],这种更为严谨的分析方法使我们能更清晰地了解企业外部融资环境的变化趋势及对企业投资活动的影响。

3.1 上市公司融资环境分析

本章所使用的财务数据全部来源于国泰安数据库(CSMAR)。我们选取 1992 年到 2013 年这一时间段内所有 A 股上市公司。所有从国泰安数据库获

---

① 投资—现金流敏感性和现金—现金流敏感性是公司金融领域研究企业融资约束的最常用的两种方法,具体细节可参见 Fazzari,Hubbard & Peterson(1988)以及 Almeida,Campello & Weisbach(2004),或本章第三节的具体说明。

得的数据都经过通货膨胀率的调整至 2013 年末的货币价格水平。按照学术界的常规处理,对于有数值缺失的变量我们都用 0 作为替代值。此外,为了确保实证结果不受异常值的影响,我们对所有实证研究中用到的变量都进行 winsor 处理,把最大的 1‰样本的值和最小的 1‰样本的值分别调整到 99‰的值和 1‰的值。经过以上样本处理后,最终留下的有 2 661 家公司,总共有 26 515 个观测值。

企业融资环境的变化直接影响到企业在资本市场获得资金的难易程度。如果融资环境改善,将使企业获得更多的外部资金;反之,如果企业融资环境恶化,例如融资成本上升,将使企业获取外部资金变得困难。因此,本节分析上市公司自 1992 年至 2013 年内部融资和外部融资数量的变化和趋势,以此反映上市公司融资环境的变化。

内部融资即企业的内部现金流,外部融资包括股权融资和债务融资。企业每年的现金流、债务融资和股权融资都可以从企业的财务报表上获得,并且在数据分析时,每个变量都会除以当年年初的企业总资产的账面价值以减少企业规模对截面比较的不利影响。表 3—1 显示的是每年上市企业的平均现金流、平均股权融资以及平均债务融资求平均值。

表 3—1　　　上市公司的平均现金流、平均股权融资以及平均债务融资

年　份	现金流(年平均)	权益融资(年平均)	债务融资(年平均)
1992	1.68%	60.56%	16.91%
1993	1.74%	27.14%	7.86%
1994	8.07%	1.40%	2.99%
1995	6.96%	0.64%	2.50%
1996	6.61%	1.85%	2.37%
1997	9.21%	8.94%	4.56%
1998	9.60%	11.73%	6.11%
1999	7.91%	8.06%	5.50%
2000	7.26%	9.06%	5.38%
2001	4.74%	5.33%	4.15%
2002	4.32%	3.67%	3.48%
2003	5.01%	2.13%	5.35%
2004	4.66%	0.32%	2.85%

年　份	现金流(年平均)	权益融资(年平均)	债务融资(年平均)
2005	3.87%	−1.02%	1.30%
2006	5.76%	3.94%	0.98%
2007	32.17%	1.95%	−16.52%
2008	15.09%	14.72%	18.81%
2009	40.65%	21.38%	96.08%
2010	11.67%	2.35%	5.28%
2011	37.74%	98.62%	29.32%
2012	11.03%	9.95%	20.35%
2013	12.23%	12.43%	21.68%
所有年份平均	11.27%	13.87%	11.24%

数据显示,从 1992 年至 2013 年,上市公司平均每年产生的内部现金流占总资产的 11.27%,平均每年通过债务的形式(包括银行贷款和公司债券)获得的外部资金占总资产的 11.24%,而通过股权形式获得的外部资金占总资产的 13.87%。总体上看,企业自身的股权融资要略高于从内部融资获得的资金,但从数量上看并没有显著的差异。这一简单的结果说明,中国的上市企业通过外部资金融资可能比使用内部资金要花费略少的成本(即使考虑发行费用等),但是这种成本上的差异可能并不是很大,至少没有大到使上市企业过度依赖某一种资金的程度,这与美国企业过度依赖于内部资金融资的特点有所不同。对比美国而言,中国上市公司更喜欢用没有偿付压力的股权融资进行筹资。尤其是 2011 年,上市公司股权融资竟然高达 98.62%,虽然这一数据很大可能是源于 2011 年的 IPO 高潮。这个从我们后续的实证中使用的样本中也可以发现,2011 年新增上市公司的数量几乎占到 2011 年初的 1/3。

此外,我们还发现上市公司的债务融资在 2009 年达到顶峰,占期初资产的比重达到了惊人的 96.08%。我们认为,一个重要的原因是相关监管部门对公司债发行的放开,主要是政策导向起到引导作用。即 2007 年证监会推出上市公司债,2008 年发改委简化企业债核准程序,这些政策促进了公司债市场的发展,同时提高了上市公司发债筹资的积极性。

从表 3—1 和图 3—1 中可以分析上市公司的三种融资途径在时间序列上的变化和差异。企业的现金流占总资产的比例在年度之间没有太大的变化,表现得比较稳定。从 1992 年到 2006 年这一比例基本保持在 2%~10%之间。从 2007 年开始有所上升,2007 年达到了 32.17%。但是,2008 年由于金融危机演变成经济危机,企业盈利有所下降,现金流也达到了总资产的 15%,2009 年这一数值更是达到了 40.65%。不过 2013 年回落至 12%左右。总体来说,从 2007 年开始,尽管外部经济形势有所波动,企业的经营能力还是比以前有很大的提高,因此,内部现金流可以给企业融资提供更大的支持。

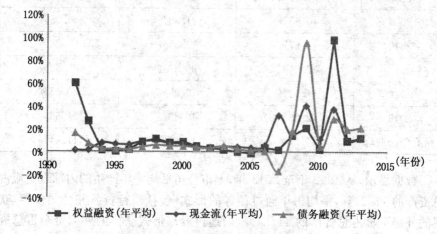

图 3—1　各种融资方式的年度情况

企业获得的外部股权融资比内部现金流表现出更大的波动性。在资本市场建立的早期,如 1992 年和 1993 年,上市企业可以获得大量的股权融资,平均每家企业可以获得总资产 60%(1992 年)和 27%(1993 年)的股权融资。资本市场发展的早期,投资者对上市公司热情高涨,上市公司数量也少,所以上市公司可以在股市获得大量的资金。然而,这一现象随着资本市场的逐步发展、上市公司的问题越来越多而有所改变。新兴资本市场的一个典型问题是对中小股东的保护不够,使得大股东或者内部人对中小股东的利益侵占问题很严重。在中国,这一问题比其他新兴市场更严重。中国上市公司大股东的股权在当时基本无法流通,大股东无法从提高上市公司股价中获利。因此,他们更乐于侵占小股东的权益,如果中小股东的利益无法得到保证,对他们来说,投资股票的损失风险可能就会大大超过获益水平,因此,最终他们就会选择从股市中退出。在这种情况下,上市企业反而更难在股市获得资金。从图3—1可知,从 1994 年开始到 2005 年基本呈现出这样的趋势,2005 年上市公司的融资额达到历史最低点。2005 年中国资本市场启动了股权分制改革,拥有非流通股的大股东们为了使手中的非流通股得以上市流通,在股改方案中会给予中小股东一定的补偿;另外,大股东的股权上市流通以后,相比股改前,股权的市值可以给大股东带来更多的收益,侵占小股东权益的动机就大大减少。2005年以后资本市场又开始活跃,上市公司获得的股权融资开始增加。

企业获得的债务融资在2007年以前都比较平稳,2007年开始有很大的波动。这与当时的经济环境有很大的关系。2007年美国房地产泡沫破灭,信用衍生品市场崩盘,股市开始大跌,而且美国市场的金融动荡开始蔓延到全球市场。我们可以发现,这一年中国上市公司无法获得太多的债务融资,这可能与全球金融市场的动荡有关。2008年上市公司获得的债务融资增加,到2009年更是得到了自身资产96.08%的债务融资,这与全球金融危机爆发,中国政府当时采取的4万亿经济刺激计划有关。这4万亿资金基本都是通过银行贷款的方式进入了企业的资产负债表。中国企业的借债绝大部分来源于商业银行,而中国的商业银行基本控制在政府手中,因此中国企业的债务融资不仅受经济情况的影响,还受到宏观政策变化的影响。此外,2007年证监会推出上市公司债,2008年发改委简化企业债核准程序,这些政策也促进了公司债市场的发展以及上市公司发债筹资的积极性。

从这一节的分析来看,中国上市企业在1992年到2006年这一段时间内,融资环境并没有太多的变化,不管是内部现金流、权益融资还是债务融资,对于总资产来说都保持一个稳定的比例。从2006年开始,企业的现金流开始增加。随着资本市场的发展,企业的权益融资也开始逐步增加,融资能力有所改善。企业的债务融资主要来源于银行,受政策的影响比较大。总体来说,企业的融资能力有所改善,但改善幅度目前还不是太大。

3.2　上市公司现金流敏感性分析

3.2.1　投资—现金流敏感性表明外部融资环境有所改善

上一节通过上市企业获得股权融资和债券融资的数量变化简单直观地衡量了上市企业面临的融资环境的变化和趋势。在这一小节,我们将用更严谨的计量经济方法来度量融资环境的变化。金融学研究的一个重要问题是,企业到底是选择内部资金(现金流)还是外部资金(发行股票和借债)为企业的投资活动进行融资。一个重要结论是,受存在发行成本、税负差异、信息不对称以及代理问题等的影响,外部资金的成本总是高于内部现金流。因此,企业总是面临外部融资约束(也称融资约束),即企业在某种程度上无法从外部获得它们想要获得的资金。换个角度说,由于外部融资的额外成本,获得尽可能多的外部资金对企业来说未必是最优的。不过每个公司所面临的融资约束的程度并不相同。在公司金融领域,学者们用投资—现金流敏感性来衡量公司所面临融资约束的程度。

投资—现金流敏感性是基于新古典经济学的投资 Q 理论。这一理论认为,在金融市场不存在摩擦(即外部融资与内部融资相比不存在额外的成本,公司不存在融资约束)时,公司的最优投资水平只取决于公司的投资机会(由公司的托宾 Q 体现)。这一关系可由以下的实证方程式检验:

$$I_{i,t} = \alpha_i + \beta Q_{i,t} + \varepsilon_{i,t} \tag{3-1}$$

式中,$I_{i,t}$ 表示公司 i 在第 t 年的投资水平;$Q_{i,t}$ 是公司在第 t 年的托宾 Q,反映了公司在当年的投资机会;$\varepsilon_{i,t}$ 为误差项。然而,这一关系式的前提假设是资本市场不存在摩擦,企业可以没有成本地从外部市场融资。然而现实情况是,企业外部融资的成本总是高于内部现金流融资。企业为投资活动融资有个先后顺序,先依赖内部现金流,然后再考虑成本更高的外部资金。因此,企业的投资活动在多大程度上依赖于内部资金能够反映企业内部资金与外部资金之间的差异,即企业所面临的融资约束的程度。Fazzari, Hubbard and Peterson(1988)第一次提出以投资—现金流敏感性来衡量投资对于内部资金的依赖程度,以及公司所面临的融资约束,见式(3—2):

$$I_{i,t} = \alpha_i + \beta_1 CashFlow + \beta_2 Q_{i,t} + \varepsilon_{i,t} \tag{3-2}$$

与式(3—1)相比,式(3—2)多了一个内部现金流。而回归式中内部现金流的系数 β_1 则体现了投资对现金流的依赖,即投资—现金流敏感性。这一系数反映了企业融资约束的程度。如果外部资金融资没有额外的成本,金融市场是没有摩擦的,那么投资 Q 理论成立,回归式(3—2)中 β_2 显著不等于 0,内部现金流前的系数 β_1 为 0,说明企业没有融资约束。如果金融市场有摩擦,外部融资成本高于内部融资成本,那么投资活动依赖于内部现金流,β_1 应该显著为正。融资约束越大,β_1 就应该越大,其反映的企业所面临的融资约束也越大。

在这一部分,我们用投资—现金流敏感性来衡量企业所面临的融资环境变化。首先,我们把 1992～2013 年按每五年或六年为一个时间段分成四个时间段:1992～1997 年、1998～2002 年、2003～2007 年、2008～2013 年。然后,在每个时间段做投资—现金流敏感性的回归,也即回归式(3—1)①。

---

① 表3—2 中对式(3—1)的估计控制年度固定效应和公司固定效应。

表 3—2 投资—现金流敏感性的回归(分阶段)

	Investment-Cash Flow	Standard Err.	Q	Standard Err.	Obs.
1992~1997	0.635***	0.0543	−0.718*	0.378	1 217
1998~2002	0.514***	0.0905	0.251**	0.120	4 642
2003~2007	0.202***	0.0519	−0.000700	0.000447	6 503
2008~2013	0.356***	0.0336	0.0139***	0.00416	11 462

由表 3—2 的结果我们可以发现,第一,在每个时间段,投资—现金流敏感性都是在 1% 的水平上显著为正。这说明上市公司整体来说,或多或少都面临一定的融资约束,在任何时间段投资—现金流敏感性没有为零的。第二,投资—现金流敏感性随着时间的延伸逐期递减。在 1992~1997 年期间,投资—现金流敏感性高达 0.635。企业每增加 1 元,现金流就有 0.65 元用于投资活动,投资活动绝大部分依赖于内部现金流。而这一数字在 2003~2007 年期间减少到 0.202。这与中国资本市场的发展是很有关系的,资本市场越是发展,企业可获得的外部资金就越多,越不需要依靠内部现金流。这一结果也与前一节的结果是吻合的。中国资本市场的发展改善了企业的融资环境,使得融资变得更容易,成本更低。不过这种改善还需要继续进行下去,因为目前的投资—现金流敏感性还不能算最低。根据 Chen and Chen(2011) 的研究,美国上市公司 2010 年后的投资—现金流敏感性基本为 0。

为了验证结论的可靠性,我们在分阶段估计投资—现金流敏感性以后,又按年估计上市企业投资—现金流敏感性。具体来说,就是每年都估计当年上市企业的投资—现金流敏感性,然后看这些敏感性有没有逐年递减。

表 3—3 投资—现金流敏感性的回归

	Investment-Cash Flow	Standard Err.	Q	Standard Err.	Obs.
1992	10.85	6.684	1.911	1.673	4
1993	0.428	0.251	0.514	0.952	29
1994	0.0195	0.0617	−0.108	0.149	100
1995	0.676***	0.0492	−0.0290	0.703	273
1996	0.198***	0.0558	−0.604***	0.185	305
1997	0.452***	0.106	0.235	0.219	506
1998	0.328***	0.0934	0.456**	0.210	712

	Investment-Cash Flow	Standard Err.	Q	Standard Err.	Obs.
1999	0.454***	0.0721	0.251*	0.136	825
2000	0.446***	0.0770	0.299***	0.114	924
2001	0.287***	0.0666	0.0245	0.0614	1 053
2002	0.280***	0.0756	0.170	0.188	1 128
2003	0.171**	0.0848	−0.00924	0.0292	1 194
2004	0.245***	0.0752	−0.0840	0.0548	1 251
2005	0.342***	0.0744	−0.0835	0.0595	1 337
2006	0.374***	0.0997	0.00585	0.0213	1 344
2007	0.181***	0.0682	−0.00088**	0.000440	1 377
2008	0.282***	0.0660	0.0108*	0.00578	1 495
2009	0.167**	0.0669	0.000462	0.00467	1 562
2010	0.270***	0.0629	0.00362	0.00257	1 665
2011	0.371***	0.0557	−0.0162	0.0206	2 004
2012	0.288***	0.0563	0.0256	0.0264	2 292
2013	0.323***	0.0588	0.0745**	0.0297	2 444

由表3—3可知，从1992年到2013年，上市企业每一年的投资—现金流敏感性都为正。在这22年中，只有在最初三年[①]，投资—现金流敏感性没有达到10%的显著性。而在剩下的19年中，有17年投资—现金流敏感性达到1%的显著性。总体来看，上市公司都面临着一定程度的融资约束。而随着时间的推移，投资—现金流敏感性逐渐有所降低。虽然现金流敏感性在这20年左右的时间里波动比较大，但还是随时间呈现出降低的趋势。从图3—2中看，这个趋势可能更明显些。

投资—现金流敏感性在1996年之前体现出比较大的波动性，而从1996年开始呈现出明显的下降趋势。表3—2和图3—2的结果实际上验证了表3—1的分析：上市企业的融资环境正逐渐获得改善，因此对于上市公司而言，它们更容易在资本市场上获得外部融资，而不必像以前一样过多地依赖于内部资金为投资活动进行融资。而这种融资环境的改善是与中国资本市场的改革和完善密不可分的。

---

① 而且这三年的结果还有可能是因为样本数太小造成的。

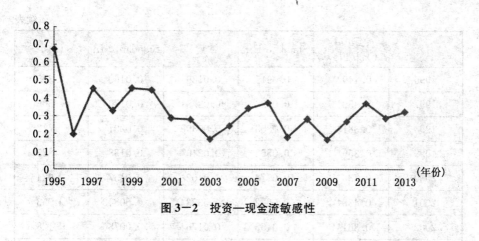

图3—2 投资—现金流敏感性

3.2.2 现金—现金流敏感性表明外部融资环境的改善有限,融资约束依然存在

研究上市公司融资约束的另一种方法是衡量上市公司的现金—现金流敏感性。这一方法首先由 Almeida,Campello 和 Weisbach 于 2004 年提出。这一方法的提出主要是为了避免投资—现金流敏感性作为度量公司融资约束指标的缺陷。现金—现金流敏感性由以下实证方程式度量:

$$\Delta Cash_{i,t} = \alpha_i + \beta_1 CashFlow + \beta_2 Q_{i,t} + \beta_3 Size_{i,t} + \varepsilon_{i,t} \qquad (3-3)$$

$\Delta Cash_{i,t}$ 是指年末与年初相比,公司所持有的在账面上的现金额的增加。β_1 就是现金—现金流敏感性。这一指标衡量的是一个公司每增加 1 元的现金流,有多少会存在公司的账面上。如果一个公司没有融资约束,可以很容易、无成本地从资本市场上融资,那么它就无需把现金流留存在公司为以后的投资项目所用,因此现金—现金流敏感性应该为零。当一个公司面临融资约束,为了避免今后因为缺乏资金而放弃好的投资项目,公司必须留存一定的现金以备未来资金缺乏时所用,因此,现金—现金流敏感性应该显著地为正值。

表3—4　　　　　　　　　　　现金—现金流敏感性回归

	$\Delta Cash$-Cash Flow	Standard Err.	Q	Standard Err.	Obs.
1992	16.67	3.119	−0.115	0.0649	4
1993	−0.283	0.727	0.0552	0.0414	29
1994	0.196	0.232	0.107**	0.0509	100
1995	0.171**	0.0743	0.0339	0.0224	278

	$\Delta Cash$-Cash Flow	Standard Err.	Q	Standard Err.	Obs.
1996	0.449***	0.0915	0.0189	0.0160	305
1997	0.352***	0.0922	−0.0328*	0.0170	506
1998	0.381***	0.0803	0.00309	0.0201	712
1999	0.359***	0.0563	0.0240*	0.0138	825
2000	0.736***	0.0774	0.0402**	0.0157	924
2001	0.436***	0.0672	0.0323***	0.00843	1 053
2002	0.361***	0.0453	0.0176**	0.00780	1 128
2003	0.388***	0.0551	0.0151*	0.00798	1 194
2004	0.458***	0.0418	−0.00283	0.00657	1 251
2005	0.338***	0.0347	−0.00173	0.00211	1 337
2006	0.414***	0.0388	−0.00328***	0.00118	1 344
2007	0.626***	0.0809	−0.00014	1.80e−05	1 377
2008	0.457***	0.0729	0.00147***	0.000122	1 496
2009	0.669***	0.0863	6.97e−06***	2.35e−06	1 565
2010	0.806***	0.101	7.13e−05***	2.72e−06	1 668
2011	0.869***	0.0915	0.000261***	2.97e−05	2 008
2012	0.840***	0.0885	0.000435	0.00145	2 295
2013	0.770***	0.0830	0.00134	0.00192	2 446

表3－4显示了从1992年到2013年每年上市公司的现金—现金流敏感性。除了前三年外,所有年份上市公司都体现出正的显著的现金—现金流敏感性。前三年现金—现金流敏感性不显著的结果很可能是由于样本数量太少而引起的。另外,现金—现金流敏感性也并未随时间而减少,反而一定程度上表现出一种上升的趋势。这个特征在图3－3中清晰可见。尤其是2008年金融危机以后,上市公司的现金—现金流敏感性逐步增加,一个可能的原因是,随着危机的来临,上市公司也有一种"预警性储蓄"的动机:由于当前宏观环境动荡不安,为了避免以后出现好的投资项目时不至于由于无法筹集足够资金而放弃,上市公司会愿意保留更多的货币资金,以备不时之需。

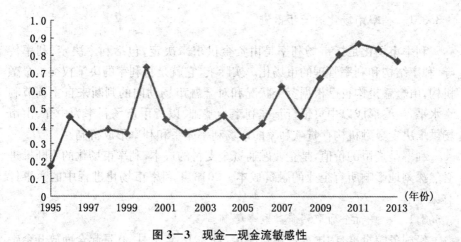

图 3—3　现金—现金流敏感性

　　本节主要通过实证方法研究中国上市企业融资环境的变化。从上市企业获得各种资金的数量来看,企业获得的内部现金流和外部股权融资的数量在近年开始有增长的趋势,这种趋势间接地反映了企业的融资环境有改善的趋势,然而由于中国企业的债务融资主要以银行贷款为主,企业的债务融资数量受政策的影响很大。我们进一步发现,企业的投资—现金流敏感性出现逐年递减的趋势,这也进一步验证了企业获得外部资金正变得越来越容易,因此无需过多地依赖内部现金流为投资活动融资。但是,企业的现金—现金流敏感性并没有呈现下降的趋势,这说明尽管中国上市公司的融资环境正在改善,但这种改善的程度还很有限,企业仍然面临一定程度的融资约束。

3.3　2013 年企业融资环境和手段的革新变化

　　这一节我们讨论 2013 年中国资本市场在企业融资环境改革上的创新和变化。2013 年 11 月 12 日,十八届三中全会通过《中共中央关于全面深化改革若干重大问题的决定》,中国市场化经济改革进入新的高度,同时进一步肯定和确定了市场在资源配置中起决定性作用的经济体制改革方向。与之相适应的是金融市场制度环境的不断创新与完善。2013 年,我国金融经济体系与企业投融资环境关系重大的政策和变化有利率市场化进一步推进、资产证券化扩容、优先股试点管理办法发布、IPO 重启等。

3.3.1 利率市场化进一步推进

利率市场化是指市场利率是由资金供求来决定,包括利率决定、利率传导、利率结构和利率管理的市场化。实际上,它就是将利率的决策权交给金融机构,由金融机构自己根据资金状况和对金融市场动向的判断来自主调节利率水平,最终形成以中央银行基准利率为基础、以货币市场利率为中介、由市场供求决定金融机构存贷款利率的市场利率体系和利率形成机制。

利率是货币的价值,是企业融通资金支付的成本,利率市场化的不断推进必然深刻地影响所有企业的融资成本。2013 年利率市场化进程中的大事件有:

3.3.1.1 央行全面取消贷款利率管制

经国务院批准,中国人民银行决定,自 2013 年 7 月 20 日起全面放开金融机构贷款利率管制。(1)取消金融机构贷款利率 0.7 倍的下限,由金融机构根据商业原则自主确定贷款利率水平。(2)取消票据贴现利率管制,改变贴现利率在再贴现利率基础上加点确定的方式,由金融机构自主确定。(3)对农村信用社贷款利率不再设立上限。(4)为继续严格执行差别化的住房信贷政策,促进房地产市场健康发展,个人住房贷款利率浮动区间暂不作调整。

至于备受关注的存款利率市场化,此次并无新政策推出,依然维持不设下限、最高上浮至基准利率的 1.1 倍的政策。一个重要的原因是,存款利率市场化改革的影响更为深远,所要求的条件也相对更高,因此可能需要进一步的相关措施予以配套,例如存款保险制度等。

全面放开贷款利率管制后,金融机构与融资企业之间协议定价的空间将进一步扩大,有利于促进金融机构采取差异化的定价策略,降低企业融资成本。大型企业在与银行的谈判中,其议价能力会进一步增强,这样逼迫银行把更多的精力投入议价能力比较弱的中小企业领域,对支持中小微企业发展是有帮助的。

3.3.1.2 国债期货重装上阵

1992 年,我国曾经推出国债期货交易。由于当时各方面条件不充分,监管缺乏经验,造成了国债期货市场过度投机,爆发了国债期货的"327"事件。于是,在 1995 年 5 月 17 日,管理层决定暂时停止国债期货交易。时隔 18 年,我国国债期货重装上阵,2013 年 9 月 6 日,正式在中国金融期货交易所上市交易。

目前,我国国债市场化的发行机制日趋完善,债券市场规模扩大,交易较为活跃,利率市场化改革正在稳步推进,各类市场主体管理利率波动风险的需求日益强烈。证监会主席肖钢表示,上市国债期货有利于建立市场化的定价机制,完善国债发行体制,推进利率市场化改革,引导资源优化配置,有利于风险管理工具的多样化,为金融机构提供更多的避险工具和资产配置方式,有利于完善金融机构创新机制,增强其服务实体经济的能力,满足市场融资主体提供更多灵活化、多期限的融资需求。

3.3.1.3 互联网金融迅速崛起

目前,对于互联网金融尚没有完全统一的定义。但比较受到广泛同意的理解是:互联网金融是互联网与金融的结合,是借助互联网和移动通信技术实现资金融通、支付和信息中介功能的新兴金融模式。广义的互联网金融既包括作为非金融机构的互联网企业从事的金融业务,也包括金融机构通过互联网开展的业务。狭义的互联网金融仅指互联网企业开展的、基于互联网技术的金融业务(《中国金融稳定报告(2014)》)。

互联网金融不是互联网和金融业的简单结合,而是在实现安全、移动等网络技术水平上,被用户熟悉接受后(尤其是对电子商务的接受),自然而然为适应新的需求而产生的新模式及新业务,是传统金融行业与互联网精神相结合的新兴领域。

作为一项余额增值服务,2013 年 6 月 13 日余额宝的上线开创了国内互联网金融的先河。通过互联网金融的用户端,用户不仅能够得到较高的收益,还能随时消费支付和转出,无任何手续费。用户在相关网站内就可以直接购买基金等理财产品,获得相对较高的收益,同时这些用户端内的资金还能随时用于网上购物、转账等支付功能。互联网金融自然是 2013 年的巨大创举,它带动了金融企业的彻底变革。

中国人民银行发布的《中国金融稳定报告(2014)》描述了互联网金融的主要业态,包括:互联网支付、P2P 网络借贷、网络小贷、众筹融资、金融机构创新型互联网平台、基于互联网的基金销售。互联网金融的主要意义在于:

(1)有助于发展普惠金融,弥补传统金融服务的不足。

(2)有利于发挥民间资本作用,引导民间金融走向规范化。

(3)满足电子商务需求,扩大社会消费。

(4)有助于降低成本,提升资金配置效率和金融服务质量。

(5)有助于促进金融产品创新,满足客户的多样化需求。

3.3.2 资产证券化扩容

信贷资产证券化是指把欠流动性但有未来现金流的信贷资产(如银行的贷款、企业的应收账款信贷资产证券化等)经过重组形成资产池,并以此为基础发行证券。从广义上讲,信贷资产证券化是指以信贷资产作为基础资产的证券化,包括住房抵押贷款、汽车贷款、消费信贷、信用卡账款、企业贷款等信贷资产的证券化。

中国的信贷资产证券化试点始于 2005 年,央行和银监会联合发布《信贷资产证券化试点管理办法》,随后建设银行和国家开发银行获准进行信贷资产证券化首批试点。在央行和银监会主导下,基本确立了以信贷资产为融资基础、由信托公司组建信托型 SPV、在银行间债券市场发行资产支持证券并进行流通的证券化框架。

但 2008 年全球性的金融和经济危机使得中国相关决策层对资产证券化有了新的判断并终止了试点工作,时任中国银监会主席的刘明康公开宣称,中国不会把一个贷款细分再包装,搞成债券卖出去。

2012 年 6 月,央行、银监会和财政部联合发布《关于进一步扩大信贷资产证券化试点有关事项的通知》,重启中国资产证券化之旅,试点额度达到 500亿元。同时引入多种新的风险防范措施,防止证券化技术的滥用和风险的放大。

2013 年 7 月 2 日,国务院印发《关于金融支持经济结构调整和转型升级的指导意见》,要求逐步推进信贷资产证券化常规化发展,盘活资金,支持小微企业发展和经济结构调整。随后,2013 年 8 月 28 日,国务院召开常务会议,决定在严格控制风险的基础上进一步扩大信贷资产证券化试点。

从国外金融市场发展历史和国内信贷资产证券化实践看,信贷资产证券化是金融市场发展到一定阶段的必然产品,有利于促进货币市场、信贷市场、债券市场、股票市场等的协调发展,有利于提高金融市场配置资源的效率。

信贷资产证券化,一方面可以优化资产配置,加大对中小微企业的资金支持,有效缓解中小微企业融资难问题;另一方面,有助于推动商业银行转变过度依赖规模扩张的经营模式,通过证券化盘活存量信贷,腾挪出更多的信贷规模,提高信贷资产的运营能力。另外,对于投资者来说,信贷资产证券化试点扩容,将进一步丰富市场投资产品,拓宽财富保值增值的渠道。

另外,2013 年 3 月 15 日,证监会发布《证券公司资产证券化业务管理规定》,实际上是允许企业资产证券化,其中规定作为证券化的基础资产包括企业应收账款、信贷资产、信托受益权、基础设施收益权等财产权利及商业物业等不动产。

资产证券化作为一种新型的融资工具,通过对基础资产隔离等手段,实现经营性资产上市,盘活存量资产,增强了经营性资产的流动性,从而降低了实体经济企业融资成本。现实的压力与监管的推力,将推动资产证券化走向多类型、多层次、大规模的新常态,成为中国资本市场新的制度安排,为实体经济融资提供新工具。要解决当前融资市场融资难、融资贵的问题,需要让经营性资产真正动起来,让钱成为像流水不断的真正财富,这当中需要充分发挥资产证券化盘活存量资产、增强资产流动性的作用。

资产证券化作为一种新型的融资工具,对企业的资本结构有显著的影响,通过将单个缺乏流动性的整体资产,转变成流动性高、可在资本市场上交易的证券产品,可以有效降低融资成本。具体而言:

其一,资产证券化大大改进了资本市场流动性。

资产证券化是将缺乏流动性但具有可预期收入的资产,通过在资本市场上发行证券的方式予以出售,以最大化提高经营性资产的流动性。资产证券化最终提高了资本市场的活跃程度,改进了交易效率,并引导资金向相关产业合理流动。

其二,资产证券化可以降低企业的融资成本。

首先,对于银行来讲,作为信贷资产证券化的发起人,通过将信贷资产证券化处理,将其转化为可以在市场上交易的证券,在不增加负债的前提下,商业银行可以多获得一些资金来源,加快银行资金周转,提高资产流动性。另一方面,信贷资产证券化可以使银行在流动性短缺时获得除中央银行再贷款、再贴现之外的救助手段,这在很大程度上提高了银行信贷资产的流动性,降低了贷款的流动性风险,因此,银行也愿意一定程度上降低企业初始贷款利率。

其次,资产证券化还为发起者提供了更加有效的、低成本的筹资渠道。企业通过资产证券化市场筹资比通过银行或其他资本市场筹资的成本要低许多,这主要是因为:

(1)资产证券化产品往往都会采用结构化分成,将收益权分成优先和劣后等级别,不同级别的收益权,其承担的风险不一样,获取的回报也有差异。此外,资产证券化过程中往往会有相应的信用增级措施。因此,发起者通过资产证券化发行的证券具有比其他长期信用工具更高的信用等级,等级越高,发起者付给投资者的利息就越低,从而降低筹资成本。

(2)破产隔离是资产证券化的核心安排,这使得融资是以特定的资产而非以发起人的整体信用作为支付保证和信用基础,从而消除了企业破产的影响以及带来的不确定性。根据风险收益匹配原则,在证券化融资中不存在发起人破产风险,因而对投资者也没有破产成本。现金流支付顺序的安排,为高级或优先票据提供了增信措施,从而降低企业的融资成本。并且,资产证券化的破产隔离安排在会计上允许企业把资产证券化作为表外处理,降低融资人的资产负债比率和提高资产权益比率,从而降低了企业破产的可能性,间接降低了企业融资的破产成本。

（3）资产证券化过程有利于降低投融资主体之间的信息不对称，进而降低融资成本。金融市场投融资双方信息不对称是导致企业存在融资约束的一个重要因素。金融市场的信息不对称意味着融资方、投资方所拥有的信息是不一致的，融资方具有信息优势，而投资方需要评估融资方的信息，以确定报价。如果没有大量的投入，投资方将无法清晰地了解公司资产的真实质量。因此，投资方只愿意以对资产的最坏估价为基础。资产证券化由于从资产负债表上剥离出资产，经过若干第三方机构评估、审计、估值，有助于评估和保障纳入资产池的标的资产的公允价值。

3.3.3　优先股试点管理办法发布

中国政府网 2013 年 11 月 30 日发布《国务院关于开展优先股试点的指导意见》（以下简称《指导意见》）。《指导意见》指出："为贯彻落实党的十八大、十八届三中全会精神，深化金融体制改革，支持实体经济发展，依照公司法、证券法相关规定，国务院决定开展优先股试点。"

随后《优先股试点管理办法》（以下简称《管理办法》）经 2013 年 12 月 9 日中国证券监督管理委员会第 16 次主席办公会会议审议通过，2014 年 3 月 21 日中国证券监督管理委员会令第 97 号公布。

《指导意见》对优先股的定义作出了明确的说明：优先股是指依照公司法，在一般规定的普通种类股份之外，另行规定的其他种类股份，其股份持有人优先于普通股股东分配公司利润和剩余财产，但参与公司决策管理等权利受到限制。

试点期间上市公司可以发行优先股，非上市公众公司可以非公开发行优先股。三类上市公司可以公开发行优先股：普通股为上证 50 指数成分股；以公开发行优先股作为支付手段收购或吸收合并其他上市公司；以减少注册资本为目的回购普通股的，可以公开发行优先股作为支付手段，或者在回购方案实施完毕后，可以公开发行不超过回购减资总额的优先股。

优先股试点的开始进一步增加了企业融通资金的手段和工具，优先股对于融资主体的优势表现在：

（1）财务负担轻。由于优先股股利不是发行公司必须偿付的一项法定债务，在公司财务状况恶化时，这种股利可以不付，从而减轻了企业的财务负担。

（2）财务上灵活机动。由于优先股没有规定最终到期日，它实质上是一种永续性借款。优先股的收回由企业决定，企业可在有利条件下收回优先股，具有较大的灵活性。

（3）财务风险小。由于从债权人的角度看，优先股属于公司股本，从而巩固了公司的财务状况，提高了公司的举债能力，因此，财务风险小。

（4）不减少普通股票收益和控制权。与普通股票相比，优先股票每股收益是固定的，只要企业净资产收益率高于优先股票成本率，普通股票每股收益就会上升；另外，优先股票无表决权，因此，不影响普通股股东对企业的控制权。

此外，相对于债务融资，由于优先股票股利不能抵减所得税，因此其成本高于债务成本。这是优先股票筹资的最大不利因素。

优先股在成熟资本市场是企业不可或缺的融资工具。1985 年年底美国的企业发行的优先股市值达到了 362 亿美元，截止到 2013 年中期，美国优先股市值已经达到 3 795 亿美元，与普通股、债券共同成为企业重要的融资工具。优先股的试点进一步拓宽了投资者的投资渠道，增加了融资企业的资金融通方式，对于优化我国资本市场融资结构具有重要意义。

首先，优先股对于化解公司融资与投资者利益分配之间的矛盾有着重要的作用。投资者可以选择优先股优先获得股利分配的权利，而公司发行优先股融资在扩大股本、增加权益的同时也避免控制权的稀释。

其次，优先股有利于优化企业财务和治理结构。股权结构的多样化有助于形成公司利益的相互制衡。而在我国股市持续低迷、新股发行受限，同时企业杠杆率较高的情况下，优先股将提供一种更为灵活、便捷的权益融资渠道，帮助企业筹得发展资金的同时降低财务风险。

再次，优先股也有利于投资者。一方面，优先股必须按约定分红，有助于实现强制分红约束，并可有效防范虚构利润；另一方面也为保险等长线投资者提供长期性、现金流稳定、高收益的投资品种。

最后，推行优先股将助力产业兼并整合。在兼并收购中发行优先股，可以在降低企业杠杆率的同时，保证并购企业对整合企业的控制权不会分散。从目前情况看，相关政策也支持以发行优先股方式推动产能整合。《国务院办公厅关于金融支持经济结构调整和转型升级的指导意见》中指出："对实施产能整合的企业，要通过探索发行优先股……等方式，支持企业兼并重组。"同时，《指导意见》也明确指出，优先股可以作为并购重组支付手段。

3.3.4 IPO 重启

经深入调研、广泛听取意见，2013 年 11 月 30 日证监会制定并发布《关于进一步推进新股发行体制改革的意见》（以下简称《意见》），这是逐步推进股票发行从核准制向注册制过渡的重要步骤。

《意见》指出，为贯彻党的十八届三中全会决定中关于"推进股票发行注册制改革"的要求，必须进一步推进新股发行体制改革，厘清和理顺新股发行过程中政府与市场的关系，加快实现监管转型，提高信息披露质量，强化市场约束，促进市场参与各方归位尽责，为实行股票发行注册制奠定良好基础。改革的总体原则是：坚持市场化、法治化取向，综合施策、标本兼治，进一步理顺发行、定价、配售等环节的运行机制，发挥市场决定性作用，加强市场监管，维护市场公平，切实保护投资者特别是中小投资者的合法权益。

重启 IPO，将使资本市场的直接融资、高效配置市场资源等重要功能得到发挥，对提高资金的利用效率，提高整个经济和金融体系运行的弹性和活力，维护国家金融安全，促进国企建立现代企业制度，具有重大意义。此次 IPO 重启恢复了资本市场基础功能，保持了市场平稳运行，并为建立健全以信息披露为中心的新股发行体制、推进股票发行注册制改革做了准备和铺垫。

此次新股发行改革中，证监会积极发布、落实和强化新股发行的过程监管、行为监管和事后问责制度。及时对发行承销办法、老股转让规定、网下询价行为、募集资金运用信息披露等方面进行了微调和完善。坚持市场化、法治化改革方向，为下一步注册制改革打好基础。

发行注册制的核心是：

(1)发行人申请发行股票时，必须依法将各种公开资料完全准确地向证券监管机构申报。

(2)证券监管机构的职责是对申报文件的全面性、准确性、真实性和及时性做形式审查，不对发行人的资质进行实质性审核和价值判断，而将发行公司股票的良莠留给市场来决定。

(3)注册制的核心是，只要证券发行人提供材料不存在虚假、误导或遗漏，即使该证券没有任何投资价值，证券主管机关也无权干涉。

此次 IPO 重启对于金融市场融资功能的恢复具有重要意义：

(1)充分的股权资本融资是企业获得银行信贷的基础，也是银行体系可持续发展的内在要求。据相关测算，中国企业和政府的债务总规模 2012 年末已达 GDP 的 194％，仅次于日本。考虑到日本政府负债率远高于中国政府，因此，中国企业债务占 GDP 的比例很可能已是全球最高的。企业债务率过高，银行出于审慎考虑会倾向于惜贷，并进而引发流动性紧缩或经济收缩。因此，股票市场融资功能的瘫痪会通过企业负债率的不断上升引发银行体系以及整个金融体系融资功能的瘫痪。直白地说，股权直接融资的发展可以帮助银行债权人解套，因而也是中国金融体系有效运行的基本要求。

（2）股票市场的健康发展将同时拓宽企业的融资渠道和居民的投资渠道，促进实体经济的财富创造和居民财富的积累以及保值增值。这也是金融发展的终极目标。

（3）IPO重启有利于减低企业的融资成本。对于尚未上市的企业，由于IPO暂停，其融资需求无法通过IPO完成，因此，可能会寻求其他途径以满足自身的融资需求，一个重要的融资来源就是通过发行融资类信托产品。在IPO暂停的一年间，融资类信托规模有了较大的增长。中国信托业协会数据显示，截至2013年年末，融资类信托的规模为5.2万亿元，占信托资产的47.76%，而去年同期，融资类信托的规模为3.7万亿元，占总规模的48.87%。信托融资成本通常都比较高，一般优质的企业从信托渠道融资，其成本约在10%，但是大部分企业的融资成本在15%～18%。因此，由于优先股试点、新股发行准注册制等措施陆续出台，直接融资渠道重新通畅化，高质量的融资项目可以重新回归资本市场需求融资，从而有利于降低企业融资成本。

3.3.5 小结

2013年11月12日，十八届三中全会通过《中共中央关于全面深化改革若干重大问题的决定》（以下简称《决定》）。《决定》中明确指出，紧紧围绕使市场在资源配置中起决定性作用，深化经济体制改革，坚持和完善基本经济制度，加快完善现代市场体系、宏观调控体系、开放型经济体系，加快转变经济发展方式，加快建设创新型国家，推动经济更有效率、更加公平、更可持续发展。这一论断不仅为2014年的进一步改革指明了方向，而且似乎也恰当地给2013年的政策作了一个极好的点评和总结。

除了以上论及与企业融资环境最为相关的经济金融变化，2013年，一系列对中国金融市场影响深远的改革举措不断推出：

3月15日，证监会发布《证券公司资产证券化业务管理规定》。

7月19日，央行宣布，将全面放开贷款利率管制，这是继去年年中我国宣布放宽存贷款利率波动幅度后，利率市场化改革的关键一步。

8月28日召开的国务院常务会议提出，决定进一步扩大信贷资产证券化试点，此举对于发展多层次资本市场、盘活货币存量意义重大。

9月6日，时隔18年后我国重启国债期货交易，意味着我国资本市场的市场化建设进一步完善，成为加速金融改革的重要一环。

9月29日，中国（上海）自由贸易试验区正式挂牌成立，其中，试验区内有关利率市场化和人民币资本项目可兑换先行先试的安排，备受市场关注。

10月15日,银监会发布了修订完善后的《中资商业银行行政许可事项实施办法》,为民营银行申报细则出台扫清了一些障碍。

10月25日,贷款基础利率集中报价和发布机制正式运行,进一步夯实了利率市场化改革步伐。

11月30日,证监会制定并发布《关于进一步推进新股发行体制改革的意见》。

11月30日,国务院发布《国务院关于开展优先股试点的指导意见》。

……

改革一个接着一个,我国金融领域的改革步伐明显加快。这符合当前我国经济社会发展的新趋势,是对十八大改革部署的贯彻和落实。对诸多金融改革举措进行梳理,我们可以发现,尽管这些改革分属不同领域,但其背后均有着共同的指向,"市场化"成为改革的关键词。

在当前经济发展的关键时期,更多金融领域的改革值得期待。处于外部环境不断变化和革新中的中国企业,应当不断认识和了解最新的金融经济政策,学习和运用新的融资工具。只有充分地认识到外部环境和政策对公司本身经营活动、投融资活动的影响,进而灵活组合运用可供选择的融资工具,无论是传统的股票、债权融资,还是新鲜的优先股、资产证券化融资,通过均衡各种融资方式的优缺点,选择能最小化企业融资成本的融资工具组合,才是企业能够实现产融结合、最大化公司价值的关键。

参考文献

[1]国务院. 国务院关于开展优先股试点的指导意见,2013.

[2]国务院办公厅. 关于金融支持经济结构调整和转型升级的指导意见,2013.

[3]中国人民银行,中国银行业监督管理委员会,财政部. 关于进一步扩大信贷资产证券化试点有关事项的通知,2012.

[4]中国人民银行,中国银行业监督管理委员会. 信贷资产证券化试点管理办法,2005.

[5]中国人民银行. 中国人民银行(2014),2014.

[6]中国信托业协会网站,http://www.xtxh.net/.

[7]中国证券监督管理委员会. 关于进一步推进新股发行体制改革的意见,2013.

[8]中国证券监督管理委员会. 优先股试点管理办法,2014.

[9]中国证券监督管理委员会. 证券公司资产证券化业务管理规定,2013.

[10]中国证券监督管理委员会官方网站,http://www.csrc.gov.cn/.

[11]Almeida, H. ,M. Campello and M. S. Weisbach. "The Cash Flow Sensitivity of

Cash", *Journal of Finance*, 2004(59):1777—1804.

[12]Chen, H. F. and S. J. Chen. "Investment-Cash Flow Sensitivity Cannot Be a Good Measure of Financial Constraints: Evidence from the Time Series", *Journal of Financial Economics*, 2012(103):393—410.

[13]Fazzari, S. M. , R. G. Hubbard and B. G. Peterson. "Financing Constraints and Corporate Investment", Brookings Papers on Economic Activity, 1988(1):141—195.

4 　我国的中小企业融资环境

李曜

4.1　我国风险投资和私募股权发展现状

2013 年是我国创业投资市场继 2010 年以来最低迷的时期,具体表现为:
募资基金单只平均规模为 9 年来最低、投资阶段前移、IPO 退出渠道受限等。
这给整个创业投资市场带来了全面的挑战,直到 2014 年上半年才有所好转。

2013 年中外创业投资机构新募集基金 199 只,新增可投资于中国大陆的
资本量为 69.19 亿美元,单只基金平均募集规模为 9 年来最低;投资方面,全
年共发生1 148起投资,其中 988 起披露投资金额的投资涉及投资总额 66.01
亿美元,投资金额同比下降,投资活跃度同比有所上升;退出方面,全年共发生
230 笔 VC 退出交易,其中 IPO 退出 33 笔,并购退出和股权转让退出成为
2013 年最主要的退出方式,分别发生 76 笔和 58 笔。[①] IPO 退出占各类退出
方式的比重一再下滑,并购退出占据了退出交易数量的三分之一。以下是
2013 年和 2014 年上半年我国风险投资行业的一些特征。

4.1.1　外币投资先降后升、募资试水并购基金

2013 年,中外创投机构新募集共 199 只可投资于中国大陆的基金,同比

---

① 统计数据均来自清科研究中心的数据(包括清科集团旗下的私募通数据库)。本章后续的统
计数据主要来自清科和投中集团两个主要的创业投资和私募股权数据库。

降低 21.0%;已知募资规模的 193 只基金新增可投资于中国大陆的资本量为 69.19 亿美元,同比降低 25.7%。其中,人民币基金在募集基金支数中占比 95%,金额占比 92%。新政府上任伊始,中国经济处于一个特殊时期——面临经济结构调整,转型的结构化问题亟待解决,国内整体经济走势趋于放缓。在此大背景下,境外投资者放缓了对我国的投资。

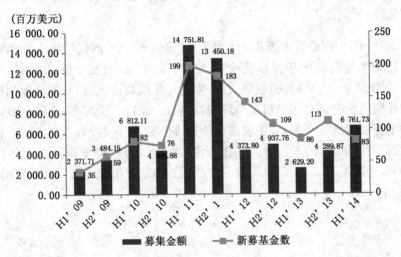

注:H1 表示上半年,H2 表示下半年。

资料来源:私募通半年报,2014-07。

图 4—1　2009～2014 年上半年中国创业投资机构基金募集情况比较

究其原因,2013 年我国宏观经济走势不明朗,中国经济处于一个特殊时期,面临着严重结构化问题亟待解决,导致外资投资者持续观望,以及境内 IPO 全年紧闭,退出严重受阻,部分 LP 资金周转遇到一定困难,对于新设创投基金的投资步伐放缓;部分投资机构采取暂缓基金的设立或是基金规模小型化的谨慎募集策略。2013 年,创投基金募集规模为 2010 年来最低水平,全年已披露金额基金平均募集规模为 3 585.01 万美元,为近 9 年最低点。

创业投资的募资在 2014 年出现了回暖迹象,外币基金募集资金额再次领先,共募集 21 只外币基金,募集金达 50.82 亿美元,占 2014 年上半年募资总金额的 75.2%。2014 年上半年,中国创投市场共新募集基金 83 只,新增可投资于中国大陆的资本量为 67.62 亿美元。尽管新募基金数同比下降 3.5%,环比下降 23.9%,但新增资本量同比和环比分别上升 157.2% 和 57.6%,单只基金的募集规模有所回升。

　　另外,在 2013 年私募股权基金募集市场出现了成立并购基金的新现象,一些机构联合大型上市公司成立产业整合基金,创投机构在特殊时期寻求新出路,为我国上市公司和股权投资市场的进一步合作打下了一定基础。

　　4.1.2　初期项目投资创新高,互联网、电信及增值业务、生物技术/医疗健康引领投资

　　2013 年,中国创投市场共发生投资1 148起,较上年同期增长 7.2%,其中披露的 988 起投资中涉及投资金额 66.01 亿美元,同比下降 9.8%。全年 1 148起投资中 49.1%为初创期项目,为近几年最高占比,拉升了全年创投市场的投资活跃度,VC 市场投资阶段前移明显。2014 年上半年,中国创投市场共发生投资案例 517 起,其中披露金额的 440 起共涉及投资金额 52.96 亿美元,投资数量同比下降 7.2%,环比下降 12.5%,但投资金额同比上年增加 78.6%,环比上升 45.7%,平均交易金额为1 203.82万美元,是 2013 年同期的 1.95 倍。

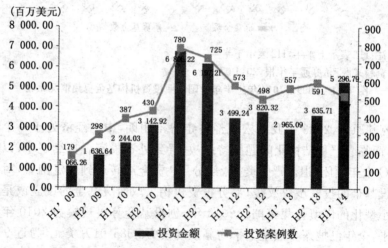

注:图中 H1 表示上半年,H2 表示下半年。
资料来源:私募通半年报,2014-07。

图 4—2　2009～2014 上半年中国创业投资市场总量比较

　　2013 年,在 22 个一级行业中,互联网、电信及增值业务、生物技术/医疗健康行业依然是获得投资案例数最多的三个行业,分别为 225 起、199 起和 144 起,分别占总投资案例数的 19.6%、17.3%和 12.5%。投资金额方

面,互联网、生物技术/医疗健康行业、电信及增值业务分别为 10.75 亿美元、8.76 亿美元和 6.36 亿美元,同样位居前三位。在 2014 年上半年,对各个一级行业的投资依然保持着同样的态势:获投案例数最多的依然是互联网行业,共 155 起,排名二、三位的电信及增值业务行业、生物技术/医疗健康行业,获投案例数分别为 111 起和 46 起。投资金额上,电信及增值业务行业、半导体行业分别位居第二、三位,涉及金额 12.26 亿美元和 6.97 亿美元。另外,2013 年全年物流行业投资金额排名位于第四,原因是元禾控股和两家 PE 机构招商局集团、中信资本联合投资 80 亿元人民币,拉升了整个行业的投资金额。

互联网行业是创业投资市场公认的投资回报最高的行业之一,并且随着互联网的发展,不断涌现出许多新的概念,也产生了众多的投资机会。2014年上半年,京东商城、聚美优品、智联招聘、途牛网等公司的成功上市,为对互联网公司的投资注入了"强心剂"。网络服务和电子商务依然是创业投资机构追逐的热点,投资的热点领域包括网络教育、网络社区等网络服务细分领域,以及垂直 B2C 电商等电子企业商务经营领域的细分,很多初创期的网络服务公司和扩张期的电子商务领域项目获得了青睐。就生物技术/医疗健康行业来说,生物医药产业目前已是我国重点扶持的战略新兴产业之一。受人口老龄化、人均用药水平的不断提高、用药的疾病谱变化和新医改政策刺激等因素的影响,生物医药市场需求将强劲增长,这都给产业发展带来了新机遇和推进动力。而目前我国生物技术/医疗健康行业发展尚不成熟,存在众多创业投资机会,越来越多的创业资本投资该行业。

4.1.3 创投市场以 IPO 和并购退出为主

2013 年,中外创投共发生 230 笔退出交易,同比下降 6.5%,其中 IPO 退出为近 5 年最低。2014 年上半年,中国创业投资市场共发生 130 笔退出交易,退出笔数同比增长 46.1%,环比下降 7.8%。经历了中国 A 股市场历史上第八次 IPO 暂停,2014 年初 IPO 重新开闸刺激了新一轮 IPO 退出热潮的产生。

在退出方式上,2013 年中国创业投资市场以并购退出为主,伴随着境内 IPO 关闭的这一年,境内机构对并购这一退出方式更加重视,并且一些机构正在积极筹备并购基金,因此从长远看,并购在退出市场上的地位将会有所提升。2013 年,IPO 仅有 33 例退出,占所有交易数量的 14.3%。并购为主要退出方式的,共有 76 例,占总交易数的 33%。股权转让退出 58 例,占比 25.2%。有 43 例进行了管理层收购,占总交易数的 18.7%。另外,有 15 例通过回购退出,占总交易数的 6.5%。2014 年 IPO 退出重新成为主流,截至

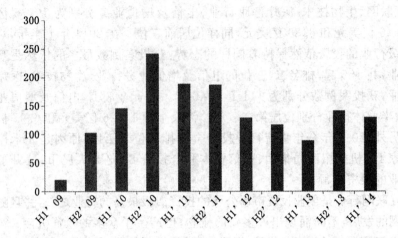

注:图中 H1 表示上半年,H2 表示下半年。

资料来源:私募通半年报,2014-07。

图 4—3　2009~2014 年上半年中国创投市场退出案例数量(包括各种退出方式)

2014 年上半年,共发生 97 笔 IPO 退出交易,占该阶段退出总交易数的 74.6%。共有 41 家创业投资机构支持的企业成功上市。并购退出交易共发生 21 笔,占总交易数的 15.6%。另外,回购退出共发生 4 笔交易,股权转让和管理层收购各发生 3 笔退出交易。境内 IPO 注册制改革、创业板上市条件放宽等一系列改革措施对创业投资的退出构成重大利好。

表 4—1　　　　2013~2014 年上半年中国创投市场各种退出方式分布　　　单位:笔

		IPO	并购	股权转让	管理层收购	回购	其他
2013 年	个数	33	76	58	43	15	5
	百分比	14.30%	33.00%	25.20%	18.70%	6.50%	2.20%
2014 年 上半年	个数	97	21	3	3	4	2
	百分比	74.60%	16.15%	2.31%	2.31%	3.08%	1.56%

资料来源:清科研究中心年度报告(2014-02);私募通半年报(2014-07)。

4.2　2013 年我国私募股权行业发展状况

2013 年,全球经济依旧处于缓慢复苏过程中,国内经济稳中向好,但受境内 IPO 通道暂停关闭的影响,2013 年中国私募股权(PE)投资机构还是遭遇了一定的困难,倒逼着私募股权市场参与者进行适应与转型。投中和清科数据库显示,2013 年中国 PE 募资规模下滑,市场寒冬继续笼罩。

4.2.1　2013 年私募股权投资市场投资规模和行业分析

4.2.1.1　PE 投资规模继续下降

2013 年,国内共披露私募股权投资案例 325 起,投资总额 215.9 亿美元,相比 2012 年全年(296 起案例,投资总额 224.01 亿美元)案例数上升 9.8%,投资规模下降 3.6%,单笔投资金额同比下滑 12.2%。[①] 2013 年投资规模同样低于 2011 年和 2010 年的投资规模。

自 2011 年后,中国 PE 市场活跃度呈现下滑态势,2012~2013 年 PE 市场投资规模一直保持较低水平,虽然 2013 年的投资案例数量出现小幅上升,但总的投资规模和单笔投资规模都出现不同程度的下滑,未来投资形势依旧严峻。

中国 PE 投资将从规模增长转向投资价值的深度挖掘及布局多元化。相比于市场整体规模变化,行业内新竞争格局的形成,机构专业化、品牌化的转型路径,将成为未来一年中国 PE 行业更值得关注的现象。

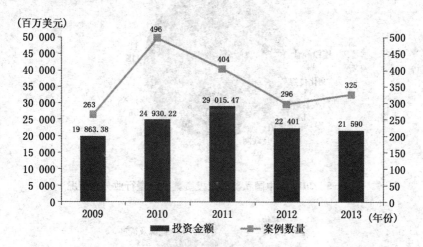

资料来源:投中 CVSource 年度报告,2014-01。

图 4—4　2009~2013 年中国私募股权投资市场投资规模

4.2.1.2　制造业较为活跃

从 PE 投资整体行业分布来看,2013 年中国 PE 投资涉及 20 个行业。其中,制造业依然是投资最为活跃的行业,披露案例 55 起,占比 17%;其次分别是 IT 行业、房地产行业和医疗健康行业,分别披露案例 36 起、30 起和 30 起,能源

---

① 数据来自投中集团的统计。

及矿业和互联网行业分别披露案例 26 起和 20 起,而其他行业披露案例均在 20 起以下,电信及增值、农林牧渔、文化传媒、连锁经营等行业均较为活跃。

从各行业投资规模来看,能源及矿业行业披露投资总额 50.17 亿美元,居各行业之首,其主要的案例是中国石油天然气股份有限公司与泰康资产及国联基金共同设立中石油管道联合有限公司。文化传媒行业以 33.84 亿美元投资总额居第二位,其主要案例为分众传媒联合光大控股、方源资本、凯雷集团、中信资本、鼎晖投资五家投资机构完成对分众传媒的私有化收购。上述两个行业均因特殊案例而位列行业投资规模的前两位,融资案例数量分别为 26 起和 13 起。

整体来看,制造业、IT、交通运输、互联网等传统行业依然是 2013 年 PE 投资的重点领域。值得关注的是,医疗健康行业投资有所增长,这也显示出目前宏观经济表现低迷状态下,抗周期性行业投资价值的凸显。

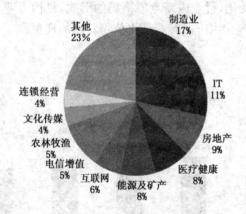

图 4—5　2013 年中国私募股权投资案例数量行业分布情况

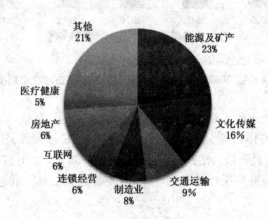

图 4—6　2013 年中国私募股权投资金额行业分布情况

4.2.2 2013 年中国私募股权投资地区分布和市场投资类型分析

从地区分布来看,2013 年全年 PE 投资案例分布最多的三个地区是北京、广东(含深圳)和上海,分别披露案例 74 起、40 起和 38 起,江苏披露案例 20 起,而其他地区披露案例均在 20 起以下。"北上广"地区历年来 PE 投资均保持活跃,中西部地区方面,湖北、四川、云南、安徽等地均表现活跃,在这些地区,能源资源、农林牧渔、食品饮料、制造等领域依然存在较多投资机会。

表 4—2　　　　　　　　　**2013 年中国私募股权投资前 15 大地区分布**

地区	案例数	投资金额(百万美元)	平均单笔投资金额(百万美元)
北京	74	6 901.80	93.27
广东	40	2 602.86	65.07
上海	38	4 072.88	107.18
江苏	20	433.70	21.69
湖北	19	255.97	13.47
四川	13	530.25	40.79
浙江	12	229.15	19.10
山东	11	1 307.50	118.86
云南	11	288.12	26.19
香港	10	1 049.82	104.98
安徽	9	492.11	54.68
河南	8	296.72	37.09
河北	7	901.76	128.82
福建	6	56.70	9.45
湖南	6	274.71	45.79

资料来源:投中集团 (www. ChinaVenture. com. cn)。

从投资类型来看,成长型(Growth)投资依然是 2013 年 PE 投资的主要类型,披露 179 起案例,投资总额达 94.34 亿美元,分别占比 55.1% 和 43.7%。PIPE(private investment in public equity,即上市公司的定向增发)投资共披露案例 120 起,投资总额 90 亿美元,分别占比 36.9% 和 41.7%。并购(Buy-out)投资共披露 26 起案例,投资总额 31.52 亿美元,占 PE 投资总量的比例为 14% 左右。

表 4—3 　　　　2013 年中国私募股权投资市场的不同类型投资

投资类型	案例数量	占比	投资金额 （百万美元）	占比	平均单笔投资金额 （百万美元）
成长型	179	55.1%	9 434.98	43.7%	52.71
PIPE	120	36.9%	9 000.03	41.7%	75.00
并购	26	8%	3 152.45	14.6%	121.25
总　计	325	100%	21 587.46	100%	66.42

资料来源：投中集团年度报告(2014-01)，www.ChinaVenture.com.cn。

4.2.3　2013 年券商直投业务发展现状

自 2007 年中信、中金获批券商直投业务至今，券商直投业务在国内迅速发展。来自投中集团研究院的数据显示，截至 2013 年年底，国内共成立 52 家券商直投公司，累计注册资本规模达 388.3 亿元（包括历年增资），较 2012 年增加 42.5 亿元，环比增长 12.29%。目前，各直投子公司中注册资本规模最大的仍然为金石投资，注册资本高达 72 亿元；其次分别是海通开元、光大资本和广发信德，注册资本分别为 60 亿元、20 亿元和 20 亿元。目前，注册资本超过 10 亿元（含 10 亿元）的券商直投公司已达到 10 家，除去前面提到的 4 家，其余 6 家分别为方正和生（17 亿元）、国元直投（15 亿元）、招商致远（10.5 亿元）、国信弘盛（10 亿元）、国泰君安创投（10 亿元）、银河创新资本（10 亿元）。

不过，52 家券商直投公司中 2013 年仅有 18 家券商直投披露投资业绩，且投资规模和投资案例数量均呈现大幅下降趋势，当年累计投资规模为 9.52 亿元，投资案例 63 起，与 2012 年相比较，分别下降 82% 和 39%。

从具体投资案例来看，仅有金石投资披露 16 起投资案例，广发信德披露 6 起，海通开元披露 5 起，其余各家均低于 5 起；投资规模超过 1 亿元的券商直投机构仅有金石投资、海通开元、广发信德、国金鼎新和西部优势资本 5 家。

与 2009～2012 年券商直投的快速扩张步伐相比，2013 年设立券商直投子公司的步伐开始放缓。究其原因，一方面，根据相关政策，券商直投全部资金来源必须是母公司券商自有资金，并且自有资金上限是证券公司净资本的 15%。券商直投公司的到位资金受限是投资节奏放缓的主要原因。另一方面，各家券商直投纷纷参与设立并购基金，看好并购基金依然处于发展初期，并且需要专业研究团队和项目能力，这是券商的独特优势，因此券商直投的业务重点发生了转移。

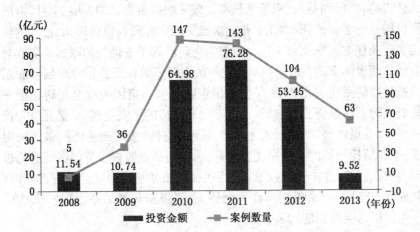

资料来源：投中集团年度报告，www. ChinaVenture. com. cn。

图 4—7　2008～2013 年中国券商直投投资规模

4.3　我国风险投资和私募股权行业存在的问题

当前，我国风险投资和私募股权行业发生了一些新变化：①融资更难；②投资阶段前移，发展模式更多样化，VC/PE 机构制度红利套现转向价值投资；③退出渠道多元化，但仍然有大量项目无法退出，VC/PE 的投资组合里存在大量等待退出的项目。这些变化都对投资机构提出了挑战。当前，我国风险投资和私募股权行业需要关注以下尚存的问题。

4.3.1　创新孵化和投后管理有待改善

从 2013 年的投资数据来看，一半的资金都投向了早期的项目，在一定程度上改善了 VC/PE 机构急功近利而不重视早期的企业发现、筛选和培育的问题。但是，对于如何帮助被投资企业实现价值、提升价值，在当前的风险投资行业还没有探索出确切的路径和方法。在 2014 年第十六届风险投资论坛上，投后管理的重要性被广泛提及，企业之所以引入 VC，很大程度上是希望 VC 的介入能够帮助提升企业的价值。因此，风险投资家需要解决怎样帮助企业从小到大发展过程的课题。既要重投资，又要重发展；在关注业绩的同时，也要关注长远战略；在关注规模的同时，也要重视服务。

在投后管理的改善方面，2013 年私募股权机构投资上海家化后爆发的股权机构与企业管理层（兼创始人）冲突的案例，引发了业界的广泛关注，体现了投后管理过程中投资机构和管理团队的矛盾与冲突问题。2013 年 9 月上海家化公告称,公司创始人、原董事长葛文耀辞职被批准;2013年11月,由股权投资机构——平安信托(本质上是此次投资的私募股权投资机构)推荐的候选人谢文坚获任上海家化董事长。上海家化集团和平安信托的联姻是资本与产业合作的代表性案例,家化控制权之争的主要矛盾在于公司管理层和股东平安信托分歧的激化。在2011年上海国资委将家化集团股权全额转让给平安信托成立的平浦投资公司之后,上海家化所期待的平安兑现70亿元资金投入的承诺,以及提供科学管理、人才培养方面的支持,实现产业链扩张并未得到落实;平安信托期待的协助家化快速升值、达到高额股权投资回报的目的也未得到实现。因此,在未来股权投资市场中,在私募股权和风险投资投入以后,如何处理PE/VC投资机构与公司创始人、管理团队的关系,将是PE/VC领域一个值得高度重视的问题。

投后管理的改善有助于降低投资风险、提高退出回报,在行业回报率下降的情况下,对于投资机构而言,应该更加重视投后管理。

4.3.2 监管立法难

随着国内股权投资市场逐步壮大成熟,行业规范亟待提升,长期以来国家发改委和中国证监会在风险投资和私募股权的监管权限存在交叉,成为制约行业发展的一个限制。2013年6月,中央编办印发《关于私募股权基金管理职责分工的通知》,明确了证监会负责私募股权基金的监督管理,实行适度监管,保护投资者权益;发改委负责组织拟定促进私募股权基金发展的政策措施,会同有关部门研究制定政府对私募股权基金出资的标准和规范;两部门要建立协调配合机制,实现信息共享。

目前,我国对VC/PE的监管未列入2013年6月1日开始实施的新的《证券投资基金法》内。不过伴随着证监会的监管职能得以明确,私募股权和风险投资的监管职能已经授权于证监会。证监会基金管理部在起草《私募投资基金管理暂行条例》草案时,将VC/PE纳入监管范畴。中国证券投资基金业协会从2014年4月开始对私募基金投资机构(包括私募证券基金和风险投资、私募股权基金等)进行备案和登记。

4.3.3 多层次退出渠道和退出策略问题

根据投中集团的调研,在2013年退出问题成为了风险投资和私募股权业界最为关注的挑战(见图4—8)。尽管随着IPO的恢复,退出难题有所缓解,但IPO暂停所带来的行业震动,在一定程度上反映了我国多层次资本市场的建设尚未成熟,还未能对股权投资基金提供多层次的退出渠道。

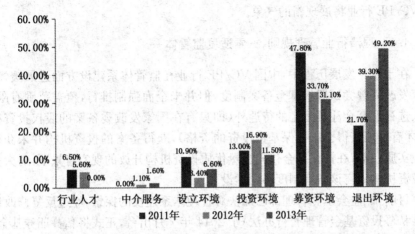

资料来源：投中集团（capital. chinaventure. com. cn）。

图 4—8 2011～2013 年中国 VC/PE 面临的行业挑战排名

退出是私募股权基金运行机制设计中重要的一环。国外成熟的资本市场已经形成了集 IPO、柜台交易、产权交易、并购市场等于一体的多层次资本市场，给 VC/PE 提供了多层次的退出渠道。目前，我国新三板的流动性面临挑战；通过并购退出的回报倍数不及上市退出；并购所涉及的对于买卖双方的价值预期、交易结构的设定、资金安排、风险控制等因素非常复杂，增加了通过并购方式实现退出的难度。因此，从市场的角度而言，还需要制度的进一步完善和投资者的逐步成熟；从机构的角度而言，对退出交易结构还需要更多的审慎考虑。

4.4 我国风险投资和私募股权行业的未来展望

2013 年，中国经济社会发展的内外环境极为复杂，众多不确定因素交互影响，在此背景下新一届政府扛住经济下行压力，强力推动经济改革步伐。十八届三中全会已明确提出："发挥市场在资源配置中的决定性作用；成立全国深化改革领导小组，负责改革总体设计、统筹协调、整体推进、督促落实"，中央政府在顶层设计上已为国内经济企稳回升奠定基石，新一轮经济发展周期即将开启。

在十八届三中全会推进股票发行注册制改革的指引下，证监会年末紧急推出新股发行体制改革方案，中断一年之久的内地 IPO 在 2014 年初恢复运转，现有 700 多家排队企业有望在年内消化完毕，投资机构退出难问题将得到明显改善。伴随着资本市场改革逐步推进，注册发行体制改革及配套措施将彻底颠覆以往以 Pre-IPO 为代表的股权投资模式。在此大背景下，2014 年中

4.4.1　理清行业管理规则,探索适度监管体系

在十余年发展历程中,中国 VC/PE 行业在监管体系建设方面进展缓慢,国家发改委曾尝试股权基金备案制度,但并未全面强制推行,覆盖范围有限。除入选社保基金注资门槛的待遇外(即只有在国家发改委备案的股权投资机构,才有可能获得全国社保基金投资的资格),获得备案的投资机构并未获得其他实质权益,在社保基金仅向少量优质投资机构开放的现实背景下,对大多数投资机构而言该备案制度形同虚设。

目前,证监会基金管理部已加快对管理体系建设的探索,经过反复修改讨论,《私募投资基金管理暂行办法》于 2014 年 7 月出台,正式将私募证券基金、私募股权基金和创业投资基金纳入统一监管框架,建立了行业的基本规范,使私募股权行业有章可循;对私募基金销售行为、投资范围、私募服务机构及其从业人员从事私募基金业务等方面提出了相应的规范性要求。

我们认为,未来在监管体系上将围绕适度监管核心展开,按照证监会把握大方向、行业协会(指中国证券投资基金业协会)具体操办备案等事宜的原则,在监管措施上从机构主体、产品和从业人员三个方面展开。如果政策能够落实到位、监管适度,将利好私募股权投资行业的长期发展,引领行业逐步走向规范和成熟。

4.4.2　募资氛围逐步回暖,机构投资加快

2013 年,面对复杂的投资环境,机构投资者普遍采取谨慎的投资策略,除少数试探举动外,机构投资者蛰伏居多。伴随着经济回升预期增强以及投资退出政策体系趋于完善,2014 年社保基金、保险资金、引导基金有望加大股权投资市场投入的力度,在募集基金的过程中,以社保基金为首的大体量机构投资者的身影将更加活跃。

但需要注意的是,即便机构投资者大幅放开投资规模,其合作伙伴仍仅限于少数已产生合作或在洽谈过程中的优质投资机构,大多数中小型投资机构难以获得社保基金、保险资金的青睐,只能在引导基金等领域尝试开展合作。除机构自有资金之外,资管平台(券商、保险等的资产管理公司)或将在私募股权投资领域开展更多尝试,在现有法规体制未发生巨大变化的中短期内,基金子公司可能成为一股举足轻重的力量。

4.4.3　并购热度维持高度,投资退出均受热捧

2013 中国并购元年已经获得市场普遍认同,无论在交易规模还是参与热

度角度,并购已经成为中国资本市场快速崛起的重要板块。从海外市场的经验来看,未来中国并购业务发展潜力巨大。目前,以上市公司为主体的并购环境和氛围已经建立,大量并购基金相继成立,交易服务体系逐步完善,2014年境内和跨境并购操作有望获得进一步突破,PE机构有望在资金支持基础上谋求更多参与机遇。

从退出角度而言,伴随着A股IPO重启,随后数年IPO退出仍将是股权投资机构退出的主要通道,但并购退出在规模体量上有望快速扩充,尤其是退出压力较大的机构在2014年并购市场中起到更强推动作用。与此同时,IPO退出和并购退出的回报倍差过大的现象,有望进一步缩减。伴随着证监会对上市公司再融资行为的支持及放开,以上市公司为主体的产业整合将进一步加快,未来私募股权投资机构选择并购退出将逐步成为常态。

但整体来看,国内并购基金的发展仍然处于初级阶段,相对于国外成熟的并购基金发展模式,国内尚无完全主导并购交易的基金出现,部分参与并购运作的PE基金受限于国内特殊的金融体制,也没有充分体现出并购基金的杠杆融资优势,对投后企业的重组整理能力仍有待提高。随着国内Pre-IPO机会的逐渐减少,PE行业步入深度调整期后的并购转型意愿强烈,未来并购基金将成为我国私募股权投资市场重要的基金类型。

4.4.4 A股IPO重回轨道,投资模式转型加速

2014年1月,内地IPO恢复运转。新股发行中的"三高"问题再次成为政策重点关注对象,2014年通过IPO市场私募股权机构获得高溢价账面回报的可能性不是很大。

从长期来看,审批制造成的市场围墙效应会逐步减弱,未来企业上市的通道会越来越顺畅,股价和企业价值不符的现象逐步弱化,市场判断的含金量逐步提升。这意味着上市企业之间的竞争更加激烈。

此外,证监会对借壳上市的管理日趋严格,已明确提出将借壳标准由"趋同"IPO标准,提升到"等同"IPO标准,并且明令禁止创业板公司借壳。在IPO分流和借壳上市标准调整的背景下,投资机构对A股借壳上市退出的热情也将明显降温,由看重借壳上市模式的通道作用转为考虑来自交易方案的诉求。

4.4.5 赴美IPO上市窗口打开,中资概念股持续升温

在美国资本市场方面,2014年上半年,随着赴美IPO窗口的打开,众多企业纷纷抓紧机遇抢滩美国资本市场,中概股赴美IPO的热情持续升温。根据

CVSource 投中数据终端显示,上半年共有 10 家中企成功赴美上市,融资规模达 191.29 亿元,数量及金额均超过了 2013 年全年之和。2014 年上半年,赴美上市的 10 家中国企业包括达内科技、爱康国宾、新浪乐居、新浪微博、猎豹移动、途牛网、聚美优品、京东商城、智联招聘、迅雷。另外,根据 CVSource 投中数据终端显示,2007 年是近些年来中国企业赴美上市的最高峰,32 家企业融资 472.3 亿元;2010 年为中国企业赴美上市的次高峰,当年共有 43 家企业赴美 IPO,融资 267.48 亿元。之后,受中资概念股的诚信危机等因素影响,赴美上市步入低潮,2011 年和 2012 年中资概念股上市数量下降至 14 家和 2家,融资金额分别为 122.67 亿元和 9.65 亿元;2013 年略有回升,但仅有 8家,融资 49.09 亿元。从 2014 年上半年 10 家中国企业赴美 IPO,以及下半年阿里巴巴等公司的 IPO 计划来看,2014 年中资概念股赴美 IPO 募资金额或将刷新历史纪录。

4.4.6　借助大资管新环境,开展综合资管业务

在早期 Pre-IPO 模式下,部分投资机构准确把握机遇,收获巨大回报,不仅塑造了品牌,还积累了巨大资金的管理经验,在接下来大资产管理(简称"大资管")行业竞技过程中,必将出现数家以综合业务为代表的资产管理平台。但需要注意的是,在开展并购投资、房地产投资、证券投资及不良资产处理等多元化业务探索过程中,风险投资和私募股权机构仍需坚持在各领域的专业化地位,否则盲目扩张将导致极其严重的拖累反应。

大资管模式的核心在于产品设计能力和销售能力,股权投资机构在股权价值投资方面积累了丰富经验,但在其他投资领域需要吸纳更具经验的团队支撑,无论是二级投资市场还是地产投资市场。在销售终端,传统 VC/PE 优势不明显,即便是业内最佳的团队也在行业低迷时难以募集充裕资金。目前,数家机构已经在尝试运作,短期内效果有限,但长期作用意义深远。

4.4.7　专业定位苦练内功,探索精品店模式

Pre-IPO 模式已经消退,但其弊端值得所有投资机构借鉴。对于大多数中小机构而言,告别过去、寻找自身定位的时机不容有失,无论是专注早期投资,还是专注并购投资,或专注某一领域都需要深耕细作,利用专业化优势打造适合自身发展的道路。国内股权投资市场上仍有部分投资机构将注意力放在定向增发市场,期望在此复制 Pre-IPO 模式的轨迹。我们认为,虽然注册制相对遥远,但发行体制改革的趋势已经显现,未来定增市场投资将更加注重价值投资,而非简单套利,如果还是采取"盲打"方式,极有可能重现一日喜悦、三

日忧的境地。

展望 2014 年 A 股 IPO 市场，新股高发行价很难持续，尤其是在创业板市场，过去频频出现的超高发行价或成历史。2014 年初期获准上市企业在质量上相对较强，有可能形成二级市场价值投资洼地，部分投资机构可能在此轮"打新"热潮中较为活跃。

4.4.8　机构投资者活跃度增强，特别是险资投资者

随着大量个人投资者退出 VC/PE 市场，中国 LP 市场的机构化趋于活跃，各类 FOFs 快速发展，社保基金、保险公司稳步推进。2014 年，中国本土 LP 市场结构将进一步优化，保险公司仍是最值得期待的 LP 类型。

经过几年的持续摸索和尝试，保险资金投资股权的相关政策法规体系初步建立，下一步主要看相关主体在保监会指引下的具体探索成果。出于风险性考虑，现有法规体系在约束性方面考虑较多，未来保险资金投资股权有望在以下几个方面进一步推进：

其一，目前对具体项目类别的投资设有上限门槛，过去一段时间已阶段性调整比例限制，在此基础上，未来或将尝试将其纳入大类资产配备中，逐步取消单独设置比例，有利于后续市场化操作。

其二，目前在间接投资方面没有太多行业性限制，但在直接投资方面，限定了保险、非保险金融、养老、医疗、汽车服务、能源、资源、现代农业、新商贸流通九大领域。相对而言，行业束缚较多，未来有望通过战略新兴产业延展的方式逐步放开，最终实现将财务投资逐步扩展到大部分行业领域。

其三，对于保险资金而言，纯股权投资不太适合其资金特点，未来在产品创新方面将以股债结合为主，鼓励积极探索类优先股、先股后债、先债后股、股债并行等形式多样的股权投资计划。

其四，直接投资与间接投资共同发展，保险机构可根据自身团队实力和投资经验探索适合自身发展的投资方式。从资本运用的投资属性看，战略性投资还不适宜占据过大比重，在中短期内，财务性投资将承担主要角色。

受多方面因素限制，资金流向股权投资主要是保险业巨头参与的游戏，伴随着市场化探索逐步成熟，特事特办的模式将逐步被批量复制所替代，其他实业/PE/FOF 机构与保险机构的合作将逐步展开，如 PE/FOF 融资、实体产业整合、PE 项目转售等。

4.4.9　券商直投步伐有所回暖

2013 年，伴随着境内外资本市场的持续低迷以及 A 股上市窗口长达一年

的封闭,国内券商直投公司虽然在注册资本金方面获得了母公司的增资,并且直投基金设立步伐加快,但实际的投资及退出态势却较为明显。一方面,根据相关政策,券商直投全部资金来源必须是母公司券商自有资金,并且自有资金上限是证券公司净资本的15%,可投资的资金受限。另一方面,各家券商直投纷纷参与设立并购基金,原有投资业务的发展受到了限制。

2014年1月,中国证券业协会放开个人投资者对券商直投产品的限制,将对券商直投在募资层面产生相当程度的利好。预计2014年在募资层面个人投资者放开、资本市场方面A股上市窗口重启、券商直投基金纷纷设立的背景下,券商直投的投资和退出将有所回暖。

4.4.10 新三板扩容启动,投资退出均有期待

2013年,新三板的低流动性及转板的不确定性造成了企业挂牌新三板的积极性很低。11月中旬,国务院推出新三板扩容方案,明确将新三板挂牌企业范围扩充至全国,并指出设立转板的机制,新三板挂牌企业可申请直接上市,另外,新三板做市商制度已获证监会批复,目前正在建设交易系统,预计2014年年中才能完成系统开发,此后还要进行反复测试。

在理顺新三板的流动机制和转板机制后,新三板的影响力将获得实质性提升。对于VC/PE而言,新三板将是优秀候选企业的退出通道。但需要注意的是,转板机制的实施难度目前存在不确定性,未来转板过程中如何建立遴选机制,避免企业的监管套利,仍需努力。此外,面对新三板扩容的机会,部分机构已经将其作为重要的项目源平台,突击入股新三板公司的现象屡屡出现。2014年,伴随着企业挂牌新三板数目的增长,预计将再度集中出现挂牌前PE/VC集中入股的"Pre-挂牌"投资现象。

参考文献

[1]清科研究中心网站资料,http://research.pedaily.cn/report.

[2]投中集团网站资料,http://www.chinaventuregroup.com.cn/research/.

[3]21世纪网网站资料,http://www.21cbh.com/.

[4]凤凰财经网站资料,http://finance.ifeng.com/.

[5]张斌,巴曙松.中国PE投资阶段前移的策略研究[J].经济学家,2013(3):69—76.

[6]欧阳静.我国风险投资退出机制的不足及建议[J].特区经济,2013(3):145—146.

第二篇

专题篇

第三篇　专题篇

5 系统性和区域性金融风险

王栋梁　朱宇杰

5.1 系统性与区域性金融风险的定义

系统性金融风险,通常表现为未来整个金融体系共同面临的不确定性。通常是宏观经济中由于利率、汇率、通货膨胀率、失业率、经济增长率等诸多重要变量变化的不确定性而引起的风险。系统性金融风险是一种全局性的风险,不仅仅是所有微观金融风险的简单加总。系统性风险对一国乃至世界的经济都会产生普遍性的影响,且这种影响无法通过分散投资的方法消除。

在讨论金融风险时,需要区分金融风险与金融危机之间的关系。金融危机通常指金融与经济问题带来了社会财富损失,这种损失已经发生。而金融风险通常指金融与经济问题带来潜在的社会财富损失,这种损失还没有发生。金融危机有系统性与区域性之分,类似地,金融风险也有系统性与区域性之分。

按照著名经济学家戈登·史密斯给出的定义,系统性金融危机是指经济体系中全部或大部分的指标——如利率、资产价格、GDP 等——急剧恶化,从而对金融体系乃至国民经济造成重大冲击。按照这个定义,金融危机是已确定的事实——或发生,或没有发生。而系统性金融风险则是不确定的,它表明发生系统性金融危机的可能性有多大,但并不能肯定危机是否发生,表现出一种或然性。或者可以说,系统性金融危机是系统性金融风险的一个特殊阶段。

与此相对应,区域性金融风险是指某个经济区域内发生的金融风险。与系统性金融风险不同,区域性金融风险影响的范围相对较小,主要集中于某一经济区域,对整个经济系统中其他部门或区域的影响很小。这里的区域范围大小并非绝对的,而是相对于我们研究的整个经济系统而言的,仅仅是区域或局部。

5.1.1 系统性金融风险

风险是指在某一特定环境下,在某一特定时间段内,某种损失发生的可能性。风险由风险因素、风险事故和风险损失等要素组成。换句话说,风险是在某一个特定时间段里,人们所期望达到的目标与实际出现的结果之间产生的差距。统计学中,常用方差 σ^2(即表示实际值与平均值之间的差距)来刻画风险程度的大小。

系统性金融风险可以通俗地理解为,在一定时间内,金融体系由于受到大规模冲击而无法持续有效运转的可能性,这可以表现为基本经济变量大幅度偏离正常水平、金融体系中大量金融机构运转困难甚至倒闭、货币贬值乃至于影响到实体经济。这种冲击可以是来源于金融系统内部,也可以来源于金融系统外部,但都会通过基本的经济变量来影响整个金融体系。表面上看,金融危机只是因为某次"意外"事件而引起的,但实际上,却是由金融系统中长期累积的风险因素引发的。因此,想要从源头上控制系统性金融风险,就必须对系统性金融风险本身的经济机制加以研究。

在经典的 Arrow-Debreu 模型中,完美的金融市场是建立在一系列假定上的,包括:(1)完美交易,即不存在交易费用。在这一模型中,既不考虑由于信用问题导致的模型内生的不确定性,也排除了如信息搜集成本等技术性因素。(2)所有可交易资产均无限可分,这样交易都可以在最优点上实现。(3)完美的预期,即市场中任一交易者均对未来任一时点上资产收益的概率分布充分了解(具有完全信息)。Arrow-Debreu 模型将整个金融体系大大抽象,排除了各种形式的金融风险。

1952 年,Markowitz 提出了著名的"均值—方差"分析框架。在这一框架下,投资者需要在收益率与方差之间进行权衡。Markowitz 认为,充分分散的投资可以将非系统性风险充分分散,从而投资者可以通过良好的管理有效地规避风险。这一理论是传统"看不见的手"理论在金融学领域新的解释,也重新定义了人们对于风险的认识。

应该说,这些金融理论都对金融学起到了推动作用,但都简化了风险的概念。这些数理模型都是通过简化假设,将各种风险因素消除或简化了。以

Markowitz 的"均值—方差"理论为例,模型中风险被认为是市场的简单波动,而对于风险的度量也是以历史波动率为依据的。事实上,随着时间的变化,金融体系中的各种风险因素都在不断地变异、累积,因此该模型忽略了时间和空间的动态性引起的系统关键参数的变化,使人们低估了风险的概率。而且,传统的模型中,无论是系统性风险还是非系统性风险,都是被假定来自金融体系之外,这样就忽视了金融体系本身的脆弱性,也不能抓住金融和经济风险交互的机制。所以,离开了金融体系内生的独特性质而单独看外部的影响,很难发觉系统性金融风险。

金融系统天然具有内生性的风险倾向,这是由金融体系本身的性质决定的。金融体系是储蓄和投资的"转换器",这一特点决定了金融体系风险的内生性。金融体系引导着货币资金的规模和流向,从而影响着实体经济,在这一功能发挥的同时,金融体系不仅承担着自身经营货币资本的风险(如可能引发的信用风险),也受到外部实体经济各种因素的影响。这种纽带关系使金融体系和实体经济体系间的反馈机制持续存在,并且这种反馈机制被金融体系的高杠杆放大了。

金融合约本身的性质也决定了金融体系内生风险的存在。金融合约具有两个明显的性质:(1)为了保证流动性,大多数金融合约都是匿名的,即大部分交易中,交易者并不知道他的交易对手是谁。(2)越来越多的金融合约标的物并非是实体经济中的实物,而是诸如指数这样的名义变量,这导致了实体经济和金融的相互剥离。正是由于这些特点,决定了金融体系的两大重要特征:(1)金融合约的高度流动性使得风险对供求关系的变动更为敏感,金融风险的扩散速度加快,交易频率对风险的反馈效应(尤其是负反馈效应)大大增强。(2)由于越来越多的金融合约及其交易并不与实体经济的运行直接相关,从而使金融风险逐渐形成了某种独立演化和发展的机制,并能在某些不直接依赖实体经济的层面上达到自我实现——这意味着在实体经济并未出现明显问题的情况下,系统性的金融风险依然可能发生。

政府为了保护金融体系免遭系统性风险的侵袭,建立了诸如存款保险制度、政府担保以及最后贷款人等"防火墙",目的是使金融机构免遭挤兑风险,以及由此带来的市场混乱。客观地看,这些安排确实在一定程度上降低了短期金融体系的风险,但却可能导致长期金融风险过度累积,当最终金融危机爆发时,破坏力可能更大。例如,对银行的过度保护可能引发道德风险问题。银行认为既然有政府替自己兜底,那么就倾向于更激进的流动性策略,并把资金投向风险更大(相应地,收益率更高)的项目,导致金融体系的脆弱性增强。再比如,存款保险制度原来旨在消除挤兑现象,但却忽略了挤兑能够将低效率的金融机构清理出市场的功能。当实施存款保险制度后,会出现大量的"僵尸银行"——这些银行经营不善,在无政府保护的情况下本该退出市场,如今却能够继续经营,降低了整个市场的效率,同时,存款保险机构也要承担这些银行的损失。可以说,金融体系的"防火墙"在维护整个体系安全的同时,也以一种隐含的形式创造了新的不安全,金融风险没有被消除,而是以新的形式隐藏并且累积了起来。

除了以上所说的金融体系和金融机构的原因之外,金融市场的参与者也是系统性金融风险产生的原因之一。古典经济学一个重要的理论假说就是"理性人"的概念——这一假定也一直影响着金融学理论。在这个假定下,市场中每一个参与者都是客观理性的,都能够做出最优的决策。但人之所以为人,是因为人有自己的喜怒哀乐,而这些情绪又会深刻地影响着他们的行为。金融市场上出现的羊群效应(跟风)、过度自信等现象都是投资者做出的非理性行为,而这些行为不仅存在,在整个市场中还占据很大的比重。人们在取得盈利时会趋向于保守,而在亏损的时候更加愿意承受风险,这样非理性行为大大增加了金融体系的波动。

5.1.2 区域性金融风险

根据金融风险的影响范围以及基本表征,金融风险体现为不同的层次,即宏观金融风险、区域金融风险和微观金融风险。由于金融过程的网络化和金融关系广泛的渗透性,金融风险具有极强的联动性和自我增强的传播特性,从而个别或部分机构的微观金融风险可能会在某一区域突现并逐渐累积、传播、扩散,形成区域金融风险。一旦区域金融风险突破可控边界,并且形成跨越区域范围的传染途径,就可能导致整体性的金融动荡,乃至形成金融危机,这就是宏观金融风险。根据以上分析可见,区域金融风险是中观层次的金融风险,是某个经济区域内部金融产业所面对的金融风险。就某一区域金融风险而言,其形成的根由包括三个方面:一是微观金融风险在某区域内部传播、扩散,这是自源性的区域金融风险,是自下而上的金融风险;二是区域金融风险在经济关联密切的区域之间传播、扩散,这是关联性的区域金融风险,是横向的金融风险;三是宏观金融风险落实到具体区域,在区域金融产业系统中累积、扩散,这是上源性的区域金融风险,是自上而下的金融风险。可以看出,处于中观层面的区域性金融风险直接受到另外两者的影响,区域性金融风险的成因既有宏观因素,也有微观因素,同时还有各个区域内部自身的因素。

具体来说,区域性金融风险的成因主要有以下几点:

5.1.2.1 宏观经济层面

宏观经济因素是形成区域性金融风险的宏观因素,包括宏观经济各项指标(如 GDP 增长率、利率、通货膨胀率、失业率等)、宏观经济政策以及金融监管制度等方面。

根据宏观经济 IS-LM 模型可知,宏观经济各项指标对于总产出(通常用 GDP 表示)有着非常重要的作用。从生产者的角度看,利率是资金的价格,代表投资的成本,利率直接影响着投资水平,进而影响总产出;而总产出直接与 GDP 增长率挂钩;同时,产出的高低也影响着通货膨胀率和失业率。另一方面,现期的 GDP 增长率、通胀率以及失业率又会影响经济主体的预期,从而决定了他们的投资行为进而决定总产出。由这些关系可知,当这些宏观经济因素发生不利于经济运行的变化时,风险也就随之而生了。

另外,宏观经济政策对于金融风险也是具有重要影响的。不同于具体的执行细则,宏观经济政策是由国家经济决策制定的,具有统一性。但通常一个国家不同区域经济发展不平衡,这些区域对于金融政策传导的力度和速度均不相等。对于那些金融产业成长水平较高的区域而言,面对紧缩或扩张的政策,可以通过多样化的金融工具、多元化的金融组织机构、健全的金融市场迅速调整金融活动,并在风险分散的情况下实现预期的政策效果。相反,对于那些金融产业成长水平较低的区域而言,由于经济结构的低级化,金融工具和金融组织的单一化,以及金融市场的不完善,在调整金融活动水平时,往往无法化解或软化政策调整带来的影响,导致金融风险在欠发达地区形成并累积起来。

金融开放可以使一国参与到金融全球化的过程中,从而享受到全球金融创新和金融发展的带动和辐射,加速金融深化的步伐。但不可忽视的是,在世界任何一个地区累积并爆发的金融风险也会沿着金融开放的链条向其他地区或国家蔓延,并且本国金融产业系统的风险也会通过与国际金融风险的叠加而无限放大。金融开放还使国内金融产业直接面对国际竞争,也会诱发一些竞争性风险。国际资本通过各种形式参与国内金融产业的经营和管理,一些难以有效甄别的、以套利为目的的短期行为,也会导致较大的损失,甚至形成金融动荡。因此,一国的金融开放不仅要遵循合理的时间序列,也要兼顾国内不同区域的风险承受和抵御能力。盲目或过早地全面开放,必然诱发某些落后区域的金融风险。

亚洲金融危机中,一些国家受到严重冲击的原因固然可以归咎到本国金融市场的全面开放,但更为主要的原因还在于,这些国家金融机构风险管理水平的欠缺,没有形成较强的风险意识,对外资的规模、流向没有正确的控制和引导，金融监管制度不够健全。金融产业固有的脆弱性，在不对称信息条件下容易引发挤兑等风险，因此，金融监管是防止个体性危机产生及扩散的必要手段。在某种意义上，金融监管是金融安全的外在保护措施。美国金融专家鲁萨基斯提出，金融监管的发展"与其说是导因于政府对银行健康发展的期望，倒不如说是主要由金融危机所致"。健全的金融监管体系应该包括完善的监管组织体系、科学的信息决策体系、完备的监管制度体系、有效的危机处理体系等。

5.1.2.2 各区域自身的特点

地方政府对金融活动的干预是诱发区域金融风险的重要原因。地方政府在地方利益的驱动下干预金融活动，导致金融财政化的趋势，降低了金融资源的使用效率，使金融组织行政化，自身的约束能力、内控能力得不到有效提高。同时，政府干预形成的区域金融运行的封闭化和区域间的产业同构化弊端，增大了金融产业的经营风险，也影响了宏观金融调控目标的实现。此外，值得注意的是，地方政府对金融活动的干预会增加道德风险，道德风险通常就产生于封闭的金融体系或新兴市场中官方提供的安全网。当区域内的金融组织与地方政府之间形成难以分割的关联网络时，地方政府就自然地承担了隐含的担保责任。区域内的金融组织会无所顾忌地涉足高风险投资项目，使大量银行资产价值收缩的风险越来越大，并且这种隐含的政策担保还会使人们对经济产生过于乐观的预期，产生过度借贷综合征。

地方政府的经济决策失误，特别是投资决策失误，也会形成或加剧区域金融风险。如果地方政府不能保证经济决策的科学性和有效性，对投资项目缺乏充分、必要的论证，导致决策失误，就会直接影响区域经济效益，在造成资源浪费的情况下，恶化区域资金短缺状况，延误区域经济发展，甚至导致企业及金融机构陷入严重危机。

区域经济发展状况与运行状态是决定区域金融风险抵御能力的重要因素。金融体系的稳健运行需要运行状态良好的实质经济的支撑，其主要表现就在于运行良好的区域实质经济能够提高金融资源的使用效率，并提供较高的资金回报率，从而增强外部融资能力，降低区域内源金融风险形成的几率。而一旦关联区域的金融风险通过债务链条等途径向本区域扩散，或者出现宏观金融风险向本区域传播时，区域经济发展水平越高，经济结构越合理，对风险的消化能力就越强。

区域间资金流动是形成区域金融风险的直接原因之一。由于不同区域之间投资环境差异较大，追逐较高回报率的资金或资本通过金融市场进行跨区域流动，特别是随着金融产业的成长，金融市场日益完善，金融主导型资金流动逐渐取代财政主导型资金流动,成为区域间资金流动格局中的主导模式。这种转变加剧了存在梯度势差的区域间的资金非平衡流动,扩大了资金流出区域的资金缺口,降低了区域金融产业系统的支付能力。同时,区域间大规模的、频繁的资金流动以及由此形成的债务链条,也是关联性区域金融风险的传播途径。

5.1.2.3 微观金融主体因素

区域金融风险形成的微观因素主要包括区域金融产业的内控机制、金融市场健全性、金融产业资产质量以及金融产业人力资源条件等。

区域金融产业的内控机制,是指金融产业内部克服金融脆弱性,保证金融资产质量,从而保障支付能力的机制。建立完善的科学的内控机制的前提,是建立现代金融产权制度和经营机制,如果建立了现代金融产权制度,并在此基础上确立了现代法人治理结构,形成了健全、完善的内部监督、决策、管理、经营体系,就可以大大降低微观金融风险发生的概率,预防微观金融风险的累积和扩散。

区域金融市场健全性,一方面是指区域内所有的金融组织能够充分利用票据市场、同业拆借市场,甚至资本市场,获得长短期资金融通,减少发生流动性风险、信用风险以及经营风险的可能性;另一方面,健全的金融市场体系包含了金融活动规范性的约束、监督机制,既能避免或控制内源性金融风险的产生,也能扼制关联性金融风险通过金融市场的传播或叠加。

区域金融产业资产质量是决定区域金融风险水平,进而影响区域金融安全的重要因素。如果金融产业特别是其中主要组织机构的资产质量较低,一方面会降低金融产业的赢利能力,从而导致竞争力低下;另一方面也会降低金融产业的信用等级,影响信用扩张。如果金融产业资产质量问题不能得到有效解决,发生流动性风险、信用风险的几率就会大大提高,而且资产质量问题是金融产业内疾,会大大降低区域内金融产业对输入性金融风险的免疫能力和抵御能力。区域金融产业从业人员的素质,主要是指管理人员的管理能力、决策水平,项目投资和审贷等业务人员的业务组织、风险意识和风险防范能力等,是影响区域金融风险水平的直接因素。

5.1.3 中国金融风险与金融危机

中国目前实行社会主义市场经济,市场机制在经济活动中发挥巨大的作用,经济活动中的不确定性也广泛存在。与其他国家一样,在国民经济运行过程中存在各种不确定性,金融风险也广泛存在于中国。由于中国的社会经济制度、中央与地方之间关系财税制度、政府运营等方面与美国、欧洲发达国家有着本质区别,中国发生系统性、区域性金融危机的机理也与美国、欧洲显著不同。

5.1.3.1　中国系统性金融风险危机

在社会主义市场经济制度下,不可避免地存在系统性金融风险,即在一定时间内,金融体系由于受到大规模冲击而无法持续有效运转的可能性。但是,相同的系统性金融风险导致的金融危机的表现可能与美国、欧洲发达国家存在巨大差异。

例如,如果发生银行债务危机,在美国、欧洲国家的政府有清晰的危机处置程序,民选政府受民意与法律约束,政府的行为以社会福利最大化为前提,同时股东需要为自己的行为承担责任。当金融危机出现时,银行的股东一定会为危机"承担责任",丧失部分或全部股权;银行的储户受存款保险制度的保护,可能损失部分存款,也可能完全不受损失;政府可能救助银行,也可能不救助银行。

例如,2008年美国次贷危机发生时,美国政府没有救助雷曼兄弟,任其破产。但是,因为AIG的系统重要性,美国政府花费巨资拯救AIG。不过,虽然AIG被政府救援继续存在,AIG的原股东却为AIG的损失埋单,丧失了约90%的股权。作为美国政府救助AIG的补偿,美国政府获得近90%的AIG股权。类似的情形发生在塞浦路斯。2012年塞浦路斯银行危机发生后,塞国第二大银行大众银行(Laiki Bank)被关闭,其存款转移到第一大银行塞浦路斯银行(Bank of Cyprus)。在这两家银行储蓄的10万欧元以下储户受到存款保险保护,而10万欧元以上储户将承担至少40%的减记。

但是,如果中国发生银行危机,中国政府救援的形式可能不同。由于中国实行的是社会主义市场经济,国有经济占主导地位,任何经济危机、金融危机的发生,都会导致社会经济的动荡,带来国有经济的损失。因此,如果在中国发生银行危机,由于银行的大股东通常是政府,银行的贷款主要给国有控股企业。当银行资不抵债时,通常意味着国有资本价值大幅贬值。为了避免国有资本的继续损失,有可能减计商业银行债务,牺牲储户或其他债权人的利益,保护商业银行或国有企业。因此,在中国发生金融危机,承担金融危机损失的很可能是社会全体成员,银行与企业股东可能不是主要责任承担者。在法制健全的美国、欧洲,债务是刚性的,必须优先偿还。在中国,债务未必刚性,需要权衡社会福利损失与个人债务损失,有可能牺牲个人、保护社会。

5.1.3.2　中国区域性金融危机

与其他国家一样,区域性金融风险也广泛存在于中国。由于中国在中央与地方之间关于财税制度、政府运营等方面与美国、欧洲发达国家有着本质区别,区域性金融危机的发生机理也与美国、欧洲显著不同。

在美国,联邦政府与地方政府财政责任划分清晰,联邦政府没有义务为地方政府承担债务责任,地方政府也没有义务为联邦政府承担债务责任。因此,如果美国的地方政府发生显性债务危机时,美国联邦政府可以撒手不管。例如,美国政府就可以坐视底特律破产,并不援助底特律市政府。

但是,由于中国中央政府与地方政府财政责任划分不清晰,同时,中国所有地方政府与中央政府都是中国共产党执政,在这样的政治制度安排下,中央政府的显性债务本质也是地方政府的显性债务。当中央政府出现显性债务危机时,地方政府不可能不分担部分责任。同样,如果地方政府发生显性债务危机时,中央政府必须予以援助。也就是说,在当前的中国不可能发生政府显性债务金融风险。

但是,对于中央政府与地方政府的隐性债务危机是否发生,需要看当时的中央政府与地方政府的财政状况与当时的政治、经济形势。因为当时的政治、经济形势不同,中央政府与地方政府对隐性债务违约存在相应的金融风险。

但是,由于政府"招商引资"政策以及经济发展园区政策,中国许多地方形成产业集聚度很高的经济区域。例如福建的"鞋城",当这个行业面临困难时,导致地区性经济困难,与这些产业相关的金融服务业受牵连而产生金融风险与金融危机。这是中国特色的区域性金融危机。在美国,就很难发生类似的经济危机与金融危机,也较少有类似的区域性金融风险。

然而,由于美国、欧洲地方政府破产在根源上与地方产业结构、承债能力、税收和公共服务密切相关,因此,其对中国经济结构转型、地方财政可持续发展以及地方政府债务风险防控等方面具有重要启示。

5.1.3.3 中国区域性金融风险与应对

在中国,当前阶段区域性金融风险主要集中于以下几个方面:一是地方政府的债务风险,包括银行信贷和平台融资,由于规模巨大,会对金融机构的正常经营活动造成冲击;二是房地产金融风险,其中涉及从土地收储到销售整个环节的融资,不仅融资额巨大,且周期长,风险难以把控;三是制造业目前处于去库存和去产能化的过程中,结构调整造成相关企业信贷和融资也存在一定风险。此外,银行等金融机构是否保持了资产的高流动性,是否存在过度投机、违规操作等问题,也是影响会不会诱发区域性金融风险的重要因素。

2012年年底召开的中央经济工作会议提出,要守住不发生系统性、区域性金融风险的底线。央行发布的《2012年中国区域金融运行报告》指出,当前区域发展仍存在一些突出矛盾和问题,经济金融领域潜在风险值得关注,需多措并举加以防范:

一要完善区域性风险监测、评估和处置机制，加强区域金融监管，促进监管协调，强化重点领域的风险防控，防范风险跨行业、跨市场传递。

二要不断深化金融改革，稳步推进金融创新，改善金融机构业务结构和赢利模式，提高其风险定价能力和风险管理水平。

三要严格保证信贷品质，对贷款风险继续执行"总量控制、分类管理、区别对待、逐步化解"政策，进一步优化和调整信贷结构，把握新增贷款投资方向，全面提升金融服务实体经济的质量和水平。

四要加强区域内金融机构的合作，通过信息共享、互相监管等方式，构建良好的区域经济环境。此外，还要重点防范民间融资和非法集资等外部风险向金融体系传染渗透。

在中国经济体中，各级地方政府都拥有一定数量的国有企业，这些企业也在市场中发行债券融资，事实上是政府隐性担保债务偿还。

一要尊重产业发展和调整规律，促进经济结构的有效转型。新旧主导产业的更迭是经济结构转型的必然，固守旧有模式对经济发展而言是危险的。美国汽车制造业国际竞争力在日本企业的冲击下大为削弱，加上向新兴经济体转移部分生产环节，使得美国汽车产业成为一个缺乏创造性的旧主导产业。另一方面，美国以信息化为支撑的服务业持续快速发展并成为新的主导产业。实质上，美国汽车产业的衰退是美国从制造业大国向服务业大国升级的必然结果和典型表现，是全球制造业阶梯式转移规律作用的必然结果。积极引导具有真实需求的新兴产业的发展，促进经济结构的有效转型是经济可持续发展的基础。以美国伊利诺伊州的芝加哥市为例，20 世纪 50～60 年代，芝加哥还是一个以钢铁机械金属行业为支撑的工业化城市，90 年代以后其积极顺应信息化和高端服务业的发展趋势，实现了从传统工业向高端服务业的成功转型，目前已成为美国航运信息金融贸易和高端制造业中心，也是美国宜居城市之一。中国的产业空心化在 20 世纪 90 年代末期已初露端倪，近年来更加凸显。由于劳动力成本以及原材料和能源价格不断攀升，中国制造业的成本优势逐渐丧失，劳动密集型制造业向南美和东南亚等具有更加廉价劳动力和生产原料的区域转移的趋势明显。同时，近年来人民币汇率在升值预期和外部压力的作用下快速上涨，使得中国工业制成品在国际上的价格优势逐渐减弱，而国内需求尚不足以弥补因国际市场萎缩造成的需求缺口。在新兴产业未能及时取代萎缩产业的情况下，中国东南沿海制造业大省的产业空心化程度进一步加剧。底特律破产事件警示中国，只有积极引导具有真实需求的新兴产业的发展，特别是着力培育符合国家战略发展大方向的新兴产业，推动产业结构转型升级，才能从源头上解决产业空心化问题。此外，还需避免城市产业发展模式过于单一化,降低城市经济对某一特定产业的依赖程度,引导城市发展多元化产业体系。

二要防止财政收入严重集中,以有效控制地方政府财政风险。某一特定领域贡献较大比例的财政收入,是一些国家和城市的共性,如一个城市的优势产业或龙头企业贡献较大比重的税收收入,但若该领域发生系统性风险,则财政收入将面临系统性冲击,从而财政状况恶化甚至财政危机爆发将不可避免。中国部分城市土地收入占比较大,实际上也与底特律汽车产业税收占比较大相类似,若房地产市场发生巨大动荡,而财政支出又具有刚性,则基于土地收入的财政收支体系将难以为继。另一方面,如何在产业衰退周期弱化其原有固化的利益架构,也是底特律破产危机对中国的启示。福利的刚性增长要求直接导致产业繁荣时期红利的绝大部分被攫取,产业缺乏充足的用于应对未来转型的留成利润,更无暇顾及产业下行时期的压力。在中国传统产业快速发展期,形成了多元化呈现刚性增长的利益诉求,这就决定了在产业下行周期无法通过产业退出来弱化利益诉求,这是中国产能过剩无法有效清理、衰退产业无法真正退出的主要原因。在传统制造业利润空间日渐衰微、养老金增长压力日益明显的情况下,中国对未来全局性的财政金融风险切不可掉以轻心。

三要防止地方政府债务的过度发酵。底特律破产事件的直接原因在于其市政当局不具备融资条件,无法通过增发市政债来继续融资,用以偿还到期债务。而融资条件的丧失,主要是因为产业衰落和人口外迁造成税源减少,无法支撑债务偿还、继续举债和维持公共服务,进而陷入"公共服务下降—企业和人口外迁—税源下降—公共服务下降"的恶性循环。

根据 2013 年 12 月 30 日发布的全国政府性债务审计结果显示,截至 2013 年 6 月底,全国各级政府负有偿还责任的债务 206 988.65 亿元,负有担保责任的债务 29 256.49 亿元,可能承担一定救助责任的债务 66 504.56 亿元;全国政府性债务为 302 749.7 亿元,其中全口径中央政府债务 123 841.04 亿元,全口径地方政府债务总计 178 908.66 亿元(见表 5—1)。

表 5—1　　　　　　　　　全国政府性债务规模情况　　　　　　　单位:亿元

年度	政府层级	政府负有偿还责任的债务(政府债务,下同)	政府或有债务	
			政府负有担保责任的债务	政府可能承担一定救助责任的债务
2012 年底	中央	94 376.72	2 835.71	21 621.16
	地方	96 281.87	24 871.29	37 705.16
	合计	190 658.59	27 707.00	59 326.32

年度	政府层级	政府负有偿还责任的债务（政府债务，下同）	政府或有债务	
			政府负有担保责任的债务	政府可能承担一定救助责任的债务
2013年6月底	中央	98 129.48	2 600.72	23 110.84
	地方	108 859.17	26 655.77	43 393.72
	合计	206 988.65	29 256.49	66 504.56

从具体指标上看,地方政府债务对地方国民经济各级财政收入构成了沉重负担。当前中国部分地方政府实际已不具备融资条件,由于没有以地方政府本级税源和其现存债务及公共服务供给来明晰其融资能力和空间,以及尚未建立从源头上约束地方政府过度和无序举债的制约机制,因此其还能一再突破限制,通过担保、影子银行、融资平台等来获得缺乏偿债保障的新增债务。

除了从商业银行以及其他金融机构获得融资外,中国政府债务很大一部分是来自政策性银行的贷款。到目前为止,国家开发银行(简称国开行)已经成为地方政府债务最大的债主。虽然目前地方政府融资渠道已经从过去政策性银行的单一支持,转变为商业银行、担保、证券公司和国家政策性银行的多平台,但是根据国开行的统计,目前各地方政府平台融资中,国开行所占的比例仍然达到了五分之一。根据银监会统计的数据,截至2013年6月末,平台贷款余额9.7万亿元,同比增速为6.2%。依照此数据,国开行的平台贷款余额在2万亿元左右。从贷款投放的方向来看,主要投向煤电油运、农林水、通信和公共基础设施等"两基一支"领域。同时,中央政府力推的保障房建设贷款余额逾5 000亿元,覆盖了廉租房、经济适用房、限价房、公共租赁住房及棚户区改造五大领域,这部分同样由国开行承担。

鉴于此,未来中国应规范管理地方政府债务,控制债务余额,不断完善地方政府债务风险监管机制,建立相应的偿债准备金制度和第三方监管办法,同时完善相关法律规定,构建科学、合理的地方政府举债融资机制,制定严格、规范的举债程序,控制地方政府举债规模。地方政府债务不同于企业债务,企业债务若出现问题,投资者需自行承担风险,可通过破产程序消除企业债务,而中国地方政府债务一旦出现问题,地方政府不能采取破产清算手段,最终将对地方经济发展造成一定的负面影响。国家财政部门还应尽快建立地方政府债务总量控制和风险预警机制,完善地方政府性债务管理制度,提高政府财政运行透明度,努力防范财政金融风险。

5.2 系统性与区域性金融风险研究

由于金融风险是指在一定时间内发生金融危机的可能性,在对金融风险的研究中,有许多研究成果是关于金融危机的,金融危机研究是金融风险研究的重要部分。对此,Goldstein and Razin(2013)和 Allen,Babus and Carletti(2009)曾有系统总结。

金融危机(如银行业危机、信贷市场和交易严重萎缩、汇率制度崩溃等)对金融和货币体系正常的功能产生了严重的破坏,进而对实体经济的效率造成打击。不幸的是,历史上金融危机总是经常性爆发,尤其是进入 20 世纪之后,爆发了多次大规模的金融危机,使社会经济蒙受了巨大的损失。更为严重的是,尽管人们不断地尝试各种方法去消除金融危机,仍然没有迹象表明金融危机将会永远消除。众所周知,过去几年中,从次贷危机到欧洲主权债务危机,一波未平一波又起,世界金融体系处于剧烈的震荡之中,即使在次贷危机爆发五年后的今天,人们还是找不到一个有效的解决方案。这一切都促成了人们对于金融危机理论的研究。

金融危机又称金融风暴,是指一个国家或几个国家与地区的全部或大部分金融指标[如短期利率、货币资产、证券、房地产、土地(价格)、商业破产数和金融机构倒闭数]的急剧、短暂和超周期的恶化。金融危机对经济和社会具有极大的破坏力。遭受金融危机侵袭的国家和地区,无论经济基础如何,均会受到巨大的损失。1997 年 7 月,亚洲金融危机爆发。因为资本账户的高度管制,亚洲金融危机没有传染到中国的金融市场,对中国的经济金融体系没有造成较大的影响。但时过境迁,这种侥幸或运气恐怕难以为继:第一,中国滞后于整体经济改革的金融改革已经提速,长期积累的隐性金融风险开始显性化,并释放其积累已久的破坏能量;第二,由中国加入 WTO 导入的金融开放,在建立国内金融市场与国际市场的联系的同时,也为国际投机商的攻击和国际金融动荡的传染提供了可能的通道,并由此可能触发国内金融危机。而 2013 年上海自贸区的成立,更是对中国的金融体系提出了严峻的挑战。

金融危机大体上可以分为银行危机、货币危机、债务危机等类型。而近年来,金融危机越来越呈现出混合的形式。下文将对各种类型的危机逐一介绍。

5.2.1 银行业危机

银行危机现象是指银行不能如期偿付债务,或迫使政府出面,提供大规模援助,以避免违约现象的发生,一家银行的危机发展到一定程度,可能波及其他银行，从而引起整个银行系统的危机。

著名经济学家 Diamond 和 Dybvig 对银行危机做了深入的研究。在他们于 1983 年合作发表的论文中，阐述了银行危机发生的具体机制：由于存在着资产和负债期限结构错配的问题，银行等存款金融机构具有内在的不稳定性，尤其当它们用吸收的短期存款的资金来为长期投资项目提供贷款时。这种行为增加了银行被挤兑的风险，当短期内大量储户要求取款时，银行不得不将其长期投资折价变现，引发损失，最终可能导致银行破产。他们认为，银行的挤兑是一种自我实现的过程，也就是银行挤兑发生的预期将会引发挤兑，这是由于当储户们认为其他人都会提前取款的时候，他们也将执行相同的行动。

在 Diamond and Dybvig(1983)的模型中，每个主体（这里就是银行储户）会遭遇到各种各样的短期流动性需求，例如个人的日常支付、企业偿还短期借款等。在没有外部资金供给的情况下，他们只能消费初始禀赋，而不能得到长期投资的收益。银行通过提供活期存款合同，使得对短期流动性有需求的人也能够得到长期收益。银行这么做，不是没有依据的，因为在所有主体中，有短期消费需求的主体所占的比例是可预测的，根据大数定律，所有储户不会同时支取。只要主体是出于自己短期内真正的需求而提前取款，活期存款合同就可以通过安排所有的短期资金和长期资金来提升整个社会的福利。因此，银行可以在不同的主体之间进行风险共担，而这些主体在事前并不知道自己是否有短期流动性需求。与此相对应，如果所有主体都提前取款，就会引起灾难性的挤兑。当形成银行会破产的信念时，每个主体的理性行为就是挤兑，原本不打算挤兑的人，发现周围的人都在挤兑时，他们也会加入其中。所以，银行挤兑是这一现象的一个均衡。

我们关注银行业危机的一个重要原因是，银行业的危机绝不仅仅局限于银行业自身，由于银行是现代金融的中枢，与实体经济密切相连，银行危机的传播还会引起很多其他行业的危机，从而引发系统性危机。大量的文献对于银行危机的传染有详细的描述。Allen and Gale(2000b)以及 Lagunoff and Schreft(2001)展示了由于银行间错综复杂的联系而使危机如何传染的。每家银行面临着其他银行不同的流动性需求，从而有效地提供风险共担的功能。然而由于银行间的联系，使得一家银行内部的冲击会外溢，即传染危机。Dasgupta(2004)使用全局博弈的框架扩展了这个模型。他通过考虑银行间可能的不良状况的传播，分析了最优保险合约。Goldstein and Pauzner(2004)认为危机之所以会传染，是由于投资者投资于不同银行而形成的一个共同的资金池。一家银行的倒闭会引发投资者的损失，从而变得更加风险规避，所以他们更有可能挤兑。Kyle and Xiong(2001)和 Kodres and Pritsker(2002)分析了相关的模型,认为危机通过资产传播是由于投资者持有的不同资产组成的资产组合失衡所致。

对于银行危机的解决,Diamond 和 Dybvig 于 1983 年提出了存款保险制度的概念。但 Ronald McKinnon 认为,由于存款保险制度的存在,以及政府和金融监管部门在关键时候扮演"最后贷款人"的角色,一方面会使银行产生道德风险,从事具有更高风险的投资,增加了存款人受损害的可能性;另一方面,存款者也会不对银行实施监督。世界银行和 IMF 对 65 个国家在 1981～1994 年间发生的银行危机做的计量测试也表明,在设有存款保险制度的国家,发生危机的概率要高于没有设立存款保险制度的国家。中国目前尚未实行存款保险制度,银行体系内实行的是隐性存款保险制。近年来,中央银行不断表态要尽快推行存款保险制度,保障储户的合法权益。这一过程中,存款保险制可能引发的道德风险和逆向选择不能不引起我们的重视。

5.2.2 金融危机的传染

自 20 世纪 90 年代以来,接连爆发了 1992 年欧洲汇率机制危机、1994～1995 年墨西哥金融危机、1997～1998 年亚洲金融危机、1998 年俄罗斯金融危机、1998～1999 年巴西金融危机、2001 年阿根廷金融危机、2007～2009 年美国金融危机和全球金融危机。因此,这些金融危机在国家间的传染机制理论问题成为国际经济学领域的热点和前沿课题。

所谓国际金融危机的传染(international financial contagion),一般是指金融危机在国家之间的传播。"传染"一词脱胎于原来的"传播或传导"(prop-agation)。关于金融危机的传染性研究,学术界通常将其归纳为 6 种,即"概率说"、"溢出说"、"净传染说"、"过度联动说"、"极值说"和"折中说"。

5.2.2.1 概率说

"概率说"是最早定义的传染性。Gerlach and Smets(1995)将传染定义为一国货币遭受投机攻击后导致他国货币受投机攻击压力增加的现象,Gold-stein and Pauzner(2005)等人进一步明确地将传染定义为投资者从一国撤资而导致他国危机发生概率的增加。这种传染定义最为宽泛。但是,遭受货币攻击可能性增加的国家并不必然发生危机,因而不能说明一国的货币危机是否传染到其他国家。

5.2.2.2 溢出说

"溢出说"是对"概率说"的修补和完善。"溢出说"强调传染源(危机起源国,Ground Zero)与传染对象(被传染国)之间的冲击溢出效应。Pritsker 将传染定义为一国危机对他国的冲击。产生冲击的原因是危机传染国与被传染国之间实体经济联系或者金融存在联系。Calvo(1988)、Calvo and Mendoza (2000)把这类危机的传染称为基本面传染,Masson 则称之为"溢出效应"。

5.2.2.3 净传染说

"净传染说"对传染进行了较为精确的界定。Kaminsky and Reinhart (1999)明确区分了"溢出"与"传染",从行为金融学角度对传染进行了界定,认为危机传染与传染源国、被传染国的宏观经济基本面无关,而仅仅是由于投资者或其他经济人的行为导致危机在国家之间的蔓延,并将之称为"净传染"。虽然"溢出说"和"净传染说"强调的传染渠道不同,但二者有一个共同的前提,即被传染国受到了传染源国的冲击并且发生了危机,这也是"溢出说"和"概率说"最大的区别。

5.2.2.4 过度联动说

"过度联动说"由 Forbes 和 Rigobon 提出,他们将传染定义为一国(或一区域)所引发的冲击造成他国与该国市场联动趋势的显著上升(或增加)。按照这种定义,贸易联系和金融联系造成的市场联动性可以用实体经济的相互依赖(real interdependence)来解释。除此之外的联动性增加解释为是由传染造成的,是真正的危机溢出效应。与溢出说相比,这一定义更为精确,因而在实证研究中被广为应用。

5.2.2.5 极值说

Chan-Lau 的"极值说"将传染定义为可观测到的各国金融市场之间同时实现高额收益概率的增加,而非金融市场之间联动性的增加,认为只有各国金融市场收益率极值同时出现时,才能说明危机从一国蔓延到了他国,因为收益率极值出现是金融泡沫或破灭或发生流动性逆转的标志。

5.2.2.6 折中说

Dasgupta(2004)最先提出了"折中说",他从宏观和微观结合的视角,将传染定义为一地区、一国或者某金融机构发生的危机向其他地区、国家或者金融机构蔓延的过程,这种定义是在世界银行定义(2000 年)的基础上从宏观领域到微观领域的扩展,也为研究危机传染的微观机制提供了基础。

5.2.3 货币危机理论

金融危机在国际间呈现的最典型的形式就是货币危机,特别是 1998 年亚洲金融危机,更是让很多中国人第一次接触到了"金融危机"这个词汇。历史上,金融危机常常是一国在货币市场上遭到巨大冲击,然后通过其他多种途径传播到该国以外的其他金融市场和实体经济领域。近年来,欧元区危机程度的加深与欧洲央行试图维持货币共同体的意图有密切的联系。本部分将回顾货币危机理论的发展，以及货币危机与银行恐慌及信贷市场摩擦之间的联系。

货币危机源于政府试图维持某种金融或货币协议——特别是固定汇率制。这样，会引起投机者对固定汇率制的攻击，最后引起金融危机。

为了准确理解货币危机源头，需要首先了解国际金融中基本的三元悖论（克鲁格曼三角）。通常一国政府的目标有：①资本自由流动；②货币政策有效；③维持固定汇率。但实际上，政府最多只能维持其中两个政策目标。政府如果要维持货币的固定汇率和资本的自由流动，中央银行就会失去利用货币政策影响经济的能力，从而诸如利率、基础货币等政策工具都无法使用。这是因为，当资本自由流动时，由于利率平价关系，本国的利率水平要由国际利率水平来决定，而基础货币则是由货币需求预先决定的。当前，欧元区各成员国就面临着这样的问题。为了控制国内的利率水平和货币供给，中央银行必须让本国货币汇率自由浮动。美国就是这样做的。如果中央银行希望维持本国汇率稳定，同时有效控制货币，那么应该像中国政府一样限制资本的自由流动。

如果一国希望维持固定汇率并允许资本自由流动，但同时由于财政收支不平衡或者金融机构的脆弱性，需要自主地使用货币工具来解决这些问题时，货币危机就会发生。我们通常把货币短时间内大幅度贬值这种现象称为货币危机。货币危机的发生对整个金融体系和实体经济都有巨大的影响，因为经济中的主体过去所有的经济活动都是依赖于固定汇率制，而现在不得不去适应这种突然而未能预见的巨大变化。

5.2.3.1 第一代货币危机模型

第一代货币危机模型源于一系列固定汇率制度的崩溃，特别是 20 世纪 70 年代布雷顿森林体系的失败。

Krugman(2000)的模型阐述了这样一种情况：政府试图维持固定汇率，但同时又要弥补财政赤字，使得外汇储备不断损失。这两种政策具有内在的不一致性，最终会导致中央银行的外汇储备遭受攻击，结果，政府放弃固定汇率制度。

Krugman(2000)的模型建立在中央银行的资产负债表上，t 时刻资产由本国资产 $B_{H,t}$ 和以本币计价的外国资产 $S_t B_{F,t}$ 构成，其中 S_t 表示汇率。中央银行的负债主要由央行发行的基础货币 M_t 构成。

模型中，由于财政收支不平衡，本国资产始终以一个内生固定的增长率 $\mu = (B_{H,t} - B_{H,t-1})/B_{H,t-1}$ 增长。由于资本自由流动，满足利率平价：$1+i_t = (1+i_t^*)S_{t-1}/S_t$，其中 i_t 代表本国利率水平，i_t^* 代表外国利率水平。同时，基础货币供应量要等于货币需求 $L(i_t)$，且货币需求随着 i_t 的增加而减少。

由于固定汇率制$(S_t = S_{t+1} = \bar{S})$与资本自由流动和财政不平衡的不一致性，使得央行国内资产部分不断增加，而货币供给由货币需求$L(i_t^*)$固定。因此，中央银行为了应付财政的需求，将下调本国利率水平，而这会推动汇率水平的上升（本币贬值）。为了防止本币贬值，央行会通过减少外汇储备的方式干预外汇市场，于是，$S_t B_{F,t} = \bar{S} B_{F,t}$，减少的幅度正好等于$B_{H,t}$增加的幅度，而基础货币不变。

由于中央银行的外汇储备是有限的，央行干预外汇市场的过程不能一直进行下去。当外汇储备耗尽的时候，中央银行只能够放弃固定汇率制度。

下面说明在本国资产达到什么样的水平时$B_{H,t} = B_{H,T}$以及何时（T时刻）固定汇率制会崩溃。Flood and Garber(1984)指出，当影子汇率（是指能正确反映外汇真实价值的汇率）与政府宣布钉住的固定汇率相同的时候，政府就会放弃固定汇率。在这一点，由于中央银行的外汇储备已经所剩无几，投机者就会攻击本国货币，迅速耗尽外汇储备，导致汇率短时间内大幅下跌。

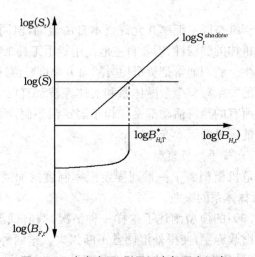

图5—1 产出水平、影子汇率与固定汇率

总的来说，第一代货币危机模型意在说明，货币危机的爆发是由于政府的货币政策与固定汇率制度之间的冲突。当政府实施扩张性的货币政策时，本国的货币供应量就会增加，外币的影子汇率上升即本币贬值。这样，理性的投资者都会选择抛售本币、持有外币，以避免由于本币贬值而造成的损失。另一方面，中央银行为了维持固定汇率制度，会以固定汇率卖出外汇，本国的外汇储备不断减少。这一过程会持续到本国外汇储备消耗殆尽，此时也就是固定汇率制度崩溃的时刻。在实际中，市场的投机者则会加快这一进程，因为投机者在判断政府外汇储备已经所剩不多的时候,就会开始主动进行投机性攻击,从而加速外汇储备的消耗。货币危机产生的根本原因是宏观经济政策不能与稳定汇率政策相一致。

Krugman 与其他学者一同拓展了第一代货币危机模型(又称理性攻击模型),他们将宏观经济变量的恶化看作货币危机发生的根本原因。这个模型比较好地解释了诸如拉美货币危机、墨西哥货币危机、阿根廷比索危机等。

5.2.3.2 第二代货币危机模型

第一代货币危机模型不能很好地解释 20 世纪 90 年代早期欧洲汇率机制(ERM)的失败。当时欧洲各国都在积极采取措施防止经济衰退,保持固定汇率,因此需要建立一个新的模型。模型中,政府的决策不同于第一代模型,是内生化的(Obstfeld,1994,1996)。在这些模型中,由于政府的政策是内生的,因此要做的不是制定最优政策,而是最大化某个预先给定的目标函数。这些模型通常的结果是存在自我实现的多重均衡:人们对于固定汇率制度将崩溃的预期会使得政府选择放弃固定汇率。这与 Diamond 和 Dybvig 关于银行挤兑引发银行危机的模型有一定的联系。

Obstfeld(1996)谈论了在一场货币危机中能够产生多重均衡的多种机制。这里讨论的其中一种机制,受到了 Barro and Gordon(1983)的启发。假定政府的目标是要最小化损失函数:$(y-y^*)^2+\beta\varepsilon^2+cI_{\varepsilon\neq0}$。这里,$y$ 是产出水平;y^* 是目标产出水平;ε 是贬值水平,模型中可以认为等同于通胀率。因此,政府需要找出合适的$(y-y^*)$和 ε,最小化这个损失函数。此外,第三项 $cI_{\varepsilon\neq0}$ 被认为是当政府放弃固定汇率时产生的固定成本,因为偏离固定汇率可能会对本国贸易及其他一些方面产生影响。

总的来说,当决定贬值率的时候,政府要权衡贬值带来的成本和收益。成本来源于 $\beta\varepsilon^2$ 和 $cI_{\varepsilon\neq0}$,而收益来源于$(y-y^*)^2$,因为政府可以通过创造通胀来增加产出,从而缩小实际产出和目标产出水平的差距。

通胀和产出的关系可以用菲利普斯曲线来解释。由于产出水平满足:

$$y=\overline{y}+\alpha(\varepsilon-\varepsilon^e)-u$$

这里,$\overline{y}$ 是自然产出水平($\overline{y}<y^*$,即政府设置了较高的目标产出水平来克服经济的扭曲);u 是随机冲击;ε^e 是预期的贬值率/通胀水平,它是由模型中工资制定者根据理性预期内生确定的。这个模型告诉我们,当存在未被预期到的通胀冲击 $\varepsilon>\varepsilon^e$,可以通过减少实际工资和增加生产来使产出水平增加。

所以,政府无法承诺将维持固定汇率。如果政府这样做的话,只能令 $\varepsilon=0$ 来最小化损失函数。然而,由于并未承诺维持固定汇率,一个较大规模的冲击会导致政府同意贬值,并通过忍受信用程度的降低来获得收入的增加。回顾前面讨论的三元悖论,固定汇率和资本自由流动使得政府无法有效地运用货币政策增加产出,而足够大的冲击也会让本币大幅贬值。

上面的模型会产生多重均衡。一种均衡是,如果公司协商一致,决定制定一个较高的贬值率/通胀水平,那么政府就会采取措施使本币贬值得更多。如果公司只制定了一个较低的预期贬值率/预期通胀水平,那么政府偏离固定汇率的动机就会变小。因此,这种贬值是自我实现的。

这个模型与 Krugman(1979) 的模型相似,它描述了投机者如何通过攻击政府外汇储备,并使其维持固定汇率的成本变高的方式,来迫使政府放弃固定汇率。如果有大量的投机者攻击,政府的外汇储备会越来越少,越有可能放弃固定汇率。只有当其他投机者共同参与的时候,进行投机攻击才是有利可图的。因此,模型会产生多重均衡:一种是由于投机性攻击导致政府放弃固定汇率制度;另一种则是这些情况不会发生。

可以看出,第二代货币危机模型将政府看作是模型中一个十分重要的内生变量。因为,政府作为一个主体也会考虑维持固定汇率制度的收益和损失。

5.2.3.3 第三代货币危机模型

20 世纪 90 年代末期,一波金融危机席卷了泰国、韩国、印度尼西亚、菲律宾和马来西亚等国。这些危机的一个显著特征是:它们通常与固定汇率制度的崩溃、资本外流、金融机构的倒闭和信贷市场的萎缩相关。因此,很多学者认为,前两代货币模型很难对这次危机做出很好的解释,急需将银行恐慌和信贷摩擦纳入这些模型。这使得学者们将研究扩展到了货币危机和银行业危机的相互作用(即共生危机),以及货币危机和信贷市场摩擦的相互作用上。在这种研究框架下,需要将前两代货币危机模型与银行恐慌、信贷市场摩擦联系起来。

Krugman(1999)所提出的模型是第一批阐明这些联系的模型之一。在他的模型中,公司遭遇资产和负债的货币错配:资产以本币计价,负债以外币计价。本币实际汇率的贬值会导致负债价值相对于资产价值增加,使公司的资产负债表情况恶化。由于信贷市场存在摩擦,这种资产负债表的恶化将导致公司可借的资金减少,从而减少投资。Krugman(1999)的创新之处是,他认为投资的减少会导致货币贬值。这是因为外国对本国市场的投资减少意味着对本国商品的需求将会减少,相应地,对外国商品的需求也将减少,这会导致本币实际汇率的贬值。因此,经济系统会有多重均衡,可能是经济高涨、本币升值、资产负债表平衡,或者经济低迷、本币贬值、资产负债表失衡。其他沿着这条路线进行研究的有 Aghion,Bacchetta and Banerjee(2001),Caballero and Krishnamurthy(2001),以及 Schneider and Tornell(2004)。

另一条研究线路是将货币危机与前一部分中提到的银行挤兑相联系。Chang and Velasco(2001) 以及 Goldstein(2005)的模型描绘了银行挤兑和投机者攻击货币的恶性循环。一方面,本币即将崩溃的预期会恶化人民对于未来的看法,当他们同时持有外国负债和本国资产的时候,就会产生挤兑行为;另一方面,银行系统的崩溃会使得资本外流,从而减少了政府的外汇储备,更容易吸引投机者攻击本国的货币。

5.3 系统性与区域性金融风险案例

5.3.1 国际区域性金融风险案例

美国"汽车之城"底特律的破产案,是典型案例的区域性金融危机。

2013 年 7 月 18 日,素有"汽车之城"美誉的美国底特律负债超过 180 亿美元,正式申请破产保护,成为美国迄今为止申请破产保护的最大城市。

底特律位于美国中西部密歇根州,是美国三大汽车制造商所在地,享有"汽车之城"美誉。随着航运、造船以及制造工业的兴起,底特律自 19 世纪 30 年代起稳步成长。1896 年,亨利·福特在麦克大道他租用的厂房里制造出了他的第一辆汽车。1904 年,福特 T 型车下线。在福特与其他汽车先驱者威廉·C.杜兰特、约翰·弗朗西斯·道奇和霍勒斯·埃尔金·道奇兄弟、沃尔特·克莱斯勒等的共同努力下,底特律慢慢成为世界汽车工业之都。工业的发展吸引了来自美国南部的大量居民,使得底特律的人口数量在 20 世纪上半叶急剧增长。

然而,进入 80 年代以后,随着美国汽车业竞争力的下降和国际汽车工业的竞争加剧,底特律的危机逐步显现。据资料显示,底特律长期依靠借债和拖延发放养老金等方式应对财政困难,其负债规模达 185 亿美元,财政赤字高达3.26 亿美元,而底特律 2013 年财政收入不过区区 12.21 亿美元。此前的2006 年,底特律市政府的财政赤字已经上升到 1.73 亿美元,2008 年突破 2 亿美元大关,达到 2.19 亿美元,2009 年更上一层楼,为 3.31 亿美元。

由于整个城市严重依赖汽车业,而美国汽车业却不断衰退,城市人口大规模迁移,这导致了底特律财政收入不断恶化,入不敷出,唯有依靠举债度日。政府财政收入只能用于维持政府机构正常运转、支付政府雇员薪水和福利,维持退休雇员的养老金也是一笔不小的支出,市政、民生项目无法进行。底特律有将近 150 亿美元的长期债务无力支付,逐渐陷入无政府状态。而政府为了继续支付,只能靠发行公债的方式进行,最终导致不可持续,政府宣布破产。

底特律的破产原因大致有以下几点:

一是产业结构过于单一。"汽车之城"曾经之所以辉煌,都是拜美国发达的汽车工业所赐,通用、福特和克莱斯勒三大美国本土汽车公司巨擘都将总部设于此。20世纪初汽车制造业的兴盛,再度推动底特律进一步发展成为美国第五大城市。到20世纪50年代的鼎盛时期,拥有近200万的人口。汽车工业成就了"汽车之城"的美名,也加重了底特律对于汽车业的依赖,底特律全市80%的GDP均由汽车产业吸纳。汽车业发展势头良好的时期,将这个问题掩盖住了;而随着欧系、日系汽车的大举入侵,以及石油价格的节节攀升,笨重、油耗大的美国车逐渐被人们抛弃,美国汽车行业逐渐衰弱;到了2008年金融危机时,美国汽车业三巨头均遭受重创,底特律的经济也受到了很大的影响。

二是沉重的债务负担,财政收入与债务增长已陷入恶性循环。高额的养老金费用、居高不下的犯罪率,所有这些都使得底特律整个城市的公共开支十分庞大。2012年,底特律市财政支出26.45亿美元,主要用于自来水、污水处理等市政公用事业及公共安全支出,其中2012年长期债务利息支出为1.29亿元,占全部财政支出的5.30%。由于近年来底特律市财政收入呈下降趋势,使得政府拥有的公共资源不足以满足其市政公共服务支出,出现连年赤字,2012年实际财政赤字规模3.43亿美元。持续的赤字使得底特律市债务规模庞大,2012年6月末底特律市长期债务149.94亿美元,其中退休人员养老金及医疗负债规模较大,至申请破产日底特律长期债务已超过180亿美元,债务增长速度远超财政收入增长速度,债务负担沉重。在财政赤字和债务不可持续的情况下,底特律只能选择破产。

三是过于倚重汽车产业,财政收入单一。整个底特律80%的经济依靠汽车业,单一的产业结构造成了财政收入来源的单一。当美国汽车业兴旺发达的时候,财政收入直线上升;而如今美国汽车的国际竞争力不断下降,财政收入也就自然受到了巨大的打击,而孱弱的财政实力自然难以撑起巨额的负债。

四是人口急剧下降。从2000年到2010年的10年时间里,底特律的人口下降了25%。由于经济的萧条、治安环境的恶化,导致人口不断迁出;另一方面,劳动力人口的下降又导致了汽车产业更严重的退化,同时也使得财政收入进一步缩水。

底特律的破产在美国并不鲜见,在过去的30年中美国已经有超过200个城市申请了破产保护,2008年次贷危机爆发后,由于房地产市场泡沫的破裂,直接冲击了许多城市的地方财政收入,有42个地方政府依照《美国破产法》申请破产保护,只不过底特律是这些城市中规模较大的一个。之所以美国的反应如此平静,主要有以下几点原因:第一,美国地方政府债务主要是由机构投资者持有,而非以全体国民的税收兜底,这样一来,即便是债务违约和重组,也不会对国民造成重大影响;第二,美国是联邦制国家,各州之间以及州内各地方政府间财政具有封闭性、碎片化运营的特点,地方政府的破产不会冲击地方其他城市以及其他州。底特律的破产不仅没有波及整个密歇根州的经济,甚至没有影响大底特律都会区。事实上,财政困难、无力偿债的地方政府申请破产保护,不仅可以通过债务重组来注入新生力量、消除债务问题,从而避免区域性、系统性风险,还可以给地方政府和机构投资者一次反思的机会。

5.3.2 国内区域性金融风险案例

在中国,地方政府债务通常并不直接导致债务危机。由于中国当前的政治制度安排,使得中央政府隐性对地方政府债务担保。如果地方政府的债务负担过大,面临违约风险,则中央政府将不得不代偿债务。

但是,中国企业的债务可以是全国各地普遍存在的区域性金融风险。2012年,中国债券市场因为山东海龙而变得不平凡,从无法兑付到最后的峰回路转,在"11海龙CP01"事件中,我们可以看到中国债券市场目前暴露出来的一些问题。

山东海龙股份有限公司始建于1986年,于1996年12月在深证交易所挂牌上市,是山东省潍坊市的一家纺织公司。海龙于2011年4月在银行间市场发行了"11海龙CP01"(证券代码:1181180)的短期融资券,金额为4亿元,期限1年,票面利率5.8%,到期日为2012年4月15日,主承销商为恒丰银行。当时,联合资信对山东海龙与"11海龙CP01"分别给予A+和A-1的评级。

截至2010年年末,联合资信公司都是对山东海龙主体持稳定评价,信用等级为A+;到了2011年6月,联合资信宣布将山东海龙列入信用评级观察名单;9月,山东海龙主体长期信用等级由A+降至A-,"11海龙CP01"的信用等级由A-1降至A-2;12月,联合资信又将山东海龙的信用降至BB+,将"11海龙CP01"信用降至B;2012年2月,联合资信公告称,将ST海龙主体的长期信用等级由BB+降至CCC,同时将"11海龙CP01"的信用降为C。

联合资信之所以持续对山东海龙及"11海龙CP01"做出降级的评价,原因是海龙公司的经营业绩和财务状况持续恶化。据ST海龙公告,2012年3月2日至12日,公司因资金紧张,新增逾期贷款1.49亿元,目前公司逾期贷款总计7.21亿元,占最近一期经审计净资产的456.64%。不仅如此,多家银行已经将ST海龙及其子公司告上了法庭。ST海龙此前还公布2011年全年预计亏损高达10.02亿元。ST海龙同时还披露,拟对控股子公司山东海龙龙昊化纤有限公司破产清算,原因是该公司"长期停产,不能清偿到期债务,并且资产不足以清偿全部债务"。这意味着,ST海龙的破产整顿或已开始。

到了2012年4月9日,山东海龙在中国货币网刊登了关于"11海龙CP01"的兑付公告,以保证"11海龙CP01"兑付工作的顺利进行,方便投资者及时领取兑付资金。根据公告,托管在中央国债登记结算有限责任公司的债券,其兑付资金由中央国债登记结算有限责任公司划付至债券持有人指定的银行账户。此外,债券付息日或到期兑付日如遇法定节假日,则划付资金的时间相应顺延。债券持有人资金汇划路径变更,应在兑付前将新的资金汇划路径及时通知中央国债登记结算有限责任公司。因债券持有人资金汇划路径变更未及时通知中央国债登记结算有限责任公司而不能及时收到资金的,发行人及中央国债登记结算有限责任公司不承担由此产生的任何损失。

据披露,截至2012年4月10日,山东海龙因资金紧张逾期贷款累计9.2亿元,占最近一期经审计净资产的582%;同时,该公司预计2011年净亏损逾10.2亿元。山东海龙是一家治理混乱、经营巨亏的公司。在海龙事件中,主承销商恒丰银行要承担最大的责任,因为海龙短融项目最早由主承销商推荐和申报,此后恒丰银行更是擅自更改募集资金用途。当山东海龙无法履行按时偿还债务责任时,主要是恒丰银行提供的流动性资金帮助山东海龙偿债。

从本质上看,海龙短融事件是一起单纯的信用风险事件。"11海龙CP01"的如期兑付,政府用纳税人的钱帮助企业偿还债务。单纯的企业债务转换为政府责任,政府为国企债务担保,最终可能使国有企业的债务隐性成为地方政府债务。这也说明中国债务风险与债务危机与发达国家存在巨大差异。

虽然山东海龙最终并未违约,但对中国债券市场发展则十分不利,可以说是一个重大的风险因素。债券市场如果不能建立完善的信用违约机制,越来越多本来不具有资格筹资的企业将会涌入这个市场,不断地累积风险,当这些风险最终爆发的时候,后果将会极其严重。短期来看,避免违约可以提高投资者的风险偏好,有利于中低评级债券,特别是城投债的发行,使得高风险债务能够按照低风险债务发行融资,在债券市场积累债务风险,很可能在将来导致债务危机。

除了企业本身的因素外,信用评级机构也是中国债券市场中巨大的风险因素。目前,中国债券市场信用评级普遍偏高,这反而让投资者无法区分企业真正的信用等级,久而久之会导致市场丧失对信用评级机构的信任。信用评级机构也就很难成为债券市场风险识别的独立第三方,使得债券市场结构有缺失。

5.3.3 国际系统性金融危机案例

1997 年爆发的亚洲金融危机破坏力不可谓不大,是系统性金融危机的典型。第三代货币危机的典型例子就是东南亚金融危机。1997 年爆发的东南亚金融危机,不仅席卷了泰国、韩国、马来西亚等国家,使这些国家的货币严重贬值、经济萧条,也波及了亚洲以外的区域。

亚洲金融危机是从泰国蔓延开的。20 世纪 90 年代中前期,亚洲被认为是当时世界上最大的新兴市场。包括泰国在内的很多东南亚国家和地区,大量从海外银行和金融机构借入中短期贷款,泰国的外债甚至一度高达 790 亿美元。利用这些外债,泰国建起了外表光鲜而内部却空无一人的办公楼,韩国建立起了远超自己市场容量的汽车生产能力。

这种经济发展模式不具有可持续性。进入 1997 年后,泰国国内经济疲弱,出口下降,外汇储备减少,泰铢汇率偏高;但另一方面,泰铢却与美元固定汇率,这便给了国际投机资金以可乘之机。由索罗斯领导的“量子基金”乘势进入泰国,大量卖空泰铢,希望借此迫使泰国放弃长久以来坚持的与美元汇率挂钩的固定汇率制度。

开始时,泰国政府毫不示弱,不惜血本以强硬手段进行对抗,在短短几天内耗资 100 多亿美元吸纳泰铢,但却徒劳无益。泰国政府不当的干预手段反而被金融大鳄们利用,他们不断散布谣言,说泰国政府束手无策,一时间泰国金融市场被搅得一潭浑水、阴云翻滚。1997 年 7 月 2 日,苟延残喘的泰铢终于崩溃。泰国宣布实行泰铢浮动汇率制。当天,泰铢兑换美元的汇率即一路狂跌 18%,外汇及其他金融市场一片混乱,泰国金融危机正式爆发。

对那些依赖外国资金进行生产并用泰铢偿还外债的泰国企业来说,这无疑是一个晴天霹雳。泰国的老百姓也如惊弓之鸟,挤垮了银行 56 家,泰铢贬值 60%,股票市场狂泻 70%,泰国人民的资产大为缩水。

金融危机在一夜间席卷亚洲,泰国金融危机像瘟疫一样传染到东南亚各国,在泰铢急剧贬值的影响下,菲律宾比索、印度尼西亚盾、马来西亚林吉特相继成为国际炒家们的攻击对象。7 月 11 日,菲律宾对比索的大规模干预宣告失败,决定放开比索与美元的比价,比索开始大规模贬值。8 月,马来西亚放弃保卫林吉特的努力。一向坚挺的新加坡元也受到冲击。印度尼西亚虽是受

图 5—2　泰铢汇率(USD/THB)

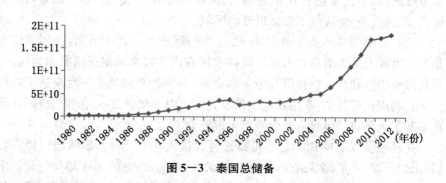

图 5—3　泰国总储备

"传染"最晚的国家,但受到的冲击最为严重,8 月 23 日,印度尼西亚盾贬值至历史低点,甚至不得不向国际货币基金组织提出财政援助。11 月中旬,韩国也爆发金融风暴,17 日,韩元对美元的汇率跌至创纪录的 1 008∶1。韩元危机也冲击了在韩国有大量投资的日本金融业。1997 年下半年,日本一系列银行和证券公司相继破产。于是,东南亚金融风暴演变为亚洲金融危机。

5.3.4　银行业危机

2013 年塞浦路斯银行危机的爆发使欧元区再次成为世界关注的焦点。这是近年来所发生的一起典型的银行业危机。塞浦路斯银行业危机不仅危及本国经济,也对欧洲金融体系造成了巨大的威胁,尽管塞浦路斯的经济规模仅占整个欧元区的 0.2%,但却触发了欧元区新一轮的混乱。这里对这场危机作简要的介绍。

从时间上看,塞浦路斯银行业危机承接由希腊引发的欧洲主权债务危机,是欧债危机的延续。2012 年 6 月,塞浦路斯向欧元区提出救援计划,成为欧元区第五个提出救助要求的国家,但这一举动却迟迟未得到回应;在 2008 年希腊主权债务危机的影响以及塞浦路斯政府超过 60% 的主权债务的偿债压力之下,新一届塞浦路斯政府再次向俄罗斯政府、欧洲央行、欧盟委员会和国际货币基金组织提出救援计划。为了完成四方协议,获取 100 亿欧元的援助,塞浦路斯政府于 2013 年 3 月 16 日拟以向该国银行征税的方式筹集 58 亿欧元的资金。正是这一举动引发了储户的大规模恐慌,引发了恶性挤兑的现象,塞国的银行危机就此拉开大幕。

从历史上看,塞浦路斯银行危机可以追溯至 20 世纪 90 年代。苏联解体之后,俄罗斯本国政治、经济环境动荡,大量资金流出本国。塞浦路斯由于低税率、免签证等一系列优惠政策吸引了俄罗斯的大量存款。自此之后,大量俄罗斯企业以及其他国家的企业纷纷在塞浦路斯设立空壳公司,海量的货币资本流向塞浦路斯。于是,塞浦路斯也就成了俄罗斯乃至世界各国金融寡头和富人们的避税天堂,而银行危机的隐患也就此埋下。

引发银行危机的另一大原因是塞浦路斯本国不合理的产业结构。由于国土面积、地理环境的限制,塞浦路斯本国工业规模较小,而 20 世纪 70 年代希腊与土耳其的战争则毁坏了塞浦路斯近半的基础性产业,这导致塞浦路斯无法像其他国家一样,以第二产业作为本国的主导产业。塞浦路斯本国的经济结构中,银行业占了极其重要的地位,其 GDP 40% 的份额都由金融业贡献。在塞浦路斯加入欧盟之后,欧洲央行对于塞浦路斯本国银行的监管不到位,致使塞浦路斯银行业发展至超出政府可掌控的范围。根据相关统计显示,希腊主权债务危机之前,塞浦路斯银行系统之内就已经有 1 520 亿欧元的风险资产。

2008 年,希腊主权债务危机爆发。由于希腊与塞浦路斯之间错综复杂的金融关系,塞浦路斯银行持有的希腊政府债券价值大幅度缩水,塞浦路斯第一大银行 Bank of Cyprus 和第二大银行 Popular Bank of Cyprus 合计共持有 58 亿欧元的希腊政府债券,仅仅这两家银行就遭受了巨大的损失;而塞浦路斯国内银行的一部分股份在希腊人的手中,希腊主权债务危机发生时,正值塞浦路斯是欧盟轮值国,为了救助希腊政府,塞浦路斯又再次增加希腊政府债券的持有量。另一方面,政府财政收入不足以满足政府的支出,政府的负债水平较高,面临着还本付息的压力。

在这次危机中,三大国际评级机构起了一定推波助澜的作用。2011 年 1 月至 2012 年 3 月间,穆迪、标普、惠誉三大评级机构对塞浦路斯的评级不断下滑;而 2012 年 6 月 15 日塞浦路斯向欧元区提出援助计划的当天,其信用评级再次遭到下调;2013 年,塞浦路斯被评级机构评为垃圾级。可以说,这完全断绝了塞国通过公开市场操作募集资金。为了筹集 58 亿欧元的资金,塞浦路斯只好拿银行系统的存款开刀,由此引发了挤兑风波。

表5—2　　　　　　　　　三大评级机构对塞浦路斯信用评级的变化

穆迪			标普			惠誉		
调整日期	评级	评级展望	调整日期	评级	评级展望	调整日期	评级	评级展望
12-03-13	(P)Ba1	负面	12-01-13	BB+	负面	11-12-16	BBB* −	负面
11-11-04	(P)Baa3* −	负面	11-10-28	BBB* −	负面	11-08-12	BBB	负面
11-07-27	Baa	负面	11-08-12	BBB+* −	负面	11-05-31	A−	负面
11-05-16	(P)A2* −	负面	11-07-29	BBB+	负面	11-01-17	AA	负面
11-02-24	(P)A2	负面	11-03-30	A−	负面			
11-01-13	Aa3* −	负面	10-11-16	A	负面			

资料来源:华泰联合证券宏观—欧债危机跟踪。

同时,塞浦路斯国内经济也受到欧债危机的负面影响。根据世界银行的数据显示,由于受到希腊主权债务危机的影响,塞浦路斯从2009年到2012年间,GDP增长率放缓,通货膨胀率上升,失业率逐年升高,政府债务负担也越来越重。

表5—3　　　　　　　　　　塞浦路斯经济指标变化

年　份	2008	2009	2010	2011	2012
GDP增长率	3.60%	−1.90%	1.10%	0.50%	−1.20%
通货膨胀率	4.40%	0.20%	2.60%	3.50%	2.80%
失业率	3.70%	5.40%	6.20%	7.80%	12.10%
债务占GDP比例	48.60%	58.30%	61.30%	71.80%	74.30%
财政赤字	0.90%	−6.10%	−5.30%	−6.50%	−3.70%

塞浦路斯银行危机的特点主要有:第一,政府的不作为,致使该国错过解决危机的最佳时机。在希腊发生主权债务危机的时候,正值塞浦路斯作为欧盟轮值国,由于其与希腊密切的关系,塞国不会对希腊的这场危机不闻不问,而正是这样才给塞浦路斯银行业带来灭顶之灾,导致政府收入下降、财政赤字;同时,塞浦路斯本国政府又面临换届,政客们为了自己的政治目的不敢正视政府财务困境,寄希望于欧元区的援助,错过了最佳的补救时机。第二,塞浦路斯银行业中,个人储户是该国储蓄的主体,而这个群体所持有的银行债券很少;同时塞浦路斯银行的存款利率实际水平很低,难以满足储户的投资需求。第三,银行体系中主要的国外资金都是由俄罗斯一国所有。塞国银行体系中,存款超过10万欧元的储户只占总数的2.7%,其中大多数是俄罗斯富人,本国居民的存款数额较少,因此在面临征税时,会产生较大的恐慌情绪。

这样,2013年3月19日的大规模挤兑事件也就不难解释了。

塞浦路斯本国的银行危机还引发了一系列的连锁反应。塞浦路斯本国的GDP只占整个欧元区的0.2%,为希腊的1/10左右(而希腊的GDP在整个欧元区较靠后)。看似微不足道,然而塞浦路斯的银行危机却引发了全球金融市场的一次蝴蝶效应。由于向欧洲央行请求救援无果,万般无奈下,塞浦路斯不得不向银行存款课税。正是这一消息引发了世界金融市场的巨大波动:2013年3月18日,就是塞浦路斯宣布征税政策的当天,日本股市随即结束了4年以来的高点回撤,日经指数下跌2.17个百分点;欧洲市场上,德国DAX指数下跌0.4个百分点,英国金融时报100指数下跌0.49个百分点;同日,道-琼斯指数下跌0.43个百分点。

与引发欧洲主权债务危机的PIIGS五国相比,无论是领土面积还是经济总量,塞浦路斯都可以忽略不计,但是塞浦路斯的银行危机却给欧元区带来了不可估量的损伤:首先,欧元区的经济一体化战略严重受阻,多年的努力有付诸东流的可能;其次,塞浦路斯银行危机使刚刚从次贷危机缓过来的欧元区重新陷入困境,经济复苏举步维艰;最后,塞浦路斯银行危机也动摇了一些有意加入欧元区的国家的信心,一些欧元区国家也开始质疑加入欧元区是否值得。

5.4 总结

中国社会主义市场经济体制在运行中,不可能消除不确定性,这意味着在中国一定会存在金融风险。相对于市场经济发达的美国、欧洲的政府,中国中央政府对微观经济主体的干预力度很大。中央政府既通过财政、税收政策扶持或打压特定产业,也通过产业政策限制或促进特定行业的发展。这样的干预活动,既可能是一个产业快速(超常规)发展的促进手段,也可能是一个产业产能过剩的因素。因此,中国中央政府的干预微观经济活动的行为,也可能是中国系统性金融风险的影响因素之一。

同样,中国的地方政府对地区经济活动有着巨大的影响力。地方政府对地区经济与金融活动的干预,可能是诱发区域金融风险的重要原因。地方政府在地方利益的驱动下干预金融活动,导致金融财政化的趋势,降低了金融资源的使用效率,使金融组织行政化,自身的约束能力、内控能力得不到有效提高。同时,政府干预形成的区域金融运行的封闭化和区域间的产业同构化弊端,增大了金融产业的经营风险,也影响了宏观金融调控目标的实现。

此外,值得注意的是,地方政府对金融活动的干预会增加道德风险。道德风险通常就产生于封闭的金融体系或新兴市场中官方提供的安全网。当区域内的金融组织与地方政府之间形成难以分割的关联网络时，地方政府就自然地承担了隐含的担保责任。区域内的金融组织会无所顾忌地涉足高风险投资项目，使大量银行资产价值收缩的风险越来越大，并且这种隐含的政策担保还会使人们对经济产生过于乐观的预期，产生过度借贷综合征。

地方政府的经济决策失误，特别是投资决策失误，也会形成或加剧区域金融风险。如果地方政府不能保证经济决策的科学性和有效性，对投资项目缺乏充分、必要的论证，导致决策失误，就会直接影响区域经济效益，在造成资源浪费的情况下，恶化区域资金短缺状况，延误区域经济发展，甚至导致企业及金融机构陷入严重危机。

中国发生系统性与区域性金融危机的表现也有与美国、欧洲发达国家不同的特殊之处。在社会主义市场经济制度下，不可避免地存在系统性金融风险，即在一定时间内，金融体系由于受到大规模冲击而无法持续有效运转的可能性。但是，相同的系统性金融风险导致的金融危机的表现可能与美国、欧洲发达国家有巨大差异。

由于中国实行的是社会主义市场经济，国有经济占主导地位，中国发生任何经济危机、金融危机，都会导致社会经济的动荡，带来国有经济的损失。如果在中国发生银行危机，由于银行的大股东通常是政府，银行的贷款主要是给国有控股企业，当银行资不抵债时，通常意味着国有资本价值大幅贬值。为了避免国有资本的继续损失，有可能减计商业银行债务，牺牲储户或其他债权人的利益，保护商业银行或国有企业。因此，在中国发生金融危机，承担金融危机损失的很可能是社会全体成员，银行与企业股东可能不是主要责任承担者。在法制健全的美国、欧洲，债务是刚性的，必须优先偿还。在中国，债务未必刚性，需要权衡社会福利损失与个人债务损失，有可能牺牲个人、保护社会。

与其他国家一样，区域性金融风险也广泛存在于中国。但是，由于中国中央政府与地方政府财政责任划分不清晰，同时，中国所有地方政府与中央政府都是中国共产党执政，在这样的政治制度安排下，中央政府的显性债务本质也是地方政府的显性债务。当中央政府出现显性债务危机时，地方政府不可能不分担部分责任。同样，如果地方政府发生显性债务危机时，中央政府必须予以援助。因此，在中国不可能发生类似欧美地方政府意义上的地方政府债务危机，也不会因为政府显性债务危机引发区域性金融危机。也就是说，在当前的中国不可能发生政府显性债务金融风险。

但是，对于中央政府与地方政府的隐性债务危机是否发生，需要看当时的中央政府与地方政府的财政状况与当时的政治、经济形势。因为，当时的政治、经济形势不同，中央政府与地方政府对隐性债务违约，存在相应的金融风险。

由于政府"招商引资"政策以及经济发展园区政策,中国许多地方形成产业集聚度很高的经济区域。例如福建的"鞋城",当这个行业面临困难时,导致地区性经济困难,与这些产业相关的金融服务业受牵连而产生金融风险与金融危机。这是中国特色的区域性金融危机。

参考文献

[1]国家审计署. 2013 年度全国政府性债务审计结果,2013-12-30.

[2]黄宁. 底特律破产危机:根源及对中国的启示[J].福建金融,2013(10).

[3]董小君,李宇航. 中国金融体系脆弱性与系统性金融风险[J].国家行政学院学报,2006(5).

[4]王信川. 区域性金融风险[N]. 经济时报,2013-7-16.

[5]马红霞,孙国华. 国际金融危机传染机制前沿理论问题探讨[J]. 国外社会科学,2010(3).

[6]郭春松,侯哲. 塞浦路斯银行危机及启示[J]. 中国金融,2013(19).

[7]王媛. 山东海龙短融技术性"违约"成定局 机构或豪赌外部支持[N]. 上海证券报,2012-2-17.

[8]董云峰. 海龙短融券危机背后:恒丰银行魅影[N]. 第一财经日报,2012-2-28.

[9]City of Detroit Comprehensive. Annual Financial Report,2011.

[10]City of Detroit Comprehensive. Annual Financial Report,2012.

[11]Lin,Tom C. W."A Behavioral Framework for Securities Risk", 34 *Seattle University Law Review*,2011,325.

[12]Aghion,Philippe,Philippe Bacchetta and Abhijit Banerjee. "Currency crises and monetary policy in an economy with credit constraints", *European Economic Review*,2001,45,1121—1150.

[13]Goldstein,Itay,Assaf Razin,Allen,Franklin,Ana Babus and Elena Carletti. *Financial Crises:Theory and Evidence*, June 8,2009.

[14]Allen,F. and D. Gale. "Financial Contagion", *Journal of Political Economy*,2006,108,1—33.

[15]Barro,Robert and D. Gordon. "Rules,discretion and reputation in a model of monetary policy",*Journal of Monetary Economics*,1983, 12,101—121.

[16]Caballero,R. and A. Krishnamurthy. "International and domestic collateral constraints in a model of emerging market crises", *Journal of Monetary Economics*,2001,48,513—548.

[17]Calvo,Guillermo. "Capital flows and capital-market crises:the simple economics of sudden stops", *Journal of Applied Economics*,1998, 1,35—54.

[18]Calvo,Guillermo and Enrique Mendoza. "Rational contagion and the globalization

of securities markets", *Journal of International Economics*, 2000, 51, 79—113.

[19]Chang, Roberto and Andres Velasco. "A model of financial crises in emerging markets", *Quarterly Journal of Economics*, 2001, 116, 489—517.

[20]Dasgupta, A. "Financial contagion through capital connections: A model of the origin and spread of Bank Panics", *Journal of the European Economic Association*, 2004, 6, 1049—1084.

[21]Diamond, D. and P. Dybvig. "Bank runs, deposit insurance, and liquidity", *Journal of Political Economy*, 1983, 91, 401—419.

[22]Eggertsson, Gauty and P. Krugman. "Debt, deleveraging, and the liquidity trap: A Fisher-Minsky-Koo approach", *Quarterly Journal of Economics*, 2012, 127, 1469—1513.

[23]Gerlach, Stefan and Frank Smets. "Contagious speculative attacks", *European Journal of Political Economy*, 1995, 11, 45—63.

[24]Goldstein, Itay. "Strategic complementarities and the twin crises", *Economic Journal*, 2005, 115, 368—390.

[25]Goldstein, I. and A. Pauzner. "Demand-deposit contracts and the probability of bank runs", *Journal of Finance*, 2005, 60, 1293—1327.

[26]Goldstein, Itay and Assaf Razin. "Review of theories of financial crises", NBER Working Paper, Series 18670, 2013.

[27]Kaminsky, G. and C. Reinhart. "The twin crises: The causes of banking and balance of payments problems", *American Economic Review*, 1999, 89, 473—500.

[28]Kodres, Laura and Matthew Pritsker. "A rational expectations model of financial contagion", *Journal of Finance*, 2002, 57, 769—799.

[29]Krugman, Paul R. "A model of balance-of-payments crises", *Journal of Money, Credit, and Banking*, 1979, 11, 311—325.

[30]Krugman, Paul R. "Balance sheets, the transfer problem, and financial crises", *International Tax and Public Finance*, 1999, 6, 459—472.

[31]Kyle, Albert S. and Wei Xiong. "Contagion as a wealth effect", *Journal of Finance*, 2001, 56, 1401—1440.

[32]Lagunoff, R. and S. Schreft. "A model of financial fragility", *Journal of Economic Theory*, 2001, 99, 220—264.

[33]Obstfeld Maurice. "The logic of currency crises", *Cahiers Economiques et Monetaires*, 1994, 43, 189—213.

[34]Obstfeld Maurice. "Models of currency crises with self-fulfilling features", *European Economic Review*, 1996, 40, 1037—1047.

[35]Schneider Martin and Aaron Tornell. "Balance sheet effects, bailout guarantees and financial crises", *Review of Economic Studies*, 2004, 71, 883—913.

6 中国政府债务风险

王栋梁　林正凯

6.1　2013 年中国政府债务风险分析

6.1.1　政府债务定义

6.1.1.1　国际定义

第二次世界大战后,随着凯恩斯主义的宏观经济政策特别是赤字财政政策的流行,政府债务和财政风险问题在许多国家经济发展的实践中逐渐显现。但是,西方经济学对这一问题所进行的研究和论述依然是相对贫乏和零碎的,特别是对或有负债及其造成的风险问题更是迟迟无人涉及。直到 20 世纪末,东南亚金融危机的爆发对财政形成了巨大的压力,使得人们才开始关注债务和财政风险问题。

1998 年以来,以 Hana Polackova、Allen Sehiek、Ashoka Mody 和 William Easteriy 为代表的经济学家开始从政府或有负债这一崭新的视角来系统地研究财政风险问题,并做出了突破性的理论贡献。世界银行高级经济学家 Hana Polackova 在 1998 年发表的世行政府研究工作论文《政府或有负债:一种对财政稳定性构成威胁的风险》(Contingent Government Liabilities: A Hidden Risk for Fiscal Stability),无疑是财政风险研究领域中一篇具有标志性意义的重要文献。在这篇论文中,Polackova 创造性地提出了财政风险矩阵的分析框架,比较系统和完整地阐述了政府的或有负债对财政稳定性构成的巨大威胁。另外,她还对捷克、马其顿、匈牙利、保加利亚、泰国、印度尼西亚等国家的或有债务问题做过专题的研究。2002 年,Hana Polackova 和 Allen Sehiek 又编辑出版了《风险中的政府:或有负债与财政风险》(*Government at Risk:Contingent Liabilities and Fiscal Risk*)一书,这本著作收集了近些年来关于政府或有负债与财政风险问题研究的十几篇重要文献,提出了不少有价值的看法。

国外许多学者从不同的角度对政府或有负债进行了研究,主要集中在以下方面:

(1)隐形债务的或有负债。

进入 20 世纪 90 年代后,西方经济学者将财务管理的理论运用到政府债务管理上来,开始注重政府债务与资产的对应关系,并且通过引进"隐形债务"的概念去分析公债问题。正像斯蒂格利茨(1993)指出的那样,政府债务融资并非完全用于消费性支出和转移支付,而是有相当一部分用于公共工程和基础设施投资,这便形成了政府所拥有的各种各样的"可再生性资产"。政府债务增加的同时,政府资产也在增加,增加的资产可以抵消部分债务。这一时期的债务理论,强调政府资产对债务的冲抵,并注意由此产生的净债务变化及其效应。

多恩布什、费希尔、哈维·罗森以及艾尔斯纳等人都对这一点予以了不同程度的分析。特别是普林斯顿大学经济系的哈维·罗森教授在其《公共财政》第三版中,不但指出了政府的有形资产,而且列举分析了政府"隐形债务"(由于政府承诺未来支付一定数额款项而产生的)问题。认为政府债务不仅仅是政府发行的债券,只不过类似社会保障之类的隐形债务可以通过一定法律程序予以取消,而狭义的政府债务则不具备这一点。在政府债务分析中引进政府有形资产和隐形债务的讨论,说明人们开始注重公共部门经济行为的效益。

(2)财政风险矩阵的或有负债。

Hana Polackova(1998)从政府负债的角度提出了著名的"财政风险矩阵"(fiscal risk matrix),她认为政府面临着四种财政风险,每一种风险从广义上都可以定义为负债。每种负债均具有以下四个特征中的两个:显性的(explicit)与隐性的(implicit)、直接的(direct)与或有的(contingent)。在从两个角度对政府负债做出划分之后,Hana Polackova 又进一步把上述四种政府负债进行了组合,从政府或有债务问题研究而得到了财政风险矩阵中反映出来的四种政府负债类型,即直接显性负债、直接隐性负债、或有显性负债和或有隐性负债。

直接显性债务是指特定法律或合同确定的政府债务，如国债、政府外债、政府拖欠的法定支出。直接隐性债务是指政府职能隐含应由政府承担的而又有支付缺口的债务，如社会保障基金缺口等。或有显性债务是指某一事件触发产生、按照法律或合同确定的政府债务，如政府担保的债务。或有隐性债务是指不具有法律和合同意义，但迫于公众压力，政府为了维持稳定而承担的债务，如商业银行破产倒闭债务、超大型的企业或重点工程债务。

（3）政府担保的或有负债。

Merton 等人从 20 世纪 70 年代就开始对政府担保进行深入研究。Merton 认为，"政府在发行担保的过程中同时也承担了或有债务"。Merton 把政府担保视为一种看跌期权。因此，不论是显性担保还是隐性担保，对于接受担保的经济主体而言都是具有价值的。在此基础上，Merton 利用期权定价模型对诸如联邦存款保险等形式的政府担保进行了定价，在政府担保的理论研究与实践方面都取得了开创性的成果。

这一方法也反映在其他方面担保的研究，George Pennacchi 讨论了政府为了推行养老金改革所承担的担保风险，并使用了期权定价的方法来评价政府的风险状况。Sweder van Wijnbergen 和 Nina Budina 运用期权定价的方法评价了保加利亚的政府外债担保的风险。

6.1.1.2 中国政府官方定义

按照《中华人民共和国审计法》规定和《国务院办公厅关于做好全国政府性债务审计工作的通知》（国办发明电〔2013〕20 号）要求，国家审计署于 2013 年 12 月 30 日发布了全国政府性债务审计结果公告。根据这个公告，国家审计署审计报告中将政府性债务分为三块：政府负有偿还责任的债务；债务人出现债务偿还困难时，政府需履行担保责任的债务（即政府负有担保责任的债务）；债务人出现债务偿还困难时，政府可能承担一定救助责任的债务。

政府负有偿还责任的债务是指需由财政资金偿还的债务，属政府债务；政府负有担保责任的债务是指由政府提供担保，当某个被担保人无力偿还时，政府需承担连带责任的债务；政府可能承担一定救助责任的债务是指政府不负有法律偿还责任，但当债务人出现偿债困难时，政府可能需给予一定救助的债务。后两类债务均应由债务人以自身收入偿还，正常情况下无需政府承担偿债责任，属政府或有债务。以上三类债务不能简单相加。

如图 6-1 所示，自 1990 年以来，中国历年的国债净发行额处于稳定增长中。但是，2010 年债务增加量远大于往年债务增加量，主要原因是为应对金融危机，2008 年 11 月中国政府出台的计划到 2010 年总共投入 4 万亿元进行

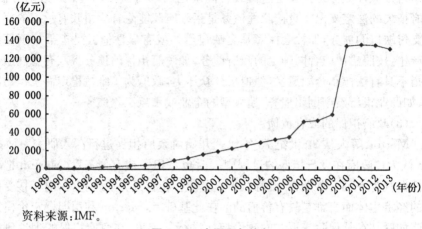

资料来源：IMF。

图6—1　中国历年债务

投资的投资刺激计划。

6.1.1.3　中国现状

　　或有负债包括通过政策、法规或合同的形式事先予以认可，当或有事件发生时，政府需要承担相应的支出责任。除此之外，政府还是一个公共主体。作为公共主体的职责是化解公共风险，维护公共利益。在既定的法律框架之内，当私人风险有可能转化为公共风险时，政府的责任和义务就突破了法定的边界，还需要承担起额外的责任和义务。这种风险经常以社会稳定性下降和经济的脆弱性加大等形式表现出来。这些责任和义务都是隐含的，并不由法律作出明确的规定。

　　因此，作为公共主体，政府面临两种类型的或有负债：一是法定的或有负债（或称为显性或有负债），二是推定的或有负债（或称为隐性或有负债）。前者最典型的例子是政府对企业债务提供的各种形式的担保，当债务人违约时，政府根据担保承诺，承担最终的债务清偿责任。后者的典型例子是政府为维持本国金融体系的稳定而承担支付责任。

　　中国中央财政对国有经济部门的担保构成了转型时期政府或有负债的主体。在经济转型开始后，随着中国人民银行转变为专职的中央银行，中国农业银行、中国银行、中国工商银行和中国建设银行先后建立或恢复，传统的大一统的金融体制格局被逐渐打破。中央政府转而开始依靠银行贷款的形式向国有企业注资，以国有专业银行为主导的信贷融资成为渐进转型时期最重要的投融资形式。财政和国有银行体系都成为政府为国有企业融资的手段。中国的国有经济部门由此形成了一个由财政、国有银行和国有企业组成的"三位一体"的基本结构。

我们通过以下几个方面来分析中央政府的或有债务：

（1）中央财政对中央银行的隐性担保。

中央银行承担着"最后贷款人"的职能，中央银行有义务为出现流动性困难的金融机构提供流动性支持。在处理金融机构关闭、破产，或者化解金融机构的支付危机时，中央银行往往要损失部分过去的老贷款或增加新贷款支持。因为财政部的开支事先需要提出预算，经过全国人民代表大会批准才可以使用，如果使用财政部的资金救援困境中的金融机构，资金使用的批准过程耗时很长，往往失去救援的时机。但是，中央银行的资金使用不需要全国人民代表大会批准，因此，中央银行随时可以使用自己的资金救援困境中的金融机构，中央银行代替财政部担任化解金融机构的支付危机的救助者。但是，从资金的最终所有权看，中国中央银行的钱（利润）最终一定要划归财政部，中央银行的钱等价于财政部的钱，中央银行借款的损失实际上等同于中央财政资助。

在处理金融机构关闭、破产，或者化解金融机构的支付危机时，中央银行往往给困境中的金融机构再贷款予以支持。正确的再贷款支持应该给那些出现流动性困难但仍应当具有清偿能力的金融机构，中央银行的再贷款对象不应该包含没有清偿能力的金融机构。金融机构是否具备清偿能力是中央银行对其进行干预和救助的先决条件。但是，当一国的银行体系出现危机时，政府部门往往很难判断这种危机是否是全局性的资不抵债危机，也不能肯定这种危机是否是暂时性的流动性危机。因此，中央银行很容易形成错误的判断，向已经丧失清偿能力的金融机构提供流动性支持，这在现实中成为一种经常的现象，造成了中央银行再贷款中大量的不良贷款。《金融资产管理公司条例》中明确规定了资产管理公司收购不良贷款的资金来源之一为划转人民银行发放给国有专业银行的再贷款，清楚表明了中央财政通过资产管理公司为中央银行提供担保的事实。再贷款的损失最终也将由政府预算来承担，中央银行的再贷款损失实际也属于中央财政损失。

（2）中央财政对政策性银行的隐性担保。

1994年，中国成立了国家开发银行、中国进出口银行、中国农业发展银行等政策性银行，希望实现社会主义市场经济条件下政策性金融与商业性金融的分离，弥补市场机制的不足，筹集和引导社会资金以支持国民经济发展，促进投资体制向调控间接化、决策多元化、投资方式多样化、资金配置市场化的方向发展。

中国政府债务风险

表 6—1 中国政策性银行

	中国进出口银行	国家开发银行	中国农业发展银行
资本	33.8亿元人民币	500亿元人民币	200亿元人民币
隶属	国务院	国务院	国务院
政策目标	为支持出口而执行国家的产业政策和外贸政策,为机电产品、成套设备等资本性货物进出口提供政策性支持	筹集和引导社会资金,支持基础设施、基础产业和支柱产业的建设和技术构造,控制和调节固定资产投资总量,优化投资结构,提高投资收益	贯彻国家农业经济开发政策和产业政策,筹集并集中管理农业政策性信贷资金,为农业发展提供综合性金融支持

由于政策性银行的政策属性决定了其贷款和投资大部分要投向自身经济效益差、社会效益好的基础产业、基础设施和具有社会公益性质的大项目,这些项目大多具有投资数额大、周期长、还款能力差的特点,在这些项目的贷款到期时,项目本身产生的现金流往往不能够归还借款的本金和利息。所以,政策性银行的贷款中有大量不良贷款,面临着大量贷款损失。

政策性银行由于其国务院的隶属性,其坏账损失直接影响到财政部的费用支出。所以,政策性银行的不良贷款导致的贷款损失形成了政府的或有负债,其贷款的损失最终也将由政府预算来承担,政策性银行的贷款损失实际也属于中央财政的损失。特别地,中国中央政府特许国家开发银行以国家信用发行债券融资,事实上在为国家开发银行的债务以国家信用进行担保,国家开发银行的债务是中国中央政府的隐性或有债务。

(3)中央财政对国有商业银行不良资产的担保。

如果有一个银行出现自有资本严重不足或资不抵债的问题时,就会出现银行的挤兑现象。而中国国有银行的最大股东是中国政府,国有银行也因此拥有国家信用,政府对国有银行的存款提供了隐性担保,普通居民储户对国有银行的安全性充满了信心。如果银行出现严重困难,政府会出面干预以保持银行的流动性,即使银行已经资不抵债,普通居民储户也不会去银行挤兑存款。因此,民间资本不断流入国有银行体系,国有银行能够在资本和资产状况严重恶化的情况下依然保持相当的流动性。政府对国有银行存款负债的担保构成了隐性负债。

从历史上看,国有银行在竞争中享受到国家的诸多支持,使国有银行过于依赖与政府的关系。1998年,财政部发行2 700亿元特种国债,并以此资金向国有银行注资,以提高国有银行的抗风险能力。针对国有商业银行的不良资产,1997年政府为国有商业银行冲销了坏账300亿元,1998年又冲销了400亿元。1999年,国家更是出资400亿元专门成立了四家资产管理公司——信达、东方、长城、华融来处理和剥离四家国有银行的不良资产,共向四大国有商业银行收购不良资产1.4万亿元,大大降低了国有商业银行的负债风险。2001年,财政部允许各银行在年终决算时自行核销一些风险损失。2003年年底,为了支持中国建设银行和中国银行海外上市,汇金公司以450亿美元外汇储备分别向中行及建行注入资本金225亿美元,使两行的资本充足率达到8%,顺利在海外上市。所以,国有商业银行的坏账影响到了国家政府的利益,当国有商业银行需要救助时,政府会为其提供资金解决危机,政府为国有商业银行的负债提供了隐性担保,国有银行的负债会成为政府的或有负债。

表6—2 政府对国有商业银行的支持

时间	机构名称	存在问题	处理方式
1997	四大国有商业银行	坏账比率过高	冲销坏账300亿元
1998	四大国有商业银行	坏账比率过高	冲销坏账400亿元
1998	四大国有商业银行	资本充足率低	发行2 700亿元国债
1999	四大国有商业银行	不良资产比率过高	成立四大资产管理公司
2004	中国银行和建设银行	资本充足率低	国家外汇储备450亿美元注资

(4)中央财政对国有企业债务的隐性担保。

政府是国有企业的实际拥有者,如果国有企业出现亏损,政府或者让企业破产,或者提供财政提供补贴,以维持企业运营。企业破产,则政府资产出现显性损失;政府为亏损企业提供财政补贴,政府直接支付现金。总之,政府一定要为国有企业的亏损负责。这说明政府为国有企业的亏损提供隐性担保。同样的道理,政府也为国有企业的债务提供隐性担保。

(5)中国财政对非银行金融机构的隐性担保。

除了国有商业银行,中国人民银行还参与了一些非银行金融机构的隐性担保。所谓"非银行金融机构",是指行使商业银行的功能、未受严格监管的机构。该领域包括保险公司、信托公司和所有其他正规银行渠道以外的放贷机构。由于非银行金融机构缺少监管的优势,所以非银行金融机构成为高风险融资的重要渠道。

非银行金融机构发放贷款的对象通常是被认为对传统银行来说风险过高的借款者,例如地方政府的非营利项目、房地产开发商、煤炭企业和其他受产

中国政府债务风险

能过剩拖累的企业。很多商业银行为躲避监管而与非银行金融机构合作的理财产品,本质上都是高风险信贷。如果出现危机,非银行金融机构的融资渠道将失去信用,政府融资受阻。所以,为了确保金融业的稳定性,避免挤兑使得融资渠道受阻,政府不得不出面解决,政府也为非银行金融机构提供了隐性担保。

例如最近中诚信托违约事件就是一个典型案例。

案例　中诚信托违约事件

参与方:这款名为"诚至金开1号集合信托计划"的参与方主要有振富能源、中诚信托、工商银行以及工商银行客户投资者。振富能源是融资方、资金借入者。中诚信托是资金的管理方,将计划的资金进行投资,放贷给振富能源以获得贷款收益。工商银行是该项计划的销售平台,中诚信托将该项计划作为产品通过工商银行的平台向工商银行的客户销售,进行项目融资。工商银行客户是最终的资金借出者,也是最终的投资人。

事件经过:"中诚信托·诚至金开1号集合信托"成立于2011年,振富能源创始人王平彦在2011年从中诚信托获得人民币30亿元资金。与中国其他所谓的信托公司一样,中诚信托并未使用自身资金投资王平彦的业务,而是从中国工商银行的客户那里融资,根据投资金额的不同,年回报率可能达到9.5%~11%。而当时中国央行允许银行提供的储蓄利率的上限为3%基准利率的1.1倍,最高也仅为3.3%,远低于该项计划的年回报率。因此,当时该项计划对投资者很具有吸引力。

但随着煤炭价格下跌,加之矿难不断和当地的抗议,导致王平彦旗下一些煤矿被迫关闭,他的资金不足以向债权人偿债。

2013年12月,中诚信托正式向其投资者承认,高达30亿元人民币的信托财产或无法如期兑付。

2014年1月31日,"中诚信托·诚至金开1号集合信托"将到期,而中国工商银行也拒绝为这款信托产品持有人提供补偿。中国工商银行董事长姜建清表示,该行不会向购买了这家银行所出售的一种基金产品并蒙受了相关损失的投资者提供补偿。姜建清在达沃斯世界经济论坛上接受采访时表示,投资者应以此为戒,了解金融市场上的"道德风险"。他表示:"中国工商银行不会刚性地向投资者提供补偿,我们并不负有那种刚性责任。"

事情结果:如果"中诚信托·诚至金开1号集合信托"无法刚性兑付,后果是可怕的,可能引发高风险信托项目的多米诺骨牌效应。媒体已经开始梳理风险较大的涉矿与涉房信托,一旦此次兑付落空,高风险涉矿涉房信托、激进的信托公司将难逃覆灭命运,信托资产规模将大幅缩水。不仅如此,从信托项目到其他理财产品,鉴于社会融资规模已经是 GDP 的两倍,如果出现非银行金融机构的挤兑,风险不堪设想。

这笔贷款将在 1 月 31 日到期。中央和地方政府需要决定是否允许该公司延期兑付,今年它们还需要做出许多类似的决定。地方政府 18 万亿元人民币的债务中有近 40% 的债务将在 2014 年到期,其中一大部分资金已用于房地产等投资交易。而由于房地产调控的影响,不少房地产开发企业融资渠道不畅,而房地产信托作为房地产开发投资资金来源之一,在银行信贷收紧、融资渠道收窄的情况下能作为银行信贷的有效补充。一旦信托业出现挤兑,将动摇投资者对此类产品隐性担保的担心,导致更多资金流出,引发"信贷紧缩"。政府和国有银行将不得不出手解决相当一部分坏债,以防止金融危机。山西省政府为了不让此事累及其他矿产融资的信誉,积极牵头,与相关部门组成了专门风险处置工作小组,从事各方协调工作,最终不得不为此事兜底。

除了中诚信托违约案,政府曾多次对非银行金融机构的财务危机支付费用。例如 1996 年 10 月,中国光大信托投资公司出现债务危机,不能支付到期债务,中央银行决定将 50 亿元的债权转为股权,从而避免了信托公司的倒闭。

6.1.2 政府救援

一旦发生金融危机,政府救援成为重要选项之一,政府救援行为必然使政府债务负担增加。中国实行与美国、欧洲不同的社会主义市场经济制度,中国政府的救援行为与美国、欧洲的救援行为有何不同?

6.1.2.1 美国政府救援

2008 年次贷危机发生之后,美国政府积极行动救援宏观经济与系统性重要的企业,下面我们介绍这次救援情况。

(1)美国政府救援宏观经济。

为了应对这场次贷危机带来的宏观经济危机,美国政府出台的财政救援方案主要包括 1 680 亿美元的减税、7 000 亿美元的问题资产纾困方案、奥巴马政府 7 870 亿美元的经济刺激方案,以及出台的公私合营的坏账银行等。美国政府财政救援方案的金额高达 1.66 万亿美元,约为 GDP 的 12%。上述方案既包括帮助金融机构纾困的具体措施,即向金融机构注资、剥离金融机构问题资产、为金融机构负债提供担保等,也包括提振实体经济的具体措施,如减税和增加社会公共支出等。

美国政府巨额财政刺激方案的资金来源是美国政府财政支出,结果使得美国政府的财政赤字飙升,以及为财政债务融资的压力上升。2002～2007年,美国政府财政赤字平均为 4 232 亿美元。2009 年的财政赤字超过 1.75 万

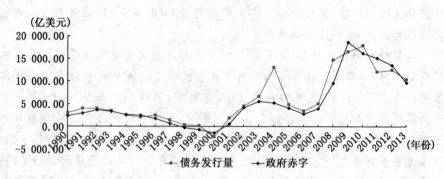

（亿美元）

资料来源：IMF。

图6—2　美国政府赤字与债务发行量

亿美元，超过美国 GDP 的 12%。

　　发行国债是美国政府用于弥补财政赤字的重要手段。如图 6—2 所示，自 1990 年以来，美国历年的国债净发行额与财政赤字水平大体相符，这表明美国政府主要用增发国债来弥补财政赤字。自 1996 年以来，美国每年国债净发行额均高于财政赤字水平。这一差额在 2008 年达到 5 000 亿美元以上，主要原因是 2008 年下半年新发行的国债可能被用来为未来几年的财政支出融资。2002~2007 年，美国国债净发行额一直稳定在 5 000 亿美元左右，2008 年则飙升至 1.47 万亿美元。2009 年美国国债净发行额继续攀升，接近 2 万亿美元。

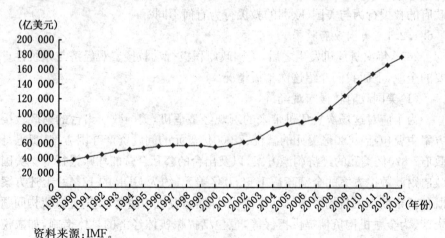

（亿美元）

资料来源：IMF。

图6—3　美国未清偿债务

　　图 6—3 是 1989 年至 2013 年美国政府债务总额。图 6—3 表明 2008 年

年底美国国债市场未清偿余额约为 10.7 万亿美元。如果 2009 年新增 2 万亿美元的国债发行，相当于市场上新增 20％的供给。由于全球范围内国际金融机构去杠杆化，以及国际资本在危机时期的"流向安全港"（fly to safety）效应，给了美国政府机会顺利发行债务、满足政府救援资金融通需求。一旦国际机构投资者的去杠杆化结束，并重新配置风险资产，大量的资金将从美国国债市场撤出，这可能显著推高国债市场收益率并压低国债市场价值，进而增加美国政府融资成本。

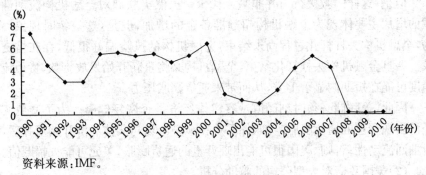

资料来源：IMF。

图 6－4　美国联邦基准利率

　　图 6－4 给出了次贷危机爆发至 2010 年美国联邦基准利率变化时间序列，这个基准利率变化序列对应于美联储的救援行为。美联储的救援方案主要包括三类：一是降息，在次贷危机爆发后一年半时间内，联邦基准利率由 5.25％降至 0～0.25％；二是通过各种信贷创新机制向金融机构提供流动性支持，包括针对存款类金融机构的期限拍卖贷款（TAF）、针对交易商（投资银行）的主要交易商信用贷款（PDCF）、针对商业票据发行者的商业票据贷款（CPFF），以及针对资产支持证券购买者的期限资产支持证券贷款（TALF）；三是定量宽松（quantitative easing）政策，即美联储通过直接购买证券的方式向金融市场注入流动性，美联储购买的证券包括美国政府债券、金融机构债券、MBS 等。

　　美联储的宽松货币政策收到了一定成效，目前无论是反映短期货币市场融资成本的 TED 息差，还是美国居民中长期住房抵押贷款利率，与危机爆发初期相比都显著下降。与之对应，美联储资产负债表的规模不断上升、美国金融机构的超额准备金大幅飙升。如图 6－4 所示，从 2008 年 9 月初到 2009 年 4 月中旬，美联储资产负债表的总规模由 9 000 亿美元左右飙升至 2.2 万亿美元左右。总资产上升的主要原因是美联储通过各种创新机制提供的流动性贷款显著增加，自 2008 年 3 月推出 PDCF 机制以来，美联储流动性贷款由零上升至 2009 年 4 月中旬的 1.2 万亿美元。自美联储实施定量宽松政策以来，美联储直接持有的证券数量也有所上升。

由于美联储的资本金没有发生变动，因此，美联储资产负债表总体规模的上升意味着美联储负债的上升。如图 6-4 所示，在美联储各项主要负债中，流通中现金的规模大致稳定在 9 000 亿美元左右，而存款类金融机构的存款则由 2008 年 9 月初的 200 亿美元左右上升至 2009 年 4 月中旬的接近 9 000 亿美元。

但是，这样的救援行为并非毫无代价。虽然美联储对金融机构流动性贷款的增加主要体现为金融机构超额准备金的增加，但是，这是暂时现象。因为，金融机构去杠杆化过程尚未结束，金融机构的风险偏好很低，存在惜贷现象。一旦金融机构去杠杆化结束，金融机构必将重新开始发放贷款，货币流通速度可能在短期内显著上升，从而带来通货膨胀压力。

因此，美联储必须时刻谨慎观察实体经济是否恢复健康。为了避免实体经济出现严重的通货膨胀，美联储需要在金融市场与实体经济开始反弹后，及时抽回流动性；否则，美国很可能出现严重的通货膨胀，美元可能大幅贬值。

(2)美国政府对大型公司的救助分析。

政府承担着稳定经济的职责，当整个社会或某个关键产业(如银行业)发生危机，为数众多的实体经济活动能力和实际利益将受到损害。如果市场力量不能够阻止危机导致的损失蔓延时，需要政府进行救援。美国的大型公司遇到财务危机时，美国政府为了防止系统性金融危机，也会对重要公司进行救助。不过，美国政府的救援行为不是无偿的，通常要求被救援的机构予以补偿。美国政府通过注资企业实行救援行为时，需要企业股东放弃部分或者全部股东权益，而美国政府则成为新企业的大股东。企业经营出现危机，股东负有重要责任，企业的股东让渡股权给美国政府，是为企业的经营困境负责。美国政府获得企业股权，是政府救援行为的补偿。

案例一：通用汽车重组

美国东部时间 2009 年 6 月 1 日上午，美国通用汽车公司正式向纽约南区联邦破产法院递交破产保护申请。

在美国通用汽车公司所递交的资产报告中，通用总资产为 823 亿美元，债务总额为 1 728 亿美元，通用因此成为美国乃至世界历史上申请破产的最大工业企业。这一天，通用汽车确定了将于 2011 年年底前关闭或停产的 14 家工厂名单，把在美国的生产厂从 47 家削减到 33 家。通用同时还宣布，今年 12 月份将关闭 3 家零部件配送中心。

为确保通用在破产保护下继续运营，美国政府向通用提供了大约 300 亿美元的资金援助。通过破产保护程序,通用将其主要优质资产出售给新成立的通用公司。在新通用公司中,美国联邦政府持有 60% 的股份、加拿大政府持有 12.5% 的股份、美国汽车工人联合工会持有 17.5% 的股份,债权人将获得 10% 的股份。原始通用的股东权益在新通用中全部丧失。

案例二:救援 AIG

AIG 是美国最大的保险公司,2008 年 6 月的季度报表上显示 AIG 总资产为 10 498 亿美元。2008 年爆发的次贷危机,使 AIG 的 CDS 损失惨重。受 CDS 业务拖累,自 2007 年第四季度开始,AIG 连续五个季度巨额亏损。2007 年第四季度净亏损 52.9 亿美元,2008 年四个季度亏损额分别为 78 亿美元、53.6 亿美元、244.68 亿美元、617 亿美元,全年累计亏损 993 亿美元,而在次贷危机爆发之前的 2007 年,AIG 净盈利为 62 亿美元。

2008 年 9 月 15 日,雷曼兄弟宣告破产保护当天,AIG 股价跌至 4.76 美元,暴跌 61%。当天 AIG 股票被疯狂抛售,成交量剧增至 7.38 亿手,相当于平日成交量的 15 倍以上。虽然在 2008 年早些时候,AIG 筹资 200 亿美元,但这笔钱相对于 AIG 在 CDS 及其他资产的损失来说是杯水车薪。三大评级机构均下调了对其的信用评级,信用评级的下调使 AIG 的财务状况雪上加霜,极速恶化。为了融资偿还,AIG 不得不拿出更多的抵押品。

为防止 AIG 这个美国最大的保险公司倒闭引发系统性金融风险,美联储于 2008 年 9 月、11 月和 2009 年 3 月先后发布了三套救助 AIG 的方案。

2008 年 9 月 16 日,美联储发布了对 AIG 的救助计划(第一套救助计划),向 AIG 提供 850 亿美元的两年期担保贷款,利率为三个月伦敦银行间拆放款利率加 8.5 个百分点。该项贷款以 AIG 全部资产(包括受监管分支机构的股票)和不在监管范围内的主要分支机构的资产作抵押,美国政府将获得 AIG 79.9% 的股权,并且有权利否决向普通股和优先股派发股息,同时还有其他保护纳税人和政府利益的相关条款。这意味着美国政府接管了 AIG 集团。

第一套求助方案的两年期担保贷款到期后,迫使 AIG 不得不尽快出售其资产以偿还贷款。但 AIG 出售资产的价格远远低于其期望的价格。因此,2008 年 11 月 10 日,美国政府出台了救助 AIG 的新方案,以全新的 1 525 亿美元一揽子计划(第二套救助方案)取代了原救助计划。

2009 年 3 月 2 日,AIG 宣布其 2008 年四季度巨亏 617 亿美元,已经无力支付巨额股息和利息。同日,美国财政部与美联储发布联合声明,宣布参与 AIG 重组计划,这是美国政府救助 AIG 的第三套方案(第三套救助方案)。

6.1.2.2　中国政府救援

(1)中国政府救援宏观经济。

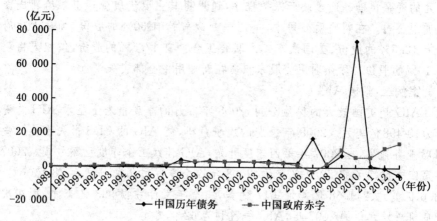

资料来源：IMF。

图6—5　中国中央政府历年财政赤字与债务

图6—5是中国中央政府历年财政赤字与债务描述。如图6—5所示，1990～2009年，中国国债净发行额与财政赤字水平大体相符，这表明中国政府增发国债主要用来弥补财政赤字。2010年，中国政府债务发行量超过70 000亿元，远大于政府赤字，这是因为政府为了应对次贷危机带来的中国经济危机。

为了避免次贷危机给中国经济带来负面影响，时任国务院总理温家宝11月5日主持召开国务院常务会议，会议确定了当前进一步扩大内需、促进经济增长的十项措施。2008年11月中国政府出台投资刺激计划，截至2010年，投资刺激计划总共投入4万亿元。中央政府的4万亿元投资基本上是基础设施建设投资和民生经济投资，民生经济投资是指医疗改革、社会保障和教育等方面的内容。

目前，4万亿投资中有近一半是铁路投资，其中绝大部分投资于高速铁路，即总长8 900公里的23条客运专线（包括城际铁路）。将三年前投资上万亿元的5 457公里高铁规划扩展到目前的8 000多公里，投资也扩充至近2万亿元。高铁总长度增加了不到50%，而投资额却增加了近一倍，平均每公里高铁投资由1.8亿元增加到2.4亿元。

这次国家宣布的投资4万亿元的计划中，中央政府在整体投资中所占的比例只有1.18万亿元，而剩下的将近3万亿元则需要地方政府和社会投资共同筹措。当中央投资到位后，地方政府就按照相应的比例开始进行资金筹措。因此，地方政府随后推出了18万亿元的投资方案。

从短期看,4万亿元的经济刺激计划促使中国经济继续高速增长,但是,巨大投资的潜在风险也很大。中国的GDP也只有40万亿元人民币左右,中央政府的4万亿元和地方政府的18万亿元投资数量,相比GDP非常高,目前的4万亿方案将使中国经济不可避免地延续粗放式增长的方式。当前中国并没有完善的政府支出监督制度,建设大量的公共工程,会导致大面积腐败。

4万亿工程是政府行为,是用有形之手来调节经济的运行,这样的调节行为很可能导致经济效率下降,延缓中国经济结构调整,令人高度怀疑投资计划的经济效率。

(2)中国政府对大型公司的救援。

与美国政府相同,中国政府为了维持经济发展和社会稳定,也同样会对发生财务危机的大型公司进行救助。但是,与美国政府不同的是,中国政府对大型公司的救助往往由其母公司(大型国企)出面承担,其损失由母公司承担。而母公司是国有性质的企业,母公司的损失即为国家的损失,而最后承担损失的则为每一个纳税人。所以,与美国不同,对于中国企业的负债,由于其国有的性质,如果出现危机,政府的隐性担保将会成为显性负债,所以企业的负债存在转化为政府负债的可能。

案例一:中国航油(新加坡)的重组

中国航油(新加坡)有限公司是中国航油集团公司的子公司,其业务范围主要是从海外进口航空煤油,其客户是国内航空公司。2003年,中国航油(新加坡)有限公司取得中国航油集团公司授权,在新加坡做油品套期保值业务,目的是利用衍生工具的保值和锁定价格的功能,降低中国航油(新加坡)有限公司在国际市场中进行石油交易的价格风险。

在2003~2004年期间,中国航油(新加坡)有限公司总裁陈久霖擅自扩大业务范围,从事石油衍生品期权交易,陈久霖和日本三井银行、法国兴业银行、英国巴克莱银行、新加坡发展银行和新加坡麦戈利银行等签订了期货交易场外交易(OTC)合约。其间,陈久霖采用多种手段掩盖其交易事实,用卖出石油看涨期权的方式赌石油价格。没想到从2004年10月以来国际油价一路攀升,中国航油(新加坡)有限公司所持石油衍生品盘位已远远超过预期价格。而根据合约,中国航油(新加坡)有限公司需向交易对方(银行和金融机构)支付保证金,石油价格不断上升,中国航油也不断需要支付交易保证金,导致中国航油新加坡公司现金流量枯竭,中国航油被迫关闭衍生工具仓位,损失总计约5.54亿美元。

由于中国航油蒙受的损失巨大,中国航油(新加坡)有限公司于2004年12月1日宣布向法庭申请破产保护。中国航油集团公司向中国航油(新加坡)有限公司提供了 1 亿美元紧急贷款,并就中国航油(新加坡)有限公司重组事宜与淡马锡进行了接触。2004 年 6 月 8 日,新重组计划在债权人大会上获高票通过,中国航油(新加坡)有限公司终于免遭清盘命运。

案例二:中信泰富澳元期权投资亏损

中信泰富有限公司(港交所:0267,OTCBB:CTPCY)是在香港交易所上市的综合企业公司,成立于 1990 年,总部位于香港金钟的中信大厦,其最终控股公司为中国中信集团公司。中信泰富现在的主要业务是销售及分销,汽车及有关服务、贸易,发电及基础设施,物业,工业制造,以及信息业。

中信泰富在澳大利亚投资铁矿石生产。为了管理公司在澳大利亚铁矿石项目中的货币风险,从 2007 年起,中信泰富开始购买澳元的累计外汇期权合约进行对冲(accumulator)。2008 年 10 月 20 日,中信泰富发布公告称,该澳元累计目标可赎回远期合约,因澳元大幅贬值,截至 2008 年 10 月 17 日,合约的已变现部分亏损为 8.07 亿港元,合约的未变现部分按公允价值计亏损为 147 亿港元,二者共计亏损 155.07 亿港元。到 10 月 29 日,由于澳元的进一步贬值,该合约亏损已接近 200 亿港元。

为了挽救上市公司,中信泰富的大股东中信集团公司为中信泰富紧急安排 15 亿美元的备用信用额度,同时,还将中信泰富名下的杠杆式澳元衍生品合约转至集团公司,为其"兜底",使中信泰富的损失锁定在 156 亿港元左右,中信泰富向中信集团发可转换债之后,中信集团对中信泰富的控股比例从 29.4% 扩大到 57.6%,获得中信泰富的绝对控股权。

中信泰富的投资损失,最后由国有大股东的救助而逐渐稳定,但是其损失却由国有大股东中信集团埋单。由于中信集团出面兜底,这意味着中信集团可能承担多至上百亿港元的损失。为此,中信集团公司的基础信用受到影响。11 月 18 日,穆迪投资者服务公司将中信集团公司的基础信用风险评估等级由"11"调整至"12",长期外币高级债务评级由 Baa1 下调至 Baa2。

6.1.3 社会保障系统的政府隐性债务分析

中国政府的社会保障系统的隐性债务包含两个内容:一是历史原因遗留的旧账;二是未来不确定性带来的风险。

在计划经济时期,政府通过国有企业承担居民养老、医疗、失业保险等理应由政府或社会承担的职能。以养老金为例,我们来分析政府存在的隐性债务。养老金隐性债务是指一个养老金计划向在职职工和退休人员提供养老保险金的承诺,等于如果该计划在今天终止的情况下,所有必须支付给当前退休人员的养老金的现值加上在职职工已积累,并必须予以补偿的养老金权利的现值。

政府养老金隐性债务包括两个部分：一是退休人员隐性债务；二是当时在职人员隐性债务。若将目前"统账结合、部分积累"养老制度转化为完全积累制，则养老金隐性债务包括四部分：一是"老人"（1997年改革时已退休的职工）隐性债务；二是"中人"（改革时在职职工）隐性债务（过渡性养老金）；三是"中人"个人账户的补偿；四是"新人"（改革后工作）个人账户补偿。

20世纪90年代中期以来，中国基本养老保险制度从完全的现收现付制转向"统账结合"的部分积累制。由于传统的现收现付制没有基础养老金积累，新体制必须为老人的退休金、中人的基础养老金和过渡性养老金寻找支付办法。这实际上是一笔庞大的隐性债务。

由于制度设计之初对养老金隐性债务估计不足，政府没有采取专门的方式处理转轨成本，而是期冀通过加大企业统筹费率的方式逐步将其消化（宋晓梧，2000）。在这种情况下，一个前所未有的问题凸显出来：现有企业和在职职工既要建立职工的个人账户（新体制下的义务），缴纳保险费，又要为已退休的职工提供养老金（现收现付体制下的义务——转轨成本）。为此，新体制必须设计相当高的费率以完成这一计划目标。然而，高费率必然会影响人们加入新体制的动力和缴费的积极性。结果是，"统账结合"的养老保险模式一开始就是"空账"运行。从20世纪90年代中期开始，部分省市开始出现养老保险当期收不抵支问题，2001年缺口达到400多亿元。为了避免养老金拖欠造成社会不稳定问题，政府不得不动用国家财政来填补养老金缺口。仅2001年，中央财政用社会保障支出的资金就达982亿元，是1998年的5.18倍。2002年以来，中国养老金当期缺口每年一直徘徊在500亿～600亿元人民币。据有关部门测算，全国基本养老金收入的15%～20%要依靠国家财政补贴。

由于预收了养老费，即使企业向养老金领取人支付的费用已经超过预收的费用，企业依然需要不断向养老金领取人支付退休金。这部分资金会成为企业在一定时期内需要偿还的债务。对于这部分债务的承担者，中国政府一直没有明确的表态或承诺。但目前国内外学者比较一致的观点就是应当由政府来承担，因为不论是从养老金隐性债务的形成根源，还是从社会养老金问题的巨大外部效应来看，在道义上政府都应当充当债务人的角色。

即使顺利地实现养老金体制从现收现付制向个人账户和社会统筹相结合的新体制过渡，将来政府可能依然需要为社会养老保险基金提供隐性担保。因为社会经济发展的不确定性，按照当前经济环境精算的社会养老保险缴费，未必一定能够满足将来这个社会的养老支付，届时，基于人道和公平原则，政府也可能承担一定责任。

6.2 中国政府债务分析

6.2.1 大型商业银行债务分析

中央财政对国有银行存在着隐性担保,因此国有银行的债务风险很可能转化为政府债务。随着近几年国有大型银行的快速发展,银行的负债规模也随着资产不断扩大。

十年来,银行业金融机构资产规模稳步增长,截至 2013 年 12 月末,银行业金融机构资产总额达到 151 万亿元,相比 2003 年总资产增长了近 5.4 倍。同时,负债规模也稳步增长,从 2003 年的 27 万亿元,增长到 2013 年的 141 万亿元。

据统计,仅仅国有大型商业银行(包括工行、建行、中行、交行、中信银行、招商银行和光大银行)发行的商业银行债,就已经有 68 只,总融资规模达到了8 459.6亿元。

表 6—3　　　　　　　　　　国有大型商业银行债统计　　　　　　　　单位:亿元

银　行	发行总额
中国工商银行股份有限公司	2 050
中国建设银行股份有限公司	2 000
中国银行股份有限公司	1 799.3
交通银行股份有限公司	860
中信银行股份有限公司	663.3
招商银行股份有限公司	560
中国光大银行股份有限公司	527
总　计	8 459.6

资料来源:Wind。

商业银行在地方政府债务形成中有着重要的作用和影响,主要体现在两个方面:第一是中国地方政府长期以来非常依赖商业银行的贷款,使得向商业银行贷款成为了地方政府融资的最主要渠道,因此商业银行体系内积累了大量风险,也是地方政府债务风险的一种体现;第二是过去很长时间商业银行对于贷款的管理能力较低,使得本来正常的地方政府债务出现了风险。

6.2.1.1　商业银行与地方政府债务的形成

长期以来,中国地方政府形成了依赖商业银行间接融资的现象,特别是在经济快速发展、地方政府具有投资积极性和投资需求而又没有发行地方债的条件下,商业银行的贷款资金供应成了地方政府进行投融资建设的主要渠道。一方面,在过去的经济体制下银行的所有权在国家手中,财政也是中央和地方政府的,所以当财政缺少资金时都会把银行当作取款机,银行无形中充当了第二财政的角色。这一点在过去财政部和央行的关系上体现得更加明显。而另一方面,银行为了保持贷款的长期需求,使借款人在未来还会继续向银行申请贷款从而给银行提供更多的机会和利润,会倾向于采取增加贷款的信贷策略来培养与客户的关系。也就是说,一般情况下,只要银行与政府或有政府背景的企业、项目建立了借贷关系,商业银行是希望能将这种关系维持下去的。目前,中国商业银行之间的差异化比较小,银行之间的竞争趋于同质化又非常激烈,各家商业银行都会采取类似的办法。这就会造成商业银行的贷款进一步增加,而借款企业也形成了路径依赖。大量的贷款金额都集中在了商业银行,形成了金融风险,而其与政府的关系又使得信贷风险极易转化为政府债务风险。一旦这些贷款转化为不良贷款,政府就需要动用自己的资金偿债。这种情况在地方融资平台中也体现得比较明显。地方融资平台公司是由当地政府组建的,融资背后常有政府的担保,商业银行为平台公司提供资金一方面可以与政府建立合作关系,方便以后在当地开展业务;另一方面也可以获得丰厚的利息收入。商业银行为政府活动提供了大量资金,也就成了政府最大的债权人。

6.2.1.2　商业银行助长地方政府债务风险

国有商业银行对国有企业是具有预算软约束特征的,这就导致了银行资金大量注入经营不善的国有企业,企业的风险向银行转移,当贷款风险不断积聚非常严重时,政府又成了这些不良贷款的最后贷款人。目前,四大国有商业银行都已陆续完成股改,其预算软约束的限制也会有所改善,而在过去这是中国商业银行不良贷款余额和不良贷款率一直居高不下的重要原因。此外,中国商业银行对贷款的管理也是有缺陷的。一度以来,商业银行片面追求规模效应和市场份额,只注重贷款是否发出,而对贷款的管理却是有缺失的。在贷款前,对借款人的经营状况调查不翔实,对抵质押调查不准确,错误地评估了借款人的风险;在贷款后,又缺乏必要的风险监测和约束机制,只把不良贷款简单地按照时间标准划分为"一逾两呆",没有综合考虑借款人、资金和其他相关因素的风险水平,缺乏动态的风险预警机制,低下的风险管理水平是造成商业银行不良贷款的重要因素。投放到政府相关企业和项目的贷款也是一样,甚至还曾因为其有政府背景而放松了对贷款的必要监管,因为中国特殊的政治体制和经济制度,商业银行对地方政府的资信水平盲目信赖,认为有政府担保或有政府资金保证的项目一定不会出问题,现实其实不然。

6.2.2 国有企业债务分析

6.2.2.1 中央财政对国有企业的隐性负债的数据统计

在传统计划经济的条件下,国有企业的亏损由国家财政提供全额的补贴。由于中央政府始终坚持国有企业服务国家战略原则,不能够以企业股东利益最大化作为经营目标,也不能够完全承担企业经营后果。从目前情况来看,当国有企业出现经营亏损时,政府会以财政收入弥补国企的部分亏损。因此,政府事实上承认有承担国企的部分亏损的义务,国企的亏损会构成政府的或有债务。

表6—4 中央财政支付的企业亏损补贴 单位:亿元

年 份	企业亏损补贴
1985	507.02
1990	578.88
1991	510.24
1992	444.96
1993	411.29
1994	366.22
1995	327.77
1996	337.4
1997	368.49
1998	333.49
1999	290.03
2000	278.78
2001	300.04
2002	259.6
2003	226.38
2004	217.93

年　份	企业亏损补贴
2005	193.26
2006	180.22

资料来源:《中国统计年鉴》,中国统计出版社,2007年。

从历年国企的亏损补贴来看,1985年"拨改贷"改革之后,中央财政为国有企业支付的亏损补贴总体上呈现出下降的趋势。2007年之后,中国统计年鉴对企业亏损补贴不再列项统计,所以我们能获得的最后数据仅到2006年。但是,我们仍能从中看出中央财政每年都有对企业亏损的几百亿元的补贴。中央政府可以视为国有企业的实际所有者,所以政府不可能对国有企业的亏损"赖账",这一点即使是从苏联、东欧国家国有企业重构的实践中也是得到证实的。因此,中央财政实际上对国有企业的亏损挂账提供隐性担保。

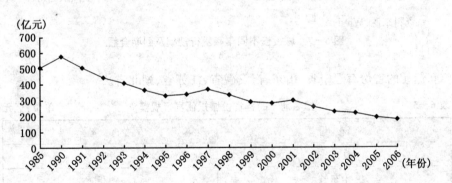

资料来源:《中国统计年鉴》,中国统计出版社,2007年。

图6—6　中央财政支付的企业亏损补贴

6.2.2.2　地方城投债

2008年以来,银监会将地方政府融资平台贷款风险防范工作作为防范系统性和区域性风险的重中之重,积极组织推动各银行业金融机构开展平台贷款清理规范工作。截至2013年9月30日,曾经纳入银监会融资平台名单的企业共有11 002家,其中已经有2 146家退出平台。

根据Wind统计,截至目前,银监会口径处在存续期的城投债一共有830只,总计融资规模达到9 793.8亿元。

从统计数据中可以看到,银监会口径城投债的发行期限主要集中在7年期,融资期限处在中长期。城投债的到期期限主要分布在2017年之后。

从统计数据看出,各省市地方政府城投债的发行规模不一,发行规模超过

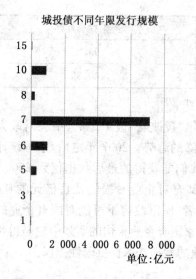
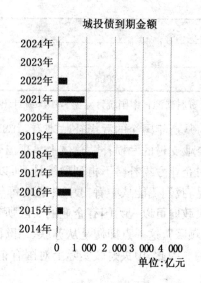

资料来源：Wind。

图6－7　城投债不同年限发行规模及到期金额

500亿元的省份有辽宁省、山东省、安徽省、江苏省、湖北省。

表6－5　　　　　　　　排名前十的各省份城投债发行规模　　　　　　　单位：亿元

省　　份	发行总额
辽宁省	1 119
山东省	975.8
安徽省	842
江苏省	804
湖北省	606
四川省	475
湖南省	471
江西省	420
云南省	372
浙江省	344

资料来源：Wind。

6.2.3 政策性银行债务风险

6.2.3.1 政策性银行的矛盾分析

（1）资产与负债的矛盾。

无论是国外政策性银行还是中国的政策性银行，都无一例外主要靠发行（财政担保的）金融债券的方式筹集资金。面向市场发债是一种市场行为，要遵循市场交易规则，债券到期后必须按期还本付息，否则就会在市场上失去信誉，无法继续筹资。从这个意义上讲，中国政策性银行的负债大多是到期必须还本付息的"硬负债"。但是，由于政策性银行的政策属性决定了其贷款和投资大部分要投向自身经济效益差、社会效益好的基础产业、基础设施和具有社会公益性质的大项目，这些项目大多具有投资数额大、周期长、还款能力差的特点，这些项目在贷款到期时，很难有能力归还借款的本金和利息。这就决定了政策性银行以信贷、投资等方式形成的资产，大部分是到期后不一定能够收回的，给政策性银行的经营造成了很大的风险。

（2）资金筹措的商业性与资金使用的政策性的矛盾。

政策性银行作为经营货币金融业务的特殊企业，其资金的筹集和运用都是以商业方式，用借贷、发债等市场化手段筹措的，在资金筹措的过程中要支付资金的成本——利息。又由于政策性银行大多没有众多的分支机构，它不能吸收居民个人的储蓄存款，使其筹资成本甚至比商业银行的筹资成本还要高。中国的政策性银行主要是花高价购买商业银行的存款资金来满足其发放政策性贷款的需要，其筹资的成本要高于同期商业银行的吸收存款成本，形成了政策性银行资金筹措的高成本、有偿使用的商业属性。但是，政策性银行有其特定的业务领域，其资金不能投向价高利厚的行业和地区、项目，只能按照国家政策规定，投向自身经济效益较差、可能无法还本付息或者不想还本付息的行业或项目，形成了中国政策性银行资金使用的政策性。这便形成了中国政策性银行资金筹措的商业性与资金使用的政策性之间的矛盾。这一矛盾的存在很大程度上加重了中国政策性银行的经营风险。

（3）资金来源的短期性与资金使用的长期性的矛盾。

中国政策性银行运用市场方式、采取商业性手段筹集的资金大多为中短期资金。比如，国家开发银行、中国农业发展银行、中国进出口银行发行的金融债券期限大多在 5 年以下，还有一部分期限在 1 年以内，这主要是考虑到资金筹集的难易程度和筹资成本的高低而迫不得已而为之。这在客观上形成了中国政策性银行资金来源的短期性。另一方面，政策性银行在国家中长期产业政策、地区经济发展政策的指导下，政策性贷款和投资的项目期限都在 5 年以上,形成了政策性银行资金使用的长期性。有的政策性贷款虽然属于短期流动资金贷款性质,但是由于政策性贷款只能借给符合条件的企业、单位使用,短期贷款也变成了长期使用。短期流动资金贷款被这些企业单位长期占用,比如中国农业发展银行对国有粮棉收购企业发放的粮棉收购贷款,本来属于短期流动资金贷款性质,但被国有粮棉企业长期周转使用,变成了长期的贷款。中国政策性银行资金来源的短期性与资金使用的长期性的矛盾,一方面,增加了政策性银行的经营成本,迫使政策性银行不断地"借新债还旧债",使其负债规模越来越大,负债总成本越来越高;另一方面很容易造成政策性银行支付困难,增加了政策性银行的经营风险。

6.2.3.2 政策性银行的债务风险分析

由于以上矛盾的存在,使得三大政策性银行都存在着各自的债务风险。

(1)国家开发银行的信贷资产风险。

国家开发银行的信贷资产潜伏着巨大的风险,具体表现为:①虽然开发银行近年来注重防范信贷风险,建立了较为科学、规范的信贷经营决策机制,使目前开发银行贷款利息实收率高于商业银行,经营效益似乎不错,但是从长期来看,开发银行的信贷资产质量和风险状况都不容乐观。因为:首先,目前开发银行贷款利息实收率较高的原因主要是其 95% 以上的贷款项目正处在建设期,尚未进入还款期,在建设期间借款项目还款资金来源基本上是开发银行和其他商业银行的新增贷款,即在项目建设期内借款单位是在用"借新还旧"的办法归还贷款的利息。其次,即使开发银行现阶段甚至未来利息回收不存在问题,但是,其信贷资产的主体——大量的贷款本金回收存在着较大的风险,并且由于它的贷款项目大多具有期限长、风险大的特点,进入还款期之后,它的贷款发生 1% 的不良贷款,国家开发银行就难以实现保本经营。因为,目前,它的每年盈利额在 6 亿~8 亿元之间,资产总额已达 8 000 亿元以上,每年新增贷款额在1 000亿元以上,按照每年 1% 的不良贷款发生率,它每年损失的资产就将高达 10 亿元左右。况且,对于国家开发银行的贷款项目来讲,不良信贷资产发生率会大大超过 1%。因此,当借款项目普遍进入还贷期以后,国家开发银行很可能会出现巨额的亏损。②国家开发银行还存在一个较为严重的潜在风险,即其资本金与"软贷款"之间的关系。按照国务院规定,国家开发银行 500 亿元人民币的注册资本金由财政部分 4 年拨款到位,但是这笔注册资金必须用于发放"软贷款"。"软贷款"是指为了配合政府的某项扶植政策,由国家开发银行按照项目配股的需要对国家控股公司和中央企业集团发放,由它们对项目进行参股控股的贷款。这种贷款还款期限特别长(大多在 35 年以上)、利率特别优惠(低息甚至无息),具有较强的补贴性和一定程度的赠与性。而且,国家开发银行软贷款投入的部门和行业,都是微利甚至亏损的部门和行业,如煤炭、石油、森林、农业等行业和项目。软贷款投入后,且不说归还本金,连支付利息都会成问题。这样,国家开发银行的资本金就会被长期套牢,有限的资本金被长期套牢必然会对国家开发银行的业务发展,尤其是其在国内外金融市场上的筹资产生极为不利的影响,如果开发银行因为资本金被套(实际上失去了资本金)而出现市场化筹资困难,别说保本微利经营,就是其生存和发展也成问题。③国家开发银行还有部分历史包袱。根据国家开发银行的有关调查和综合分析,原"拨改贷"资金余额中,企业能够按期偿还的约占 10%,30%虽有偿还能力但需要展期,另外的 60%已经基本上形成了呆账。

(2)中国农业发展银行的信贷资产风险。

中国农业发展银行的贷款主要投向农副产品收购、调拨、储备和少量农业开发贷款,属于企业周转资金性质并且有物资作保障,按理说不存在太多的经营风险。但是,农发行的资产业务存在严重风险,具体表现为:①大部分贷款难以收回。1995 年仅收回 200 多亿元,主要原因是,农业连年丰收又大量进口国外农产品,造成国有粮食及粮食企业经营性亏损,国有粮棉经营企业收购的粮棉卖不出去,农发行的贷款无法回收;许多粮棉收购资金被挤占挪用,有的粮棉收购贷款用作地方财政开支,有的甚至被挪用炒股票和房地产,比如到1997 年,粮食企业累计财务挂账高达 1 239 亿元,其中 1991 年挂账 247.4 亿元,1992~1996 年亏损 535 亿元,1997 年一年亏损 456 亿元。截止到 1996 年年末,粮棉油企业挤占挪用收购贷款 776 亿元,副营业务占用 334 亿元,超出政策性业务范围挪用达 130 亿元,多头开户存款 29.5 亿元,以上 4 项合计达到 1 269 亿元,占粮棉油收购贷款的 21%;在农副产品收购资金中,财政、企业配套资金不到位,致使农发行的资金被长期占用。②近年来,农发行实行了粮棉油收购贷款"封闭运行、封闭管理",但是也没有关上风险的大门。由于大批粮食卖不出去,它发放的巨额粮棉油收购贷款便源源不断地变成国有粮棉企业的库存粮棉。因为粮棉有一定的物理生命周期,过期会腐烂霉变,即使不考虑"入世"后粮棉价格下降和高额粮棉仓储费用,全国国有大粮棉企业库存的粮棉也不足以归还农发行连年发放的巨额专项收购贷款;如果考虑到"入世"后粮棉价格的大幅度下降和高额的仓储费用,则农发行专项贷款的物资保证程度究竟有多大是一个必须认真思考的问题。③由于农发行是国有粮棉企业的"法定、唯一的"资金供应者,它实际上成了国有粮棉企业及其职工的衣食父母,许多国有粮棉企业是在直接或变相用农发行的贷款发放工资、奖金甚至搞福利。许多基层农发行的行长一方面要抓粮棉贷款的封闭管理,另一方面的主要工作就是千方百计帮助粮棉企业销售库存粮棉,这样做在很大程度上助长了国有大中型粮棉企业的等、靠、要的思想。基层农发行的工作重点究竟是什么?是继续当"粮棉贩子"、当国有粮棉企业"衣食父母",还是运用政策性金融手段支持农业的开发和发展?这又是一件值得我们深思的事情。④农发行的信贷资金大量流失,不仅影响到农发行自身的经营,而且由此造成中国人民银行每年1 000多亿元的再贷款难以收回,实际上扩大了基础货币的投放,对全国金融的稳定造成了不可忽视的负面影响。因此,中国农业发展银行资产业务风险不仅仅是它自身的问题,也不只是政策性银行的风险问题,而是一个事关全局的全国金融风险问题。

(3)中国进出口银行的信贷资产风险。

当前,中国进出口银行自身的信贷资产顺利回收问题不大,存在的主要问题是原对外经济贸易信托投资公司划转的债权债务问题较多:有些项目法人不存在了,国外索债便找到中国进出口银行。原对外经济贸易信托投资公司的旧账全靠中国进出口银行来偿还,仅利息一项就有1亿多美元,而且自1997年开始就进入了还本期,而中国进出口银行注册资本金总共只有33.8亿元人民币(约合4亿美元)。这一问题如果不能得到妥善解决,势必会影响到目前形势尚好的中国进出口银行的业务经营。

6.2.4　中国政府债务现状分析

中国政府的债务分析可以从两个方面来看:①从中国政府角度看,中国政府承认的债务负担;②从政府应该承担的责任角度看,为了社会公平、稳定,政府应该承担的债务责任。

在这节的讨论中,我们先看看中国政府承认的债务负担,数据来源是国家审计署于2013年12月30日发布的全国政府性债务审计结果公告。然后,我们再讨论政府应该承担的债务责任状况。

6.2.4.1　中央政府债务现状

根据国家审计署于2013年12月30日发布的全国政府性债务审计结果公告,截至2013年6月底,中央政府负有偿还责任的债务98 129.48亿元,负有担保责任的债务2 600.72亿元,可能承担一定救助责任的债务23 110.84亿元。中央政府债务主要由中央财政债务、中央部门及所属单位债务以及铁道债构成。

中央财政债务中政府负有偿还责任的债务97 360.94亿元,主要是由中央财政资金偿还的国债债券、国际金融组织和外国政府贷款81 511.05亿元,占83.72%。

中央部门及所属单位债务中政府负有偿还责任的债务 768.54 亿元,主要是以国家重大水利工程建设基金偿还的南水北调工程建设贷款 537 亿元,占 69.87%。

中国铁路总公司(原铁道部)通过发行政府支持债券或以铁路建设基金提供担保等方式举借 22 949.72 亿元,用于铁路项目建设。如果铁路总公司出现偿债困难,政府可能承担一定的救助责任。

6.2.4.2 地方政府债务现状

根据审计署公告,截至 2013 年 6 月底,中国地方政府债务余额 178 908.66亿元,其中政府负有偿还责任的108 859.17亿元,占比60.85%;政府负有担保责任的或有债务26 655.77亿元,占比14.90%;政府可能承担一定救助责任的其他债务43 393.72亿元,占比24.25%。

从政府层级看,截至2013年6月底,中国省级、市级、县级、乡镇政府的政府性债务余额分为17 780.84亿元、48 434.61亿元、39 573.60亿元和3 070.12亿元,占比分别为 16.33%、44.49%、36.35%和2.82%。

从借债主体看,融资平台公司、政府部门和机构、经费补助事业单位是政府负有偿还责任债务的主要举借主体,分别举借40 755.54亿元、30 913.38亿元、17 761.87亿元(见图 6-8)。

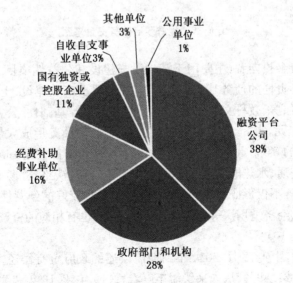

资料来源:Wind。

图 6-8　地方政府债务借债主体

从债务资金来源看,银行贷款、BT、发行债券是政府负有偿还责任债务的主要来源,分别为 55 252.45 亿元、12 146.30 亿元和 11 658.67 亿元(见图 6—9)。

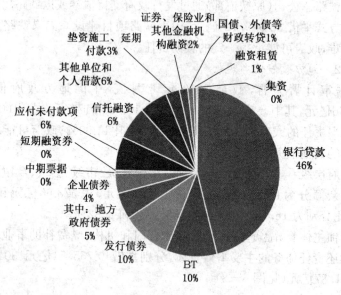

资料来源:Wind。

图 6—9　地方政府债务资金来源

从债务资金投向看,主要用于基础设施建设和公益性项目。在已支出的政府负有偿还责任的债务 101 188.77 亿元中,用于市政建设、土地收储、交通运输、保障性住房、教科文卫、农林水利、生态建设等基础性、公益性项目的支出 87 806.13 亿元,占 86.77%。其中,用于土地收储债务形成大量土地储备资产,审计抽查的 34 个重点城市截至 2013 年 6 月底储备土地 16.02 万公顷;用于城市轨道交通、水热电气等市政建设和高速公路、铁路、机场等交通运输设施建设的债务,不仅形成了相应资产,而且大多有较好的经营性收入;用于公租房、廉租房、经济适用房等保障性住房的债务,也有相应的资产、租金和售房收入(见图 6—10)。

2013 年 7 月至 12 月、2014 年到期需偿还的政府负有偿还责任债务分别占 22.92% 和 21.89%,从未来偿债年度看,2015 年、2016 年和 2017 年到期需偿还的分别占 17.06%、11.58% 和 7.79%,2018 年及以后到期需偿还的占 18.76%。

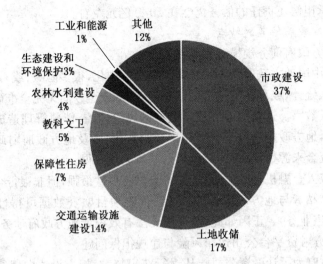

资料来源：Wind。

图6—10　地方政府债务资金投向

表6—6　　　　　　　　政府各年度需偿还的债务及其比重　　　　　　　单位：亿元

偿债年度	政府负有偿还责任的债务		政府或有债务	
	金额	比重	政府负有担保责任的债务	政府可能承担一定救助责任的债务
2013年7月至12月	24 949.06	22.92%	2 472.69	5 522.67
2014年	23 826.39	21.89%	4 373.05	7 481.69
2015年	18 577.91	17.06%	3 198.42	5 994.78
2016年	12 608.53	11.58%	2 606.26	4 206.51
2017年	8 477.55	7.79%	2 298.60	3 519.02
2018年及以后	20 419.73	18.76%	11 706.75	16 669.05
合　计	108 859.17	100.00%	26 655.77	43 393.72

资料来源：Wind。

6.2.4.3　2013年下半年债务数据预测

　　国家审计署于2013年12月30日发布的全国政府性债务审计结果公告，数据统计截至2013年6月底，对于2013年下半年的数据，采用IMF公布的2013中国债务数据情况。2013年中国债务减少了8 070亿元，虽然债务略有减少，但从地方政府到期的2.49万亿元债务来看，其中又有不少新债务。而

中国政府债务风险

政府需要承担偿还责任的债务仍然在 20 万亿元左右。

6.2.4.4　政府债务的特点

（1）地方政府债务规模测算难度大。

目前，中国地方政府债务统计尚未完全标准化，很多隐藏、或有、其他类债务无法纳入统计，或存在统计口径偏差问题，造成至今尚无完全准确的地方政府债务规模数字。这就对地方政府债务的风险监控、偿债管理造成了很大的困难。随着地方政府融资平台多样化和隐蔽化，涉及地方政府财政与相关投资公司的资金来源数量、负债规模数据基本无法获得。

就债权人金融机构来说，虽然银行数据可得性最强，但非银行金融机构如租赁、基金、私募与地方政府合作的 BT 代建项目融资数据可得性难度很大（不包括通道业务）。正因如此，至今尚无法有效统计地方政府债务数据。

（2）地方融资平台公司运作风险与违规担保问题。

地方政府为了让融资公司能从银行获得贷款，想方设法向银行出具各种形式的担保，既有政府出具的还贷支持性文件，也有地方财政出具的还本付息的承诺函，这样做的风险在于地方政府通过多个融资公司从多家银行获得信贷，形成"多头融资、多头授信"的格局，地方政府的总体负债和财政担保承诺的情况将会错综复杂，尤其部分地方政府债务管理比较混乱。因此，各地融资公司在贷款使用上缺乏统一安排和部署，违规担保又进一步加大了债务的规模，加剧了地方政府债务风险发生的概率。

审计发现，部分地方违规通过 BT、向非金融机构和个人借款等方式举借政府性债务 2 457.95 亿元；地方政府及所属机关事业单位违规提供担保 3 359.15 亿元。

（3）借债主体混乱。

中国地方政府融资平台公司的运作方式主要是"三化"，即土地资本化、财政支出资本化和特许权资本化。其中，土地作为地方政府财政收入的主要来源，交易风险很大。土地估值风险在土地资本化过程中普遍存在。通常情况下，经济发展上升期同时也是地方政府债务的膨胀期。经济高速增长会促使土地不断泡沫化，而这会刺激地方政府及其融资平台公司的举债行为。

（4）对于土地出让收入的高度依赖。

从审计报告中可以看出，在已支出的政府负有偿还责任的债务 101 188.77 亿元中，用于市政建设、土地收储、交通运输、保障性住房、教科文卫、农林水利、生态建设等基础性、公益性项目的支出 87 806.13 亿元，占 86.77%。而基础设施建设和公益性项目没有未来的现金流入作为还款保证，地方政府的做法是通过土地的招拍挂和出让来取得收入弥补支出。而报告中指出,地方政府承诺以土地出让收入偿还的债务余额高达34 865.24亿元,占地方政府负有偿还责任债务余额的37.23%,风险高度集中。

6.2.4.5　地方政府债务风险

(1)偿债压力。

随着近年各地投资浪潮日渐高涨,地方政府债务规模更是加速上升。但地方政府财政状况并不乐观,偿债能力极其有限,甚至在部分地区出现了借新债还旧债这类不产生任何经济效益的举债行为。

地方政府负债的增长速度快,规模不断扩大。截至 2013 年 6 月底,省市县三级政府负有偿还责任的债务余额 105 789.05 亿元,比 2010 年底增加 38 679.54亿元,年均增长 19.97%。

截至 2013 年 6 月底,地方政府未来 2～3 年即将到期的融资平台贷款成为其债务偿还的沉重负担。尤其应注意的是,根据国家审计署报告,2013～2014 年到期需偿还的政府负有偿还责任债务总计占比 44.81%。这意味着 2013 年和 2014 年,各地的地方融资平台有较多贷款集中到期,面临着还本付息的巨大压力。

截至 2012 年年底,有 3 个省级、99 个市级、195 个县级、3 465个乡镇政府负有偿还责任债务的债务率高于 100%。其中,有 2 个省级、31 个市级、29 个县级、148 个乡镇 2012 年政府负有偿还责任债务的借新还旧率(举借新债偿还的债务本金占偿还债务本金总额的比重)超过 20%。从行业债务状况看,截至 2013 年 6 月底,全国政府还贷高速公路和二级公路债务余额分别为 19 422.48亿元和4 433.86亿元,债务偿还压力较大。

(2)信用风险。

信用风险是指由偿债风险引发的政府信用丧失和再融资难的风险。地方政府由于融资平台无收益项目比例重、房地产市场持续过热的可能性低、债务规模增速快于地方财力增速等问题的存在,使得地方政府债务偿还面临严峻形势。一旦地方政府资金链断裂,债务无法偿还,地方政府信用将严重受损,危及整个社会的信用体系乃至市场机制本身。

(3)道德风险。

道德风险主要是指地方政府行政行为的缺陷,表现为地方政府短期行为与长期利益的不匹配,以及地方政府与中央政府权责的不匹配。一方面,由于政绩考核的需要,许多地方政府官员出于个人政绩和职位升迁的考虑,举借大量债务以兴建各种政绩工程,虽在短期内取得相当效果,但在长期内却留下巨额债务负担;另一方面,由于中国法律的限定,地方政府不存在破产的可能,所以地方政府存在依赖中央政府的倾向,即无法偿还举借的债务最终会由中央政府代其偿付。也就是说,政府债务产生的收益可以由地方政府独享,而借债成本却并不一定由地方政府承担。

6.3 隐性存款保险与政府责任

6.3.1 政府对银行存款隐性担保的弊端

目前,中国政府对银行存款隐性担保的制度虽然对存款性金融机构起到了一定的促进作用,对稳定社会经济也具有重要的意义,但是这种制度的缺点也随着中国社会经济的发展显现出来。

首先,易造成通货膨胀,为国家财政带来沉重的负担。当前中国实行的隐性存款保险制度使得中央银行成为了最后贷款人,当问题银行陷入经营困境时,中央银行就会对其提供资金上的救助,然而这种做法会增加中央银行的财政负担,等同于将风险转嫁于中央银行,某种程度上说甚至会威胁到整个金融体系的安全稳定。当面对巨额风险时,中央银行也无法应付。为及时解决危机,就逼迫中央银行放大对市场的货币投放量或采取其他激进的救助方式,这样做会破坏货币政策的有效性,面临通货膨胀的经济环境。

其次,处置成本相对过高,效率相对偏低。相较于显性存款保险制度来说,银行存款保险制度缺乏确定性。一来,银行存款保险制度没有明确的法律依据做指引,当银行发生危机时,没有自己原始的资金来应对,只能依靠国家财政的帮助,随意性很强且过于依赖国家财政的救助;二来,当银行倒闭需要对存款人进行理赔时,没有明确固定的管理机构,而是临时依靠政府、司法机关和监管机关来协调处理,这样做会延长救助时间,使得效率偏低且缺乏连续性,这就很难使存款人恢复对银行的信心,对整个银行业的安全有很大威胁。

再次,政府隐性而模糊的担保存在着很大的道德风险,也成为了制约中国存款保险制度发展的主要原因。中国隐性存款保险制度主要是通过政府的信用来增强存款人对银行的信任,而这种信任会使得存款人盲目追求高收益的同时放松对银行信用和安全的监管,而一些经营存在问题的银行也会借机通过提高利率来赢得更多的客户,这就极易引发道德风险,威胁整个金融系统内部的安全稳定。

最后,不利于中国金融市场的公平竞争。在实践中,中国政府对几乎所有的问题银行都予以保护,但百姓对四大国有商业银行的信任是任何其他中小银行无法比拟的,大多数百姓都倾向于将存款存入四大国有商业银行,这就导致中小银行无法获得公平的竞争机会。

随着社会经济的发展和完善,隐性存款保险制度越来越不适合中国的国情,而存款保险制度是在明确的法律法规基础上进行运作,并有一定的基金来源与积累,在处理破产倒闭的银行和危机中有着很好的程序进行操作。

6.3.2 显性与隐性存款保险制度

存款保险制度是建立实质的存款保险机构,在社会环境中维护金融安全的制度之一,参加保险的机构是各类存款性金融机构,缴纳的保费是投保机构按照规定的存款数额进行缴纳的,并用这些筹集到的保险费建立存款保险基金,在投保机构发生支付困难和经营危机的时候,存款保险机构就运用存款保险基金向投保银行和存款者进行赔偿,以维护投保机构信誉、保护存款者利益和维持经济社会稳定的制度。

存款保险制度是指由符合条件的金融机构按照规定缴纳参保费用,集中起来共同建立保险机构,主要参保对象是银行,当投保的金融机构破产倒闭时,存款保险机构向投保机构给予赔付、组织清算或直接赔付存款者损失,是在金融领域中重要的制度安排。

最早的存款保险是在 1924 年由捷克斯洛伐克建立的国家信用和存款保险制度。在制度运行 14 年后,因为没有建立成统一标准无法对问题银行进行管理,捷克斯洛伐克终止了该项制度。实际上,正式意义上的存款保险制度是在美国建立的。1933 年,由于美国的经济每况愈下,银行业遭受了巨大的损失,连存款者都对本国的经济失去了信心,为了稳定国家的金融秩序,恢复公众对银行业的信心,由副总统 John Nance Garnet 牵头很快建立了存款保险制度。实践证明,该项制度对经济稳定、防范金融风险起到至关重要的作用,使得美国的金融秩序恢复到了正轨。

美国建立存款保险制度之后,世界上的很多国家和地区也纷纷建立了存款保险制度。世界不同地区发生的金融危机,使得许多国家认识到存款保险制度的重要性,那些没有建立存款保险制度的国家和地区也在准备实施这个制度。随着经济的发展和全球化进程的加快,存款保险制度的建立是各个国家必然的选择。20 世纪 60 年代到 90 年代这段时期,是存款保险制度改革与扩散的阶段,先后有 45 个国家建立此项制度。此时,已建立存款保险制度的国家也在对部分存款保险制度进行改革以便适应本国的形势与环境变化。多数国家采取的是限额保护。在受保护的存款者中,公众的存款占到较大的比例,很多都设有基金。从 90 年代至今是存款保险制度加速发展的阶段。

在中国,虽然目前没有显性存款保险制度,但是,中央政府事实上为居民个人商业银行存款担保,即中国存在隐性存款保险制度。显性存款保险制度是根据法律法规建立存款保险机构,并确定存款保险的保险费、出资方式和赔付机制,为了优化市场资源的合理配置、规避风险,以达到投保机构控制不良贷款目的的制度。世界上大多数国家采用的是显性存款保险制度。隐性存款保险制度是中国目前采用的保护存款者利益的机制,主要特点是运用国家和大型商业银行信用提供的一种担保,当银行面临支付困难或者破产倒闭的时候,国家会及时给予财政上的支持,常见于发展中国家。所以,中国需要建立的是显性存款保险制度,以降低银行业的道德风险和逆向选择,维持金融系统的稳定。

6.3.3　中国实行存款保险的意义

改革开放三十多年以来,中国较大的银行一直是由国家控制与管理的,有计划经济的印记根植在银行业中,金融环境的变化与高储蓄率的变化从没有离开政府这只隐形的手。在目前中国银行业发展还不算很成熟的大背景下,银行业一直以居民存款作为储蓄的最主要资本。所以,在计划经济向市场经济转换的过程中,应该明确地保护好居民存款。实际上,中国一直实行的是政府隐性担保,当银行业受到危机或破产风险时,通常都是政府去充当最后付款人的责任。中国目前处在经济高速增长的时期,政府隐性担保不只是给政府带来一些没有必要的包袱,还会致使货币政策目标与政府制定的政策有所出入。更重要的是,中国已经加入了世界贸易组织,因此会稳健地打开银行业窗口,这势必会促使银行业相互竞争,从而也会导致银行破产。这时就需要有完善的存款保险制度来消除银行倒闭带来的不利影响。中国建立存款保险制度可以从以下多个角度发挥其金融安全的保护作用:

6.3.3.1　建立存款保险制度有利于降低金融风险

目前,中国众多的银行及非银行金融机构之间的市场竞争愈演愈烈,随着经济全球化的发展,国内金融业还要接受国际竞争的挑战,优胜劣汰在所难免。长期以来,中国银行业在发展的过程中过于粗放,忽略了稳健、效率等方面的建设和完善,导致中国银行业发展很难与国际接轨,许多国内银行存在资本充足率低、市场绩效差等方面的问题。银行作为国家金融发展的重要参与者,对金融稳定具有十分重要的意义。如果银行出现危机并发生挤兑,则必然引起社会动荡。中国银行业目前应防微杜渐,将风险逐渐加以降低和释放,同时建立相应的保护银行稳定经营的措施。存款保险制度可以作为金融体系的一道安全防线,当个别银行出现风险时,存款人的恐惧感会因为有了相关法律制度的保证而降到最低,这在为其解决危机带来时间上缓冲的同时还可以避免发生银行挤兑风潮,并且不会危及其他与之有业务联系的金融机构。由此可见,中国建立存款保险制度用以防范金融风险是势在必行的。

6.3.3.2 建立存款保险制度有利于保护存款人的利益

金融机构的日常经营是存在风险的,有效的制度可以在一定程度上防范和监控风险的发生。存款保险制度建立后会有专门的保险机构依据法律赋予其职权对银行的资金进行集中管理并使之有效运行。从 20 世纪 70 年代开始,中国公民储蓄率在世界公民储蓄率的排行上位居前列。但就是这样的一个储蓄大国却没有建立存款保险制度,显然是制度上的缺失。中国《商业银行法》、《企业破产法》和《民事诉讼法》等法律法规对银行因为解散、宣告破产进入清算的程序进行了详细的规定,其规定的清偿顺序将存款人储蓄存款的本金和利息的支付安排在了支付所欠职工工资和劳动保险费之后。另外,中国《商业银行法》确认了存款人与银行之间为一般的债权债务合同关系。基于这种一般的债权债务关系而非物权关系,存款人在获得清偿时仅具有一般优先权而非物权优先权。存款人的债权清算程序安排在企业员工薪资等职工债权的清偿之后是很不公平的,这种清偿方式对广大存款人而言也是不合理的。鉴于以上分析,中国应该尽快建立存款保险制度以保护存款人这一广大群体的根本经济利益。

6.3.3.3 建立存款保险制度有利于多元化的银行竞争

建立存款保险制度首先可以较好地保护中小银行的发展。若没有存款保险制度,人们通常愿意将钱存入有国家信用作保障的四大商业银行,这样中小银行很难吸收到存款来充实资本,但为了确保其流动性,中小银行反而更需要大量的流动资金来提高经济效益,但其不敢过多消耗股权资本来进行经营以获取收益。那么,如果建立了存款保险制度,存款人不会过多地考虑未来将要存入钱的银行是否是大银行,这样中小银行就可以获得与大银行竞争的公平机会。其次,存款保险制度可以将银行破产危机转嫁给存款保险机构,人们也增强了对银行经营的信心,这样银行就可以更好地将精力投入到贷款、投资等中间业务上,有利于银行业的长远、健康发展。

6.3.3.4 建立存款保险制度有利于健全银行市场退出机制

近几十年来,中国一直在探索行政性退出机制与市场退出机制之间的折中解决方案,但是无论是理论研究还是实践操作,成效均不明显。在实践中,由于没有健全的金融机构市场退出机制,致使中国存在部分金融机构因经营管理不善遭受重大损失而被中国人民银行宣布破产和关闭的现象,从而导致广大人民对中国现有金融体系丧失信心,甚至造成一定的社会惶恐。目前,由于没有完善的金融机构市场退出机制,致使在实践操作中存在诸多问题。首先,金融机构需要稳定的体系及金融秩序,需要完善的信用系统,金融机构秩序的不稳定势必会让公众失去信心,同时对整体金融机构的秩序稳定也带来巨大的负面影响;其次,如果有完善的市场退出机制,经营管理不善的金融机构会按照退出机制办理退出手续,而不会无故增加退出成本;最后,出现金融机构经营管理不善时,即使有关部门介入处理,由于相关制度的不健全,实践中仍然存在重重阻碍,效果不明显。可见,金融机构市场退出机制的完善,对于稳定金融秩序、增强公众对银行等金融机构的信心、减少不必要的退出成本等方面具有重要的意义。

在金融机构市场退出机制的构建中,存款保险制度的建立对于稳定金融秩序体系是至关重要的,因为该制度可以分散金融风险,削减金融机构市场退出机制对于金融秩序体系的影响。综上所述,建立存款保险制度有利于银行市场退出机制的完善,因此,中国应当建立存款保险制度,并以此作为金融机构市场退出机制的相关配套措施,从而有利于降低金融机构市场退出的成本,减少金融机构市场退出时对整体金融秩序体系的影响。

6.3.4 国外的存款保险制度

6.3.4.1 美国存款保险制度

美国的存款保险模式是政府组建形式,1929~1934年的经济危机导致美国9 000多家银行破产倒闭,仅1933年一年内就倒闭了4 000多家银行,使得公众对银行业,甚至美国政府都存有疑虑,美国经济一度陷入崩溃。在此之前,美国的存款保险制度已经发展了长达一个多世纪的时间,但不足之处在于仅仅局限在州的范围内,不成规模,金融危机导致的银行倒闭促使联邦存款制度的成立。国会通过的《银行法》中有建立存款保险的法案,该法案就是《格拉斯—斯蒂格尔法》。从经济发展和存款保险机构的职能上看,美国存款保险机构(FDIC)的主要职能表现在以下几个方面:首先,保护投保机构的存款。投保机构包括美国的银行和储蓄存款机构。美国约有97%的银行储户的存款被FDIC所提供的保险涵盖。其次,监管职能。对发生大规模的经济危机美国存款保险机构处理得当。

美国存款保险的主要特点包括政府建立存款保险机构,最初成立存款保险机构的资金来源于财政拨款和联邦银行共同筹集,官办模式主要依靠美联邦政府的信用和中央银行雄厚的资金实力来保护存款者的利益和维持经济社会稳定。联邦银行同时也是存款保险机构的投保银行,如果投保机构发生支付困难或者破产倒闭,存款保险机构会运用筹集到的基金解决这些问题;美国存款保险机构由政府颁布相关的法律,用法律保障存款保险制度的发展和完善,这对美国存款保险制度的发展具有极其重要的意义;存款保险制度的费率采用市场化费率,早期的美国存款保险实行的是同一费率。随着存款保险制度的进一步发展,美国国会出台的《1991 年联邦存款保险公司改善法》将同一费率取消,实行有差别的市场化费率,后期颁布的《2005 年存款保险改革法》取消了最低费率要求,美国市场化的积极性体现在存款保险费率的发展同经济市场发展的紧密性上;银行政策遵循谨慎性原则,联邦存款保险公司必须得到财政部部长的同意和联邦储备理事会以及董事会成员投票通过才能实施,主要是因为大银行倒闭会对社会经济稳定和金融发展产生严重影响。这削弱了大银行的优越地位,纠正了传统"大银行不倒闭"的政策,给中小银行一个公平竞争的市场环境。

美国主要的存款保险机构是美国联邦存款保险公司(FDIC),除此之外还包括联邦储蓄贷款保险公司(FSLIC)和全美信用合作社股份保险基金(NCUIF),FSLIC 是主要为储蓄与贷款协会办理存款保险的公司,NCUIF 是为信用合作社提供保险的公司。美国的存款保险制度发展至今,经历了很长时间的发展历程。美国是最早建立存款保险制度的国家,1829 年,美国纽约州建立了最早的存款保险计划——银行安全基金,这之后美国的其他 5 个州——佛蒙特、印第安纳、密歇根、俄亥俄、爱荷华也随之建立了该基金,但是到了 20 世纪初,由于资金不足,这种由州建立的存款保险制度自动消失了,受到 1929~1933 年经济危机影响,美国开创了现代存款保险制度,采取了许多措施,成立了美国联邦存款保险公司,办理商业银行的存款保险业务,这就是世界上第一个全国性质的存款保险制度。

6.3.4.2　德国存款保险制度

德国建立的存款保险制度采取民间建立和政府强制性相结合的方式,银行体系由商业银行系统、储蓄银行系统和信用合作银行系统组成,并建立了共同基金,主要为了保护投保银行和存款者的利益。1974 年赫兹塔特银行(Bank Herstatt)倒闭事件发生后,上述三大银行系统针对"共同基金"的缺陷,于 1976 年建立了存款保障基金,并制定了各自存款保障规则。存款保险机构的基金是保护投保银行和存款人利益的,这能增加公众对商业银行的信心,同时基金有权对出现问题的会员银行进行干预,以便解决其经营危机。这三大银行体系各自建立起来的存款保险计划,成为德国银行体系稳健运行的保障。德国的非官方存款保险体系是基于德国商业银行的特殊地位而建立起来的,完全依赖于行业自律和市场约束运作,是用来抵消储蓄银行因其公有产权造成的竞争优势的。

除此之外,德国存款保险制度的强制性体现在 1994 年发表的《存款保险指令》,该指令要求德国政府按照欧盟要求建立强制性存款保险制度。由此,德国呈现出两种保险制度并行的局面,即"自愿性保险为主,强制性保险为辅"。德国的强制性存款保险体系是为响应欧洲议会与欧盟理事会通过的《存款保险制度指引》和《欧盟投资人补偿指引》的规定建立的。1998年7月德国颁布实施《存款保险与投资人保护法》;成立德国银行赔偿机构有限公司,德国公立银行联邦协会赔偿机构有限公司和有价证券交易企业赔款机构作为其保险赔偿机构。并于1998年成立德国公立银行联邦协会赔偿机构有限公司和德国银行赔偿机构有限公司,负责强制性存款保险的运营;投保银行或金融机构缴纳的保费、特别保费和借款是强制性存款保险计划资金的主要来源;强制性存款保险对德国境内最高不超过2万欧元的存款按总额的90%予以保护。但公共实体、内部人士以及与存款保险机构或共同基金有关的机构的存款等不是德国强制性存款计划的保护范围。根据《存款保险与投资人保护法》规定,由各银行协会管理的自愿性存款保险机构继续运营。在自愿存款保险体系运转正常的情况下,不要求已经向其投保的银行或金融机构必须加入法定的强制性存款保险计划。

6.3.4.3 日本存款保险制度

日本的存款保险模式是由政府、银行和其他民间金融机构共同组成的,建立于1971年,可以参保的金融机构除了银行、信用金库和合作社之外,在1986年将劳动金库也加入其中。日本存款保险对存款者的赔付金额只是在存款保险机构能够承担赔付的范围内,对于之外的赔偿款要从投保机构破产清算后的资产里扣除,而且存款保险机构主要依赖于银行业,雇员仅有10人。这段时期里,存款保险机构仅仅是政府救助资金的支出机构,使存款保险机构最基本的职能无法履行,更不能监督投保机构,产生的效果是存款者将存款放在银行并不是因为银行稳定、不会破产,而是知道银行破产自己的存款也会得到赔付。在赔付金融方面,日本从1986年至今一直在做着调整:1996年至2000年之间,日本暂停原有的限额制度,实行全额赔付制,以稳定社会公众对银行业的信心;到21世纪之后,日本开始取消全额赔付行为,恢复之前的限额保险形式。

2005年3月起,日本存款保险机构开始保障银行业的各种存款。4月,银行业的活期存款账户被完全保护,日本政府引入"支付和结算存款"账户以保护银行的支付和结算。

综观日本存款保险制度,其有以下主要特点:①存款保险机构职能单一。日本最初建立存款保险机构只是政府当局进行救助的取款机构,具体来讲就是给问题机构提供资金上的援助。到20世纪80年代末,日本政府对出现支付危机的银行采取直接注资的方式维持其经营。受到2002年亚洲经济危机的破坏,日本改革并完善了存款保险制度,包括全额保护银行的活期存款,其他存款则实行限额保护等方法。问题在于日本政府的过度保护使其国内银行的不良资产越来越多,资产质量亟待改善。②明确投保机构种类。日本明确规定哪些金融机构参加存款保险、哪些金融机构不参加存款保险。必须参加存款保险的机构包括银行、信用合作社、信用金库和劳动金库。日本存款保险制度要求,一旦金融机构通过资格审核就必须加入存款保险,否则该机构不得办理吸收公众存款,这种从业资格的审核是非常严格的。

6.4　总结

国家审计署于 2013 年 12 月 30 日发布了全国政府性债务审计结果公告,截至 2013 年 6 月底,中央政府负有偿还责任的债务 98 129.48 亿元,负有担保责任的债务 2 600.72 亿元,可能承担一定救助责任的债务 23 110.84 亿元。

中国地方政府债务余额 178 908.66 亿元,其中政府负有偿还责任的债务 108 859.17 亿元,占比 60.85%;政府负有担保责任的或有债务 26 655.77 亿元,占比 14.90%;政府可能承担一定救助责任的其他债务 43 393.72 亿元,占比 24.25%。

2013 年年底,债务虽然略有减少,但是变动不大,需要偿还的债务仍然维持在 20 万亿元左右。

除此之外,中国政府作为公共主体,除了面对这些显性债务,还面临另一种类型的或有负债——推定的或有负债(或称为隐性或有负债)。典型例子是政府维持本国金融体系的稳定而承担支付。

在中国的国有经济部门形成了一个由财政、国有银行和国有企业组成的"三位一体"的基本结构的特殊背景下,中央财政担保着中央银行、政策性商业银行、国有商业银行,还有非银行金融机构和国有企业的债务风险。政府债务风险无法仅仅从账面的偿还债务来衡量。

参考文献

[1]陈增军. 国企债务——规模到底有多大[J]. 金融信息参考,1997(3).

[2]范帅邦. 中国四万亿救市计划与美国七千亿救市计划的比较[J]. 经济论述,2010(62).

[3]管清友. 中国债务风险实践[J]. 金融博览,2013(7).

[4]刘尚希. 宏观金融风险与政府财政责任[J]. 管理世界,2006(6).

[5]刘尚希,郭鸿勋,都煌晓. 政府或有负债:隐匿性财政风险解析[J]. 中央财经大学学报,2003(5).

[6]刘晓斌. 地方政府公共投资融资困境、债务风险与对策[J]. 宁波大学学报,2014(1).

[7]卢文鹏,尹晨. 隐性担保、补偿替代与政府债务——兼论中国的财政风险问题[J]. 财贸经济,2004(4).

[8]平新乔. 道德风险与政府的或有负债[J]. 改革探索,2006(10).

[9]唐龙生. 关于"政府或有债务"的几点思考[J]. 经济研究参考,2001(26).

[10]王国顺. 国有企业经营低效率成因的系统性分析[J]. 中国工业大学学报,2002(4).

[11]王兰军,张合金. 中国政策性银行的经营风险及其防范研究[J]. 财经研究,2001(5).

[12]王柯敬,杜惠芬,朱剑锋. 试论后积极财政政策的政策选择[J]. 中央财经大学学报,2003(5).

[13]夏龙. 再造国企——债务重组与债券发行[J]. 微观经济,1997(7).

[14]夏深舫. 浅析政府或有债务问题[J]. 财经问题研究,2003(6).

[15]阎坤,陈新平. 中国当前金融风险财政化问题及对策[J]. 管理世界,2004(10).

[16]杨大楷,汪若君,夏有为. 基于竞争视角的地方政府债务研究论述[J]. 审计与经济研究,2014(1).

[17]张海星. 政府或有债务问题研究[D]. 东北财经大学,2006.

[18]张岷. 资本市场与国企债务重组[D]. 西南财经大学,1997.

[19]张馨,王玮. 透视中国公共债务问题:现状判断与风险化解[M]. 北京:中国财政经济出版社,2004.

[20]Hana Polackova Brixi and Allen Sehiek. *Government at Risk*:*Contingent Liabilities and Fiscal Risk*. World Bank, Oxford University Press,2002.

[21]Hana Polackova Brixi. *Contingent Government liabilities*:*A Hidden Risk for Fiscal Stability*. World Bank,1998.

[22]Harvey S. Rosen. *Public Finance*,1992.

[23]Joseph E. Stiglitz. "Market Socialism and Neoclassical Economics",In Bardhan,P. K. and Roemer,J. E. (eds.),*Market Socialism. The Current Debate*, New York:Oxford University Press,1993.

[24]Mody Ashoka and Dilip Parro. "Valuing and accounting for loan guarantees," *World Bank Research*,*Observer* 11, 1996,119—142.

[25]Robert C. Merton."An analytic derivation of the cost of deposit insurance and loan guarantees:An application of modem option pricing theory", *Journal of Banking and Finance*,June 1977,3—11.

7 2013 年中国银行业风险分析

甘文超

7.1 银行业风险

7.1.1 银行业风险概述

7.1.1.1 银行业风险的概念

就单个银行来说,银行业风险是指银行在其经营管理过程中,由于各种不确定因素的影响,实际收益和预期收益发生一定的偏差,从而蒙受损失或获得额外收益的可能性。就整个银行业来说,由于银行业务的特殊性,各银行业务联系紧密,单个银行的信誉和形象往往会影响到社会公众对整个银行业的信心,因此,银行业风险还包含另外一层含义,即导致整个银行系统发生混乱的可能性。

银行业风险是金融风险的一种,具备金融风险的各种属性,但由于银行业务活动的相对复杂性,银行业风险也有自身的一些特性。银行是综合性、多功能的金融企业,具有支付中介、信誉中介、信用创造和金融服务四大职能,所以银行业风险不仅影响本行业的正常运营,也影响与其经济活动有关的经济实体,如物价、经济增长、就业等宏观经济的方方面面,甚至会动摇一国的经济基

7.1.1.2 银行业风险的分类

根据不同的标准,银行业风险可以划分为不同的类型,并且不同类型的风险也会显现出不同的特征。通过对银行业风险进行不同的分类,有利于从不同层面加深对其本质的了解,进而采取不同措施进行有效的防范和化解,从而能更有效地控制银行风险,达到风险管理的目的。

(1)按银行经营的外部环境因素,可以划分为信用风险、利率风险、价格风险、汇率风险和国家风险等。

信用风险是指由于债务人违约而导致银行持有的贷款和证券等资产不能收回全部本息而造成损失的可能性。利率风险是指市场利率变动的不确定性给商业银行造成损失的可能性,是现代商业银行面临的基本风险。价格风险是指由于基础资产价格变动导致衍生工具价格变动或价值变动而使银行遭受损失的可能性,这种风险的大小取决于资本市场和商品市场等多种市场的价格变动幅度。汇率风险是指银行因汇率变动而遭受损失,或者丧失所预期的利益的可能性,可分为外汇敞口风险和折算风险。国家风险是指在国际经济活动中,一个国家在其主权范围内,通过其违约行为(例如停付外债本金或利息)直接构成风险,通过政策和法规的变动(例如调整汇率和税率等)间接构成风险,从而给银行带来损失的可能性。

(2)按商业银行经营的内部因素,可以划分为资本风险、流动性风险、操作风险、盈亏性风险和决策风险等。

资本风险是指由于银行资本充足率过低而无法完成清偿职能的可能性,根据《巴塞尔协议Ⅲ》的规定,银行的资本充足率不能低于8%,其中核心资本充足率不得低于4%。流动性风险是指银行持有的流动资产不足以及时支付到期负债的需要,而使得银行丧失清偿能力和造成损失的可能性。操作风险是指由于内部控制出现差错或外部事件而给银行带来损失的可能性。盈亏性风险是由于经营不善或其他不确定因素而给银行带来损失的可能性。决策风险是指由于银行管理层决策错误而造成损失的可能性。

(3)按商业银行业务范围,可以划分为负债风险、信贷风险、投资风险、中间业务风险和表外业务风险等。

负债风险是指银行在其负债业务方面存在的风险,包括流动性风险和利率风险等,其中流动性风险是银行负债风险中最大的风险。信贷风险是指银行的债务人未能按期履行偿还义务而形成逾期、坏账,使银行遭受损失的可能性。投资风险是指与投资有关因素的不确定性而导致投资收益未达到预期目标的可能性。中间业务风险是指商业银行在办理中间业务时存在的风险。表外业务风险是指商业银行开展表外业务活动中发生损失或收益的不确定性。

7.1.2 中国银行业目前面临的风险

7.1.2.1 信用风险

2013 年中国银行业信用风险总体可控,重点领域风险增加。2013 年,银行业金融机构的不良贷款保持较低水平,但地方政府融资平台、房地产和产能过剩行业的风险不容忽视。地方政府融资平台贷款逐步进入还债高峰期,约 37.5% 的贷款在 2013 年至 2015 年内到期。房地产贷款增速回升,房地产信贷风险增加,房地产市场波动对银行信贷资产质量的影响增强。

从总体上来看,中国商业银行不良贷款余额和不良贷款率处于正常范围,这部分归功于中国商业银行的股份制改革。工商银行、建设银行和中国银行通过股份制改革,获得国家注资,银行自有资本得到提高,同时剥离了大量不良资产,减少不良贷款,最终使得商业银行的资产负债表比较好看。

但是,中国商业银行的经营能力并没有多大改善,商业银行抵御风险的能力远没有资产负债表显示的那么强。为了降低不良资产的比例,各商业银行相互之间通过发行次级债来补充附属资本,虽然改善了银行资产状况和调整了资产结构,但这种扩充或增大分母的做法,实际上是将个别银行的风险转化为系统风险,一旦一家银行出现风险,导致该银行资产大幅贬值,将在银行之间引起连锁反应,引发银行业金融系统风险,甚至引发整个国家金融体系的崩溃。

当前,中国银行业面临的主要信用风险来自地方政府投融资平台和房地产行业。银监会主席尚福林在题为"更加奋发有为地推进银行业改革"的文章中便表示,对银行的风险管控,要加强信用风险前瞻性管理,加强地方政府融资平台、房地产市场、"两高一剩"行业等重点领域的信用风险防控。

2009 年以来,商业银行新增贷款中的主要投向之一就是地方政府融资平台所支持的基础设施。在建设项目方面,据统计,截至 2009 年年底,全国各级政府融资平台超过 8 220 家,按照广义口径,地方政府融资平台贷款余额约为 7.2 万亿元,约占贷款总额的 18%,2011 年底达到约 10 万亿元,现在更多。

各类政府融资平台公司,其实往往是政府所属企业筹划,主要负责人由政府或相关部门领导兼任。政府投融资平台负债实质是政府负债,由于地方政府项目本身的偿债能力通常不高,增加了地方政府的债务负担。由于地方政府的主要收入来源于土地出让金,受土地出让金收益下滑的影响,未来投融资平台偿债风险的不确定性进一步增强。而商业银行没有能力真正掌握偿债主体总体负债规模和偿债能力,当然也就难以真实、全面地评估其整体债务水平和项目风险。商业银行面临的政府融资平台信贷违约风险可能较大。

另一方面,经过 10 余年房地产市场发展,房地产价格高企,泡沫不断膨大,房地产及个人住房按揭贷款的信用风险也日益增加。根据国家统计局发布的数据,2013 年,房地产开发企业到位资金122 122亿元,比上年增长26.5%,增速比1~11月份回落 1.1 个百分点,比 2012 年提高 13.8 个百分点。其中,国内贷款19 673亿元,增长 33.1%;利用外资 534 亿元,增长 32.8%;自筹资金47 425亿元,增长 21.3%;其他资金54 491亿元,增长 28.9%。在其他资金中,定金及预收款34 499亿元,增长 29.9%;个人按揭贷款14 033亿元,增长 33.3%。

2013 年到位资金大增,房企购地热情也随之提高。数据显示,2013 年,房地产开发企业土地购置面积38 814万平方米,比上年增长 8.8%,增速比1~11月份回落 1.1 个百分点;土地成交价款9 918亿元,增长 33.9%,增速提高 2.4 个百分点。销售端同样"火爆"。根据国家统计局披露的数据,2013年,商品房销售额81 428亿元,增长 26.3%,增速比 1~11 月份回落 4.4 个百分点,比 2012 年提高 16.3 个百分点;其中,住宅销售额增长 26.6%,办公楼销售额增长 35.1%,商业营业用房销售额增长 18.3%。

房地产开发的主要资金来源是商业银行信贷资金,且房地产企业的资产负债率平均在 70%以上,随着中国经济增长速度减缓,房价将逐步回落,商业银行的房地产贷款的信用风险日益增加。

7.1.2.2 流动性风险

次贷危机发生之后,全球经济与中国经济增长波动加大,宏观经济的不确定性因素增加,国内存款大幅波动更加明显,商业银行流动性风险管理难度加大。2013 年,银行业金融机构存款跨季月间波幅超过 5 万亿元,全年波幅近 6 万亿元,银行资金来源稳定性显著降低。商业银行"各项存款占总负债"的比重由 2006 年末的 87.2%下降到 2013 年末的 81.9%。

最近几年,金融机构在利润压力、监管套利等因素作用下,利用同业、理财等短借长贷,导致银行资产扩张很快,及表外诸多金融产品创新发展迅速,使得资产负债结构对利率风险敞口十分灵敏,对货币市场依赖程度上升。商业银行的这些逐利行为既增加了市场流动性波动,也进一步强化和加大了商业银行对流动性的需求。同时,财政收支变化及库款波动、跨境资本流动的波动性增加等,也增加了市场流动性波动及商业银行流动性管理的难度。

2013 年 6 月,银行间市场隔夜回购利率自 2010 年年底以来,第三次攀上高位。"钱荒"从银行体系内萌生,在资本市场被放大。大型商业银行加入借钱大军,隔夜头寸拆借利率一下子飙升 578 个基点,达到 13.44%。与此同时,各期限资金利率全线大涨,商业银行流动性风险显著增加。

流动性风险是商业银行经常要面对的主要金融风险。当前,商业银行经营中面临的流动性压力远远大于过去任何时期。引起流动性风险的主要原因有:资产负债结构不匹配、经营损失、衍生品交易风险和附属机构相关风险等。虽然自 2003 年开始的商业银行股份制改革促使中国银行业公司治理水平和管理水平得到明显改善,但商业银行在流动性管理方面一直存在惰性,缺乏主动性和紧迫感,在利率市场化的大背景下,金融脱媒趋势加快,影子银行体系迅速膨胀,导致银行流动性管理更加困难。中国商业银行还没有积累足够的经验应对利率市场化日益发展形势下的流动性管理。

7.1.2.3 同业业务风险

近年来,随着中国金融市场发展,金融机构日益多样化,金融产品日益增加,金融机构同业业务呈现出快速发展态势。2009 年初至 2013 年末,银行业金融机构纳入存放同业、拆出资金和买入返售金融资产项下核算的同业资产从 6.21 万亿元增加到 21.47 万亿元,增长 246%,是同期总资产和贷款增幅的 1.79 倍和 1.73 倍;纳入同业存放、拆入资金和卖出回购金融资产项下核算的同业负债从 5.32 万亿元增加到 17.87 万亿元,增长 236%,是同期总负债和存款增幅的 1.74 倍和 1.87 倍,远高于同期银行业金融机构贷款、存款增长水平。

在同业业务快速增长的同时,并没有看到中国商业银行关注同业业务潜在的风险。中国商业银行同业业务存在一定的风险隐患。

7.1.2.4 理财业务风险

金融机构的理财业务是金融机构规避当前严格监管的方式。截至 2013 年年末,67 家信托公司管理的信托计划规模达 10.9 万亿元,同比增长 46%。从运营情况看,部分信托公司经营方式比较粗放,风险管控不完善,问题信托产品风险事件有所增多,一些问题产品存在"刚性兑付"。截至 2013 年年末,商业银行业理财产品余额 9.5 万亿元,比上年末增加 2.8 万亿元。

金融机构理财业务在一定程度上满足了全社会的投融资需求,对经济增长有一定的正面作用。但是,一些理财产品规避国家宏观调控政策和金融监管,投向限制性行业和领域,加剧部分行业产能过剩和宏观经济失衡,投资回报风险很大。另外,为了促销理财产品,产品发行机构或明确或暗示理财产品的投资者会"刚性兑付",理财产品没有风险。这种行为有悖于"卖者尽责,买者自负"的市场原则,不仅助长了道德风险,而且引发资金在不同市场间的不合理配置和流动,降低市场资源配置效率。

由于金融机构理财产品是新生事物,银行、证券和保险业的同类理财产品缺乏统一的监管标准,容易形成监管套利。目前还没有比较合理的理财产品监管制度,信托、理财业务加速发展,其蕴藏的潜在风险却不清楚。

7.1.3 存款保险制度的缺失与建设

7.1.3.1 存款保险制度

为稳定、预防和处理银行业危机可能给经济、社会带来的系统性负面影响,世界各国政府均要建立一个相对完备的银行安全体系。在西方,存款保险制度、银行业审慎监管和最后贷款人制度通称为金融监管的三道防线,构成了金融监管的基本制度。对比中国银行业和国际银行业风险监管体系,存款保险制度的缺失是最大的不同点。存款保险制度具有保护存款人的利益,提高银行体系的公信力,维护金融业的公平、稳健与安全经营等职能。

存款保险制度(Deposit Insurance System, DIS)是一个国家的货币主管当局为了维护存款者的利益和金融业的稳健经营与安全,在金融体制中设置负责存款保险的机构,规定本国金融机构必须或自愿地按吸收存款的一定比例向保险机构缴纳保险金进行投保,在金融机构出现信用危机时,由存款保险机构向金融机构提供财务救援,或由存款保险机构直接向存款者支付部分或全部存款,以维护正常的金融秩序的制度。

国际上有隐性存款保险制度和显性存款保险制度两类。显性的存款保险制度是指国家以法律的形式对存款保险的要素机构设置以及有问题机构的处置等问题作出明确规定。隐性的存款保险制度则多见于发展中国家或者国有银行占主导的银行体系中,是指国家没有对存款保险做出制度安排,但在银行倒闭时,政府会采取某种形式保护存款人的利益,因而形成了公众对存款保护的预期。事实上,对于"系统性重要"的"大而不能倒"的金融机构,世界各国均会予以救援。也就是说,世界各国都存在某种意义上的隐性存款保险制度。

显性存款保险制度区别于隐性存款保险制度主要基于三个特质:一是存款人赔付的正式立法;二是额外工具规则的存在,如风险调整保费制度等;三是不对称信息的政府救助政策被削弱。为免歧义,如无特殊指明,本文中的存款保险制度即指显性存款保险制度。

目前,全世界主要有三种商业银行存款保险制度:第一种以美国、英国和加拿大为代表,是由政府出面设立存款保险机构,除了负责赔付外,还负责监管等;第二种以日本和比利时为代表,是由政府和银行联合成立存款保险机构;第三种以德国和法国为代表,是由银行出资自己成立存款保险机构。

而在保险方式的选择上,英国、日本和加拿大采取强制保险的方式,德国和法国采取自愿保险的方式,美国则采取自愿与强制相结合的方式。强制性存款保险就是说所有存款类金融机构都必须参加保险,而不管其经营状况如何,经营状况上的差异只体现在所收保费的费率上,实行所谓基于风险的差别保费费率。1995 年,全球实行强制性存款保险的国家和地区只有 26 个,占所有实行存款保险制度国家的 55％;而目前,共有 74 个国家实行强制性保险,占比上升到 93％,并且,近年来新建立存款保险制度的国家均采用了强制性存款保险方式。在存款保险的赔付额方面,现阶段世界上绝大多数国家采取确定存款赔付上限的限额保险制,仅部分国家在危机时期采取过全额保险计划。

7.1.3.2 中国存款保险制度的发展历程

随着利率市场化、人民币国际化改革的日益深入,建立适合中国国情的存款保险制度已经迫在眉睫。虽然中国现在没有显性存款保险制度,但为此做出的积极努力已达 20 年之久。

自 1993 年《国务院关于金融体制改革的决定》提出要建立存款保险基金到 1997 年年底央行存款保险课题组成立;自 2004 年 4 月金融稳定局存款保险处挂牌到 2004 年 12 月《存款保险条例》起草工作展开;2005 年,中国人民银行首次发布的《中国金融稳定报告》中提出,要加强金融基础设施和制度建设,改善金融生态环境。其中的重要内容是建立存款保险制度、证券投资者保护制度和保险保障制度。同年 4 月,人民银行对中国存款类金融机构的存款账户结构进行了详细的抽样调查,为存款保险制度设计提供了依据,同时还征求并吸纳了主要存款类金融机构对建立符合中国国情的存款保险制度的意见。

2006 年,国家"十一五"规划纲要明确提出,要规范金融市场退出机制,建立相应的存款保险、投资者保护和保险保障制度。随后,中国人民银行在 2006 年年底发布的《2006 年金融稳定报告》中,指出了加快存款保险制度建设、健全金融风险处置长效机制的必要性,并详细阐述了所要重点研究的存款保险机构的职能、存款保险的成员资格、存款保险的基金来源、最高赔付限额、费率制度安排等细节问题。2007 年,全国金融工作会议的有关精神也促使了建立存款保险制度被纳上议事日程。目前,中国经济发展势头良好,降低了建立这一制度的成本和风险;银监会成立以来,中国银行业监管水平有了很大的提高,也为存款保险制度的出台创造了前提条件;国有商业银行改制上市取得显著成效,银行不良资产的大规模政策性集中处置工作已经告一段落;此外,经营不善金融机构的市场退出机制也在建立之中。所有这些表明,在中国建立存款保险制度所需要的主要条件都已具备。

2010 年年初,国务院决意加快建立存款保险制度,由人民银行牵头制订详细方案。当时是想按照分布走的设想,先在央行内设一个存款保险基金,而非作为实体的存款保险公司;先临时性推出"全额保险",将来再过渡到"限额保险";待到未来条件成熟时,再设立完全独立的存款保险公司。存款保险机构的保险基金由各投保银行按照存款的一定比例缴纳。

2011年,国家在"十二五"规划纲要中指出,将深化金融体制改革,全面推动金融改革、开放和发展,构建组织多元、服务高效、监管审慎、风险可控的金融体系,不断增强金融市场功能,更好地为加快转变经济发展方式服务。"十二五"规划纲要中明确提出要加快存款保险制度的建立,被视为深化金融体制改革的题中之意。

2012年1月,第四次全国金融工作会议提出,"要抓紧研究完善存款保险制度方案,择机出台并组织实施"。2012年全国两会期间的《政府工作报告》中提到,2012年政府工作重点之一是"推动实施银行业新监管标准,推进建立存款保险制度,深化利率市场化改革"。2012年7月16日,人民银行在其发布的《2012年金融稳定报告》中称,中国推出存款保险制度的时机已经基本成熟,2013年将积极研究论证制定《存款保险条例》。同年9月,《金融业发展和改革"十二五"规划》指出,在"十二五"期间要建立完善存款保险制度及金融机构市场退出机制,建立健全存款保险制度,加快存款保险立法进程,择机出台《存款保险条例》,明确存款保险制度的基本功能和组织模式。

2013年,十八届三中全会《中共中央关于全面深化改革若干重大问题的决定》指出要"建立存款保险制度,完善金融机构市场化退出机制",标志着中国推出存款保险制度的条件已经具备,有望在2014年上半年择机实施。在今年年初召开的2014年人民银行工作会议上,央行表示,"存款保险制度的各项准备工作基本就绪"。推进存款保险制度可为中小金融机构创造与大型金融机构平等的竞争环境,立足本国国情构建具有中国特色的存款保险制度意义深远。

7.1.3.3 存款保险制度的显性担保效用分析

目前,大部分国家和地区都是先建立存款保险制度,后完成利率市场化,或者两者同时进行。中国的存款保险制度有望伴随着利率市场化的进程逐步建立和完善,并且为了防范风险,很可能将早于利率市场化的实现。当然,在存款隐性担保消失之前,在银行和储户的风险意识改变之前,存款保险制度的完善期可能会比较长。存款保险制度的建立,将会防止一系列系统性风险的出现,从而消除利率市场化的后顾之忧,具体表现在:

(1)保护存款人的利益,提高社会公众对银行体系的信心。存款保险制度可有效防止银行挤兑风潮的发生和蔓延。由于存款保险制度的存在,美国在

2008年金融危机中尽管有数百家银行倒闭,但并未发生挤兑现象。

(2)可有效提高金融体系的稳定性,维持正常的金融秩序。由于存款保险机构负有对有问题银行承担保证支付的责任,它必然会对投保银行的日常经营活动进行一定的监督,由此增加了一道金融安全网。

(3)促进银行业适度竞争。存款保险制度是保护中小银行、促进公平竞争的有效方法之一。存款保险制度的施行,将更有利于中国村镇银行、小银行的成长与金融创新。它可使存款者形成一种共识,即将存款无论存入大银行还是小银行,该制度对其保护程度都是相同的。因此,提供服务的优劣将成为客户选择存款银行的主要因素。

(4)存款保险机构可通过对有问题银行提供担保、补贴或融资支持等方式对其进行挽救,或促使其被实力较强的银行兼并。同时,存款保险制度也有助于推动中国银行业建立完善的市场退出机制。目前,中国金融机构不仅是"大而不能倒",甚至是"小也不能倒",约束软化,道德风险高企。存款保险是让经营失败的银行在不影响金融秩序和社会稳定的前提下有序退出市场的金融安全网。存款保险制度的建立能在补偿储户、降低负面效应的基础上,淘汰破产银行,提高商业银行的运作效率和竞争意识。

由于中国尚未建立和实施存款保险制度,中国政府不得不事实上为中国所有金融机构的存款进行全额担保,金融监管也缺少一个独立第三方。由于大银行具有规模优势,存款保险制度的缺失使得中国众多中小商业银行在银行业竞争中处于劣势,既不利于市场机制在商业银行经营竞争中发挥作用,也缺失让经营失败的银行有序退出市场的安全网。存款保险制度的缺失是中国金融的潜在风险。

7.1.3.4 存款保险制度与银行道德风险

存款保险制度既有积极的一面,也可能引发和加剧道德风险。存款保险制度下的道德风险包括存款人道德风险、银行道德风险、监管机构道德风险,而银行的道德风险是道德风险问题最集中的体现。

在没有存款保险制度的情况下,由于银行始终面临着存款人的监督和挤兑的威胁,商业银行的道德风险会被限制在一定范围内。然而,在存款保险制度建立以后,存款人不再关心自己在银行存款的安全性,也就是失去监督和挤兑银行的动机。这意味着对吸收存款的机构施加的市场惩戒不复存在,银行倾向于从事风险较高和利润较大的银行业务,如高息揽储、发放风险较大的贷款,从而不适当地增大银行经营风险。这就是存款保险制度下的道德风险问题。

存款保险制度下,由于银行存款受到保护,存款人可能不再关心银行的信用风险,而只关心高的收益率,从而忽视了银行的经营业绩和安全性。由于有存款保险制度作为一个依赖因素,银行在业务活动中,可能采取更加冒险的商业计划,追求更高利润,相应减少其资本金和流动性储备,从而增大了其风险。特别是当一家银行出现危机时,更可能促使其孤注一掷。因为,这时全部的风险由承保人承担,而如果冒险成功则使一些资金实力弱、风险程度高的金融机构从中得到了实际的好处。

因此,在中国即将建立存款保险制度之际,有必要充分考虑存款保险制度下的商业银行道德风险的法律控制问题。

7.2　中美银行资产负债比较分析

7.2.1　美国银行业资产负债概况

在经过 20 世纪末的经济衰退之后,美国银行业的发展势头曾令全球瞩目,在《银行家》排行榜上,其一级资本占比、总资本占比、平均资本回报率等指标一直位居榜首。2007 年爆发的金融危机造成了美国银行体系的激烈动荡,贝尔斯登倒闭,美林证券被收购,雷曼兄弟宣布破产。由于次级抵押贷款和相关次级债拨备支出剧增,美国银行业一级资本萎缩,美国商业银行深陷坏账危机。一年内共有 23 家银行破产倒闭,远远超过美国银行业过去 5 年的总和。

次贷危机过去,美国银行业慢慢开始复苏。从图 7-1 中可以看出,2010年开始,美国银行业金融机构总资产开始缓慢平稳增加,从 2010 年一季度的

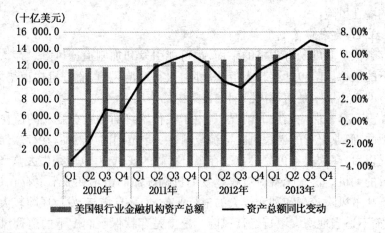

资料来源:Bloomberg。

图 7-1　2010~2013 年美国银行业金融机构资产总额变动

116 315亿美元到 2013 年年底的139 816亿美元的总资产,四年间总资产增长率达到了 20.20%;资产总额同比变动率从 2010 年第三季度开始转向正值,从 2010 年第一季度的－3.44%,达到 2013 年第四季度的 6.74%。

与银行业金融机构资产总额增长相对应的是负债总额的缓慢平稳增长,2010 年第一季度美国银行业金融机构负债总额为103 168亿美元,同比增长率为－4.55%,而到了 2013 年第四季度,总负债达到 124 212亿美元,相比2010 年第一季度总负债增长了 20.40%,同比增长率也达到了 7.53%。

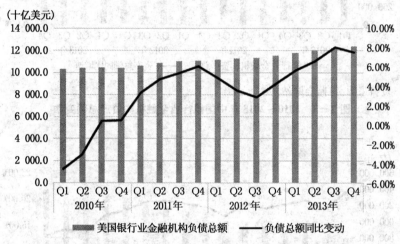

资料来源:Bloomberg。

图 7—2　2010～2013 年美国银行业金融机构负债总额变动

7.2.2　中国银行业资产负债概况

2010～2013 年中国银行业金融机构的总资产和总负债的各季度的变动情况如图 7—3 和图 7—4 所示。2013 年年末总资产为 151 万亿元,比上季度末增长了 4.4 万亿元,比上年末增长了 13.27%。负债方面,截至 2013 年第四季度末,银行业金融机构负债规模达 141 万亿元,比上季度增加 3.9 万亿元,比上年末增加了 12.99%。总体来看,中国银行业金融机构的总资产和总负债都以一个相对平稳的速度增加着。

7.2.3　中美银行资产负债表对比

进一步地,我们选取了美国的富国银行和中国的工商银行,并简单对比二者的资产负债表。

资料来源：银监会网站。

图7—3 2010～2013年中国银行业金融机构资产总额变动

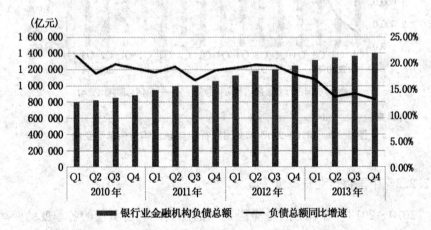

资料来源：银监会网站。

图7—4 2010～2013年中国银行业金融机构负债总额变动

可以看出，由于两国会计准则不同，富国银行和工商银行资产负债表的具体科目差异较大，但资产负债表资产端和负债端的主要内容差异不大。

表 7—1 　　　　　　　　　　**富国银行资产负债表** 　　　　　　　　　　

	2010 年	占比	2013 年	占比
资产				
现金与现金等同	16 044	1.28%	19 919	1.30%
银行间资产	80 637	6.41%	213 793	14.00%
短期投资	224 068	17.81%	314 820	20.62%
贷款净额	787 298	62.58%	828 193	54.24%
总贷款	810 320	64.41%	842 695	55.19%
贷款损失准备金	23 022	1.83%	14 502	0.95%
长期投资	0	0.00%	12 346	0.81%
净固定资产	9 644	0.77%	9 156	0.60%
其他资产	140 437	11.16%	128 788	8.43%
客户承兑负债	0	0.00%	0	0.00%
总资产	1 258 128	100.00%	1 527 015	100.00%
负债与股东权益				
活期存款	191 256	15.20%	288 117	18.87%
有息存款	656 711	52.20%	791 060	51.80%
储蓄存款	495 323	39.37%	594 109	38.91%
定期存款	161 388	12.83%	196 951	12.90%
其他存款	0	0.00%	0	0.00%
客户存款	847 967	67.40%	1 079 177	70.67%
短期借款与回购	55 401	4.40%	53 883	3.53%
其他短期负债	69 913	5.56%	69 949	4.58%
长期借款	156 958	12.48%	152 998	10.02%
其他长期负债	0	0.00%	0	0.00%
总负债	1 130 239	89.83%	1 356 007	88.80%
总优先股	8 689	0.69%	16 267	1.07%
少数股东权益	1 481	0.12%	866	0.06%
股本与资本公积	62 213	4.94%	69 432	4.55%

	2010 年	占比	2013 年	占比
留存收益及其他股东权益	55 506	4.41%	84 443	5.53%
总股东权益	127 889	10.17%	171 008	11.20%
总负债与股东权益	1 258 128	100.00%	1 527 015	100.00%

数据来源：Bloomberg。

表 7－2　　　　　　　　　　　工商银行资产负债表　　　　　　　单位：人民币百万元

	2010 年	占比	2013 年	占比
资　产				
现金及存放中央银行款项	2 282 999	16.96%	3 294 007	17.41%
存放同业和其他金融机构款项	183 942	1.37%	306 366	1.62%
贵金属	10 226	0.08%	61 821	0.33%
拆出资金	64 918	0.48%	411 618	2.18%
交易性金融资产	12 986	0.10%	372 556	1.97%
衍生金融资产	13 332	0.10%	25 020	0.13%
买入返售金融资产	262 227	1.95%	331 903	1.75%
应收利息	0	0.00%	0	0.00%
发放贷款及垫款	6 623 372	49.21%	9 681 415	51.18%
代理业务资产	0	0.00%	0	0.00%
可供出售金融资产	904 795	6.72%	1 000 800	5.29%
持有至到期投资	2 312 781	17.18%	2 624 400	13.87%
长期股权投资	40 325	0.30%	28 515	0.15%
应收款项类投资	501 706	3.73%	324 488	1.72%
固定资产	100 839	0.75%	160 704	0.85%
无形资产	0	0.00%	0	0.00%
商誉	0	0.00%	0	0.00%
递延所得税资产	21 712	0.16%	28 860	0.15%
投资性房地产	0	0.00%	0	0.00%
其他资产	122 462	0.91%	265 279	1.40%

	2010 年	占比	2013 年	占比
资产总计	13 458 622	100.00%	18 917 752	100.00%
负 债				
同业和其他金融机构存放款项	922 369	6.85%	867 094	4.58%
向中央银行借款	51	0.00%	724	0.00%
拆入资金	125 633	0.93%	402 161	2.13%
交易性金融负债	6 670	0.05%	553 607	2.93%
衍生金融负债	10 564	0.08%	19 168	0.10%
卖出回购金融资产款	84 888	0.63%	299 304	1.58%
吸收存款	11 145 557	82.81%	14 620 825	77.29%
应付职工薪酬	20 305	0.15%	24 529	0.13%
应交税费	40 917	0.30%	67 051	0.35%
应付利息	0	0.00%	0	0.00%
代理业务负债	0	0.00%	0	0.00%
应付债券	100 410	0.75%	253 018	1.34%
递延所得税负债	318	0.00%	420	0.00%
预计负债	0	0.00%	0	0.00%
其他负债	168 115	1.25%	400 830	2.12%
负债差额(特殊报表科目)	11 168	0.08%	130 558	0.69%
负债合计	12 636 965	93.89%	17 639 289	93.24%
所有者权益(或股东权益)				
股本	349 019	2.59%	351 390	1.86%
资本公积金	122 820	0.91%	108 023	0.57%
减:库存股	0	0.00%	0	0.00%
盈余公积金	53 782	0.40%	123 870	0.65%
未分配利润	201 157	1.49%	511 949	2.71%
一般风险准备	93 071	0.69%	202 940	1.07%
外币报表折算差额	581	0.00%	-24 038	-0.13%

	2010 年	占比	2013 年	占比
未确认的投资损失	0	0.00%	0	0.00%
归属于母公司所有者权益合计	820 430	6.10%	1 274 134	6.74%
少数股东权益	1 227	0.01%	4 329	0.02%
所有者权益合计	821 657	6.11%	1 278 463	6.76%
负债及股东权益总计	13 458 622	100.00%	18 917 752	100.00%

资料来源：Wind。

富国银行2013年年末总资产数额为1 527 015百万美元,同比2010年资产规模增长了21.37%,资产负债率为88.80%;而工商银行2013年年末总资产为18 917 752百万元,同比2010年资产规模增长了40.56%,资产负债率为93.24%。资产方面,富国银行贷款占总资产的比例2013年和2010年分别为54.24%和62.58%;工商银行贷款和垫款占总资产规模的比例2013年和2010年分别为51.18%和49.21%。在负债方面,富国银行客户存款占总负债的比例2013年和2010年分别为79.58%和75.03%;而工商银行吸收存款占总负债的比例2013年和2010年分别为82.89%和88.20%。

通过两家典型的商业银行相关数据对比很容易看出,中国工商银行资产负债率要高于美国富国银行,杠杆更大。从资产构成方面看,美国富国银行银行贷款占总资产比例更大,且呈上升趋势,而中国工商银行贷款和垫款占总资产比例稍小一些并呈降低趋势;从负债构成方面,中国工商银行负债更多,通过吸收客户存款,而美国富国银行负债对存款的依赖要小一些,负债方式更加多元化。

表7—3　　　　　　　　富国银行与工商银行相关数据对比

	富国银行（百万美元）			工商银行（百万元人民币）		
	2010 年	2013 年	增长率	2010 年	2013 年	增长率
资产总额	1 258 128	1 527 015	21.37%	13 458 622	18 917 752	40.56%
贷款占比	64.41%	55.19%	−9.22%	49.21%	51.18%	1.97%
负债总额	1 130 239	1 356 007	19.98%	12 636 965	17 639 289	39.59%
存款占比	67.40%	70.67%	3.27%	82.81%	77.29%	5.52%
资产负债率	89.83%	88.80%	−1.03%	93.89%	93.24%	0.65%

7.3 中国银行业经营状况

7.3.1 中国银行业 2013 年运行概况

2013 年,中国银行业继续保持平稳运行,资产负债规模增速放缓。截至 2013 年年末,银行业金融机构资产总额为 151.35 万亿元,比上年末增加 17.73 万亿元,同比增长 13.27%,增速同比下降 4.63 个百分点;负债总额为 141.18 万亿元,比上年末增加 16.23 万亿元,同比增长 12.99%,增速同比下降 4.8 个百分点。五家大型商业银行资产占比 43.34%,比上年下降 1.59 个百分点;股份制商业银行、城市商业银行、农村金融机构(含农村商业银行、农村合作银行、农村信用社)资产占比分别比上年提高 0.19、0.79 和 0.51 个百分点。

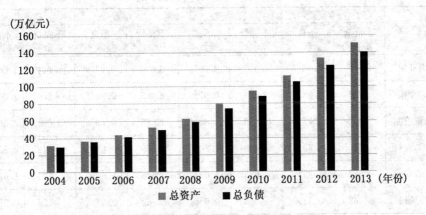

资料来源:银监会网站。

图 7-5 中国银行业资产负债规模

存贷款保持平稳增长。截至 2013 年年末,银行业金融机构本外币各项存款余额 107.1 万亿元,比上年末增加 12.7 万亿元,同比增长 13.5%,增速同比下降 0.56 个百分点;各项贷款余额 76.6 万亿元,比上年末增加 9.3 万亿元,同比增长 13.8%,增速同比下降 1.76 个百分点。从期限看,人民币中长期贷款比上年末增加 4.6 万亿元,同比多增 1.7 万亿元,在新增人民币贷款中占比 51.6%,比上年末提高 16.5 个百分点;包含票据融资在内的短期贷款平稳增长,比上年末增加 4.1 万亿元。从分机构看,大型商业银行、城市商业银行和农村金融机构贷款同比多增较多。从用途上看,与项目投资密切相关的企业固定资产贷款比上年末增加 1.58 万亿元,经营性贷款比上年末增加 2.96 万亿元。

组织体系更加健全。中小银行业金融机构数量和市场份额继续上升,市场集中度下降,竞争程度进一步提高。截至 2013 年年末,共有城市商业银行 145 家、农村商业银行 468 家、农村合作银行 122 家、农村信用社 1 803家、村镇银行 987 家。中小银行业金融机构资产规模的市场份额达 22.57%,比上年上升 1.39 个百分点。

中国银行体系的整体质量也不断提高。从相关监管指标来看,不良贷款率从 2003 年年末的 16.84% 下降为 2013 年年末的 1%,平均不良贷款拨备覆盖率从 2004 年年末的 25.28% 上升到 2013 年年末的 282.70%,平均资本充足率从 2003 年年末的 2.11% 增长为 12.19%,其中核心一级资本充足率为 9.95%。

表 7-4   2013 年商业银行不良贷款指标

指 标	一季度		二季度		三季度		四季度	
	不良贷款余额	不良贷款率	不良贷款余额	不良贷款率	不良贷款余额	不良贷款率	不良贷款余额	不良贷款率
商业银行	5 265	0.96%	5 395	0.96%	5 636	0.97%	5 921	1.00%
大型银行	3 241	0.98%	3 254	0.97%	3 365	0.98%	3 500	1.00%
股份制	896	0.77%	956	0.80%	1 026	0.83%	1 091	0.86%
城商行	454	0.83%	496	0.86%	526	0.87%	548	0.88%
农商行	612	1.73%	625	1.63%	656	1.62%	726	1.67%
外资银行	62	0.59%	63	0.60%	62	0.57%	56	0.51%

资料来源:银监会网站。

对比 2010 年和 2013 年各类银行业金融机构资产占比,不难看出,大型银行总资产占比下降了 5.4%,从 2010 年的 48.7% 下降到 2013 年年末的 43.3%,相比之下,城商行和股份制银行的总资产占比都有提升,城商行总资产占比增加了 1.7%,达到了 10.0%,股份制商业银行的总资产占比提高了 2%,达到 17.8%,表明银行业在向均衡方向发展。

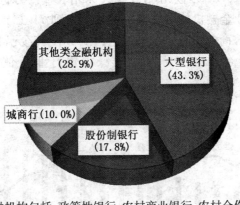

注:其他类金融机构包括:政策性银行、农村商业银行、农村合作银行、外资金融机构、城市信用社、农村信用社、企业集团财务公司、信托投资公司、金融租赁公司、汽车金融公司、货币经济公司和邮政储蓄银行。

资料来源:银监会网站。

图7—6　2013年末各类银行业金融机构资产占比

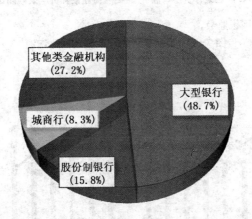

注:其他类金融机构包括:政策性银行、农村商业银行、农村合作银行、外资金融机构、城市信用社、农村信用社、企业集团财务公司、信托投资公司、金融租赁公司、汽车金融公司、货币经济公司和邮政储蓄银行。

资料来源:银监会网站。

图7—7　2010年末各类银行业金融机构资产占比

7.3.2　中国商业银行2013年经营状况

7.3.2.1　资产负债情况

2013年,中国商业银行资产规模增速有所放缓。截至2013年年末,商业银行总资产达到 107.7 万亿元,比上季度末增长 2.8 万亿元,比上年末增长 12.30%,占银行业金融机构资产总额的比例达到 71.14%。而在负债方面,截至 2013 年年末,商业银行负债总额达到 100.7 万亿元,比上季度末增长了 2.6 万亿元,比上年末增长了 12.07%,占银行业负债总额的比例达到 71.32%。

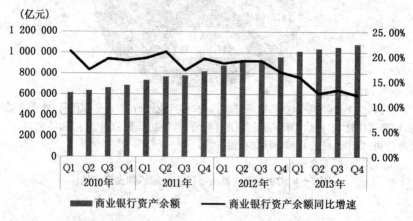

资料来源:中国银监会。

图 7—8　商业银行资产余额及同比增速

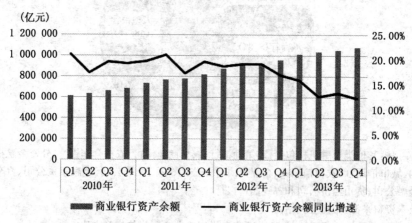

资料来源:中国银监会。

图 7—9　商业银行负债余额及同比增速

具体到 16 家上市商业银行,从表 7—5 中可以看出,资产负债规模涨幅居前的是中信银行、宁波银行和南京银行,三家银行的资产负债规模相对于

2012 年年末增幅都达到了 20％以上。总体而言,2013 年国有四大行资产负债规模增速相对平稳,而股份制商业银行除民生银行和光大银行外,增速相对较快。

表 7—5 　　　　　　　　　2013 年 16 家商业银行资产负债结构　　　　　　　　单位:百万元

	资产总计	较上年增幅	负债合计	较上年增幅	资产负债率
工商银行	18 917 752	7.84％	17 639 289	7.47％	93.24％
建设银行	15 363 210	9.95％	14 288 881	9.72％	93.01％
农业银行	14 562 102	9.95％	13 717 565	9.80％	94.20％
中国银行	13 874 299	9.41％	12 912 822	9.25％	93.07％
交通银行	5 960 937	13.04％	5 539 453	13.24％	92.93％
招商银行	4 016 399	17.85％	3 750 443	16.92％	93.38％
兴业银行	3 677 435	13.12％	3 476 264	12.85％	94.53％
浦发银行	3 680 125	16.99％	3 472 898	17.09％	94.37％
中信银行	3 641 193	23.02％	3 410 468	23.71％	93.66％
民生银行	3 226 210	0.44％	3 021 923	−0.71％	93.67％
光大银行	2 415 086	5.96％	2 262 034	4.48％	93.66％
平安银行	1 891 741	17.75％	1 779 660	16.95％	94.08％
华夏银行	1 672 447	12.33％	1 586 428	12.18％	94.86％
北京银行	1 336 764	19.36％	1 258 458	20.05％	94.14％
宁波银行	467 773	25.23％	442 251	25.85％	94.54％
南京银行	434 057	26.26％	407 201	27.66％	93.81％

资料来源:Wind。

7.3.2.2　盈利情况

2013 年,16 家上市商业银行累计实现净利润 2 423.6 亿元,比 2012 年末增长了 12.26％,比上季度净利润减少了 19.68％。具体来看,2013 年前三季度商业银行的净利润较为平稳,第四季度则主要受到货币政策转向等影响,利润出现回落。综观 2010 年到 2013 年,净利润同比增长明显,说明中国商业银行的赢利能力在不断增强。

2013 年,16 家上市商业银行共实现 2.85 万亿元营业净收入,增长 12.38％。其中,5 家大型商业银行实现营业净收入 2.07 万亿元,占比 72.70％,同比增长了 10.29％;11 家股份制商业银行实现营业净收入 0.78 万

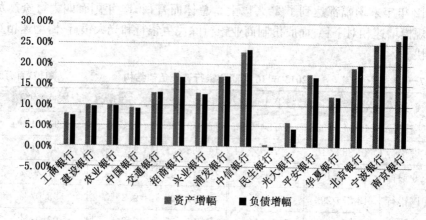

图7—10　2013年16家上市商业银行资产负债增幅

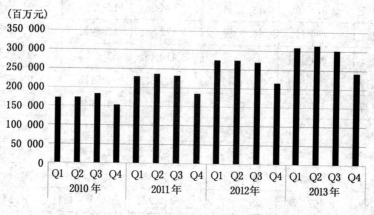

图7—11　2013年16家上市商业银行分季度净利润

亿元,同比增长了18.35%。

　　净利息收入仍然是营业收入的主要来源。2013年,16家上市商业银行实现利息净收入2.24万亿元,增长了9.93%,在营业净收入中占比78.62%,比上年增长了7.1个百分点。其中,大型商业银行和股份制商业银行净利息收入分别增长8.95%和12.62%,在营业净收入中占比分别为57.00%和21.62%。

　　中间业务收入增速有所上升。2013年,16家上市商业银行手续费和佣金净收入达到0.57万亿元,占营业净收入的比例达到20.01%,同比增长了22.77%。其中,5家大型商业银行手续费和佣金收入同2012年相比增长了

14.41%,11家股份制商业银行增长了53.64%,二者在总的营业净收入中占比分别达到了14.67%和5.34%。

投资收益占比有所下降。2013年商业银行投资收益水平表现一般,16家上市商业银行投资净收益同比下降5.04%,占营业净收入的比例也由2012年的0.93%下降到2013年的0.88%。其中,5家大型商业银行投资净收益占比上升了0.02个百分点,而与11家股份制商业银行相比则下降了0.06个百分点。

表 7-6　　　　　　　　　　　**16 家上市商业银行营业净收入构成**　　　　　单位:百万元

项 目		商业银行		5 家大型商业银行		11 家股份制商业银行	
		2013 年	2012 年	2013 年	2012 年	2013 年	2012 年
余额	利息净收入	2 239 072	2 036 743	1 623 324	1 489 999	615 748	546 744
	手续费及佣金净收入	569 928	464 211	417 840	365 220	152 088	98 991
	投资净收益	25 028	26 357	16 661	16 267	8 367	10 090
	其他业务净收益	13 816	6 855	12 499	5 691	1 317	1 164
	营业净收入	2 847 844	2 534 166	2 070 324	1 877 177	777 520	656 989
占比	利息净收入	78.62%	71.52%	57.00%	52.32%	21.62%	19.20%
	手续费及佣金净收入	20.01%	16.30%	14.67%	12.82%	5.34%	3.48%
	投资净收益	0.88%	0.93%	0.59%	0.57%	0.29%	0.35%
	其他业务净收益	0.49%	0.24%	0.44%	0.20%	0.05%	0.04%
	营业净收入	100.00%	100.00%	100.00%	100.00%	100.00%	100.00%

7.3.2.3 资产质量情况

截至2013年年末,16家上市商业银行各项贷款总额达到49.19万亿元,比年初增加了5.67万亿元,增长了11.53%。其中,5家大型商业银行各项贷款总额达到36.61万亿元,占贷款总额达74.43%,增长了12.44%;11家股份制商业银行各项贷款总额达到12.58万亿元,增长了14.78%。

截至2013年年末,中国商业银行不良贷款余额为5 921亿元,贷款损失准备为16 740亿元,拨备覆盖率达到了282.70%。

表 7-7　　　　　　　　　　　**2013 年商业银行信用风险指标**

指 标	一季度	二季度	三季度	四季度
不良贷款余额	5 265	5 395	5 636	5 921
贷款损失准备	15 370	15 781	16 175	16 740
拨备覆盖率	291.95%	292.50%	287.03%	282.70%

资料来源:银监会网站。

2013年年末,中国主要商业银行全部达到银监会资本充足率监管要求。

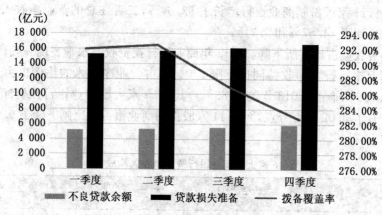

图7—12 2013年商业银行信用风险指标

自2013年1月1日起,中国商业银行开始正式执行《商业银行资本管理办法（试行）》,资本充足率计算标准更为严格,但商业银行整体核心一级资本充足率仍达9.95%,资本充足率达12.19%。随着银行留存收益和发行债券规模不断增大,2013年商业银行的资本净额明显增加,截至2013年年末,商业银行的资本净额达9.29万亿元。

表7—8 　　　　　　　　　 **2013年商业银行资本充足指标** 　　　　　　　单位:亿元

指　标	一季度	二季度	三季度	四季度
核心一级资本净额	68 847	70 366	72 600	75 793
一级资本净额	68 847	70 366	72 600	75 793
资本净额	85 855	87 450	89 607	92 856
核心一级资本充足率	9.85%	9.85%	9.87%	9.95%
一级资本充足率	9.85%	9.85%	9.87%	9.95%
资本充足率	12.28%	12.24%	12.18%	12.19%

资料来源:银监会网站。

7.4　影子银行、风险分析

7.4.1　中国影子银行

影子银行又称为影子金融体系或影子银行系统,影子银行系统（The

Shadow Banking System)是美国太平洋投资管理公司董事保罗·麦考利（Paul McCully）首次提出的，它包括投资银行、对冲基金、货币市场基金、债券、保险公司、结构性投资工具（SIV）等非银行金融机构。"影子银行"的概念诞生于 2007 年的美联储年度会议。

关于影子银行的概念，国外学术界、金融界众说纷纭，没有形成统一的定义。普遍认为行使商业银行的功能、未受严格监管的机构和业务，即为"影子银行"。从目前国内发展来看，影子银行业务主要包括银行理财产品、非银行金融机构贷款产品和民间融资等。也有观点认为，银行业内不受监管的证券化业务以及民间金融都是影子银行。银行业内不受监管的证券化业务形态主要是银信合作业务，包括委托贷款、小额贷款公司、担保公司、信托公司、财务公司和金融租赁公司等进行的"储蓄转投资"业务。民间金融业务主要有地下钱庄、民间借贷、典当行等形式。

由于定义有差异，关于中国影子银行资金规模的估算也不同。一种估算认为，2011 年上半年，国内"影子银行"的资金规模约有 3.6 万亿元。据中国银行业监管机构 2013 年估计，其规模达到 8.2 万亿元人民币（合 1.3 万亿美元）。不过，许多分析师表示，真实数字要高得多，德意志银行（Deutsche Bank）估计，中国影子银行业规模为 21 万亿元人民币，相当于国内生产总值（GDP）的 40%。差别巨大的原因在于对影子银行的定义不同。"影子银行"的资金来源受市场流动性影响较大，由于影子银行的负债不是居民储蓄存款，不受针对存款货币机构的监管，影子银行业务的杠杆率较高。

在中国的市场中，影子银行主要是指商业银行销售的理财产品和民间金融体系。商业银行销售的理财产品包括各类非银行金融机构销售的信贷类产品（比如信托公司销售的信托产品），民间金融体系主要是指民间高利贷。影子银行中规模大、涉及面广的业务是"银信合作"，银信合作的信托方式属于直接融资，筹资人直接从融资方吸取资金，不会通过银行系统产生派生存款，这样就降低了货币供应的增速。同时，银行通过银信合作将资本移出表外，"减少"了资本要求，并规避了相应的准备金计提和资本监管要求。由于信托公司资金大量投向各级政府基建项目，形成集中度风险和政府融资平台违约风险。

有统计数据显示，2010 年前 6 个月银信合作产品较 2009 年前 6 个月增加 2.37 万亿元的规模，这使得银行的信贷规模控制失效，银行通过银信合作的创新方式释放出了大量的资金。尽管 2011 年银信合作产品的资金总量在减少，但其仍是"影子银行"中最大的资金释放来源。

中国影子银行的背景、机理、特点和风险与国外差别较大，欧美发达国家的影子银行多表现为资产证券化和回购等业务，而中国影子银行大多数本质上仍然是信贷类贷款业务,例如银行的理财产品、信托产品。金融市场的创新业务是引发金融危机的主要原因,是欧美影子银行的主要组成部分。这些业务在中国尚处起步阶段,规模不是很大,但需要密切关注。

影子银行在中国急速发展的重要原因是金融过度管制。影子银行业务在规避监管的同时,对修正金融抑制、提高金融体系效率有正面意义。从特定角度来说,银行理财业务实质是市场化利率产品,理财产品的收益率与银行间同业拆借利率总体上处于同一水平(例如,2013 年 1 月 6 日的 7 天拆借利率为3.6%,同期 1 个月的理财产品年收益率约为 4.13%,远远低于同期民间融资利率水平;根据温州金融办公布的数据,同期温州民间融资综合利率高达26.2%)。如果利率市场化完成,理财产品可能会逐渐萎缩,并出现其他形式的金融创新。

7.4.2　中国影子银行蕴含的主要风险

中国影子银行在发展过程中几乎没有监管约束,完全是机构、企业、地方政府融资平台、个人投资者逐利的结果。因此,影子银行并没有存款准备金的约束,也没有资本充足率的限制,更没有存款保险制度的保护,而且规模还很大。所以,影子银行的发展蕴含着巨大的风险。具体表现如下:

(1)影子银行掩盖了传统银行资产负债表的真实情况。由于影子银行在运营过程中批发式地出售衍生产品,使得原置于银行资产负债表中的不良资产被打包出售,投资者无法对所投资的产品进行有效的风险分析。由于中国商业银行以国有控股银行为主,投资者对信用机构的信任"过度",增大了自己实际承担的风险。

(2)影子银行运营模式具有高风险。影子银行改变了传统银行的业务模式,设计的产品比较复杂,对外信息不透明,通过证券化后的高收益,模糊了基础资产所蕴含的风险。加上批发出售业务模式,放大了风险,一旦出现问题,波及范围非常广。理财产品面临的一个问题就是一旦出现投资损失,银行是否应对其出售的理财产品提供补偿。虽然大部分理财产品是非保本的,但是投资者并不相信合同上所谓的风险自负的条款。出于社会稳定的政治正确、银行声誉方面的考虑,中国的银行很难不承担理财产品的违约责任。在目前竞争激烈的市场环境下,银行很难做到完全的信息披露和风险提示。而即使银行进行了风险提示,个人投资者恐怕也不会给予足够的重视。仅有的几个理财产品投资失败的例子中,银行和地方政府都已介入并保证理财产品的正常兑付,基本保证了投资者的权益。

(3)高杠杆化促使金融创新快速扩张,造成整个金融系统缺乏稳定性。传统银行受制于《巴塞尔协议》，要保证8%的资本充足率，而影子银行却不在此限制之列。同时，其杠杆率较高，高达20～30倍，导致金融发展的风险大大提高，并且延伸到其他金融机构。

（4）影子银行"借短贷长"经营方式存在很高的流动性风险。2013年6月的"钱荒"现象（银行间市场短期利率的飙升）掀开了影子银行业务的流动性风险。以理财产品为例，借短贷长的做法实际上与银行并无二致。但是，理财产品的管理方面并没有与银行体系类似的风险管理（包括流动性比率）的要求，导致期限不匹配的现象明显。最近的银行间市场短期利率的飙升，对那些依赖银行间市场低成本资金解决短期资金缺口的中小银行产生冲击。

7.4.3　影子银行监管

2012年12月，中国国务院下发《关于加强影子银行业务若干问题的通知》（"第107号文"），中国政府正式开始规范影子银行业务，影子银行快速发展的趋势有所缓解。例如，2013年1月社会融资数据显示，当月银行表内贷款激增至1.32万亿元，且占社会融资规模比例连续5个月回升至一半以上，以银行信贷为主的间接融资又一次占据主导地位。相对而言，信托贷款大幅回落，1月为1 068亿元，同比少增1 040亿元，这显示了决策层防范金融风险的意图。

防范影子银行风险确有必要，特别2013年以来信托产品频频爆出兑付危机，已凸显了信托产品风险的积聚。考虑到2014年信托到期量相比去年已有大幅上升，大多数信托贷款集中于房地产、政府融资平台等风险较高且又与宏观经济周期高度相关的领域，一旦今年经济下行趋势持续，相关信托产品必将面临较大压力。

由于中国实行有中国特色的社会主义市场经济制度，当前的金融管制比较多，在这样的经济环境下产生的中国影子银行业务比较特殊，与美国、欧洲发达国家中的影子银行业务差异巨大。因此，国际监管影子银行的经验不一定适合监管中国的影子银行，很难直接借鉴。我们需要研究中国的影子银行监管问题。

7.4.3.1　当前监管影子银行的框架和措施

107号文是监管影子银行活动的规范性文件。该文件按"是否持有金融牌照"和"有无监管或监管的充足情况"，具体划分了三大类影子银行：一是不持有金融牌照、完全无监督的信用中介机构，包括新型网络金融公司、第三方理财机构等；二是不持有金融牌照，存在监管不足的信用中介机构，包括融资性担保公司、小额贷款公司等；三是机构持有金融牌照，但存在监管不足或规避监管的业务,包括货币市场基金、资产证券化、部分理财业务等。在肯定了影子银行服务实体经济、丰富投资渠道的正面作用后,107号文着重指出,要借鉴国际金融危机教训,将影子银行的风险和负面影响降到最低。对于影子银行的监管和规范,107号文提出了一个大致的框架。具体而言,有以下三方面值得注意:

第一,该文件对影子银行监管的权责做出了清晰的安排,有助于未来具体政策落实。新的监管框架提出一行三会"按谁批设机构谁负责"的原则,落实监管责任。同时,对于已明确地方政府监管的,实行统一规则下的地方政府负责制。对于跨行业、跨市场的交叉业务,要积极发挥金融监管协调部际联席会议制度。

第二,建立影子银行专项统计。文件提出要将与影子银行业务相关的"业务总量、机构数量、风险状况"纳入统计分析范围。这有助于摸清问题,有的放矢。

第三,提出具体的监管思路。根据相关媒体的报道,107号文主要从两个方面对影子银行的活动进行规范:①明确限定业务范围。从报道中可以看出,国办文件要求银行代客理财资金与自有资金分开,不得购买本行贷款、不得开展理财资金池业务;要求信托公司不得开展非标理财资金池业务;银行不得为债券和票据担保;小贷公司不得吸收存款等。类似这些"似是而非"的业务将被全部禁止。②增加资本和拨备要求。107号文要求银行要按照实质重于形式的原则计提资本和拨备,以提高金融机构抗风险能力。

未来人民银行和银监会等具体监管机构还可能提高金融机构流动性管理要求。107号文是由国务院层面下发的一个规范性文件,更多具体的监管措施还将体现在未来各有关部门出台的文件中。影子银行资产负债管理的一个重要问题是期限错配严重。影子银行资金的主要来源是短期负债,而资产方投资期限相对较长。因此,从防控金融风险的角度,在规范和监管影子银行的落实过程中,可能提高对金融机构流动性管理的要求。

7.4.3.2 影子银行监管建议

为了适当地监管中国影子银行业务,我们首先需要了解中国影子银行产生机制,对影子银行的金融创新的风险特征和功能效率进行分析,根据影子银行的风险特征采取不同的风险监管政策,在防范系统性风险的同时促进金融结构改进。虽然金融创新对优化金融资源配置、提高金融效率发挥了积极作用,对于其可能带来的风险,特别是区域性风险和系统性风险,同样应该给予充分的关注。

自改革开放以来,中国金融业非传统业务的金融创新一直存在,如资金体外循环等。从金融结构的发展趋势看,中国的"影子银行"就是非传统融资市场和非银行信用中介的创新。在当前金融结构市场化和社会融资多元化背景下,影子银行的监管需要从服务实体经济、促进非传统银行业务健康发展方面进行考虑。当前,影子银行可能会以银行理财作为表现形式,在新的市场环境下可能会以另一种金融创新的方式出现。对不会引发系统性风险的金融创新应积极鼓励和推进。

对非传统银行业务的金融创新的监管,需要区别和细分非传统银行业务的金融创新业务,针对金融创新业务不同的风险特征实施差别化监管。客观判断金融创新的合理性和功能,客观把握其风险的同时鼓励其健康发展。针对不同金融创新工具的特点对其进行分类,主要包括是否具有信用创造功能、是否具有高杠杆和大规模期限错配等可能引发个体风险的特征、是否具有引发系统性风险的可能等要素,有针对性地实施差别化监管。例如,对于理财产品,重点关注由于业务定位不清晰造成的风险仍旧在银行体系内部积聚、理财资产池划分不明确带来的流动性风险、刚性兑付带来的道德风险、法律关系的不明确以及估值环节的不清晰等风险隐患,加强信息披露和投资者教育等监管措施。

在对非传统银行业务规范化的过程中,建议遵循适度的逆周期性原则,避免监管规范化行为带来的融资紧缩对实体经济造成大的冲击。中国非传统银行业务的金融创新具有显著逆政策周期效应。当宏观调控政策发生方向性转变或实体经济资金面过紧时,传统银行业务之外的金融创新都往往会出现快速发展。因此,对这些非传统银行业务的监管规范化行为也应该遵循一定的逆周期性。在融资多元化进程中,特别是在实体经济资金面紧张而货币政策传导效应尚未显现的过程中,如果对非传统金融服务以外的融资活动采取大幅度的清理,在贷款投放受到种种约束不能相应扩张时,贷款之外的这些融资渠道因为严厉清理所带来的融资收缩,可能会对实体经济造成明显的冲击,同时还可能带来新的风险。由于当前存在一些可能违规运用"资产池"的理财产品,短期内这些理财产品的正常运转依赖于投资者对理财产品的信心和持续发行,如果突然对理财产品实施强制性限制,可能使得原来正常运转的理财产品突然面临资金链断裂的风险。

7.4.4 信托违约案例

在中国的市场现实中,信托产品已经成为中国影子银行体系很重要的一部分。有数据显示,近几年来,信托业保持了年均 50% 以上的高速增长,从 2008 年 1.24 万亿元的规模狂飙猛进至 2013 年的 10.91 万亿元,从而一举超越基金、保险,登上了仅居银行之后的金融业第二把交椅。但是,高速扩张也"惹了不少祸",一些高风险信托产品已经成为投资市场上隐藏的"地雷"。

中信证券的研究报告预计,2014年将有7 966只集合信托产品到期,规模共计9 071亿元;考虑到结合利息支付等因素,2013年仅集合信托需兑付的本息就将近1万亿元。其中,房地产、地方融资平台类信托占比最高,分别达27.34%和24.82%,到期规模预计分别为2 479亿元和2 251亿元。

7.4.4.1　中诚信托"诚至金开1号"信托计划

2011年2月1日,中诚信托"诚至金开1号"矿产信托计划正式成立,为期36个月,到期日2014年1月31日,资金用于山西振富能源集团有限公司煤炭整合过程中煤矿收购价款、技改投入、洗煤厂建设等。首期信托计划资金募集规模达到人民币11.117亿元。按照合同约定,这一项目又在当月28日启动了第二期扩募,募集规模19.183亿元,总计为30.3亿元。其中,30亿元(优先级信托受益权)由代销方工商银行发售,3 000万元(一般级信托受益权)出融资方实际控制人方面认购。银行收取发行费用4%。

2013年12月20日第三次信托收益分配基准日,该信托专户内货币财产余额仅为8 634.26万元。中诚信托最终决定,仅按实际收益水平分配受益人。

尽管诚至金开1号信托计划并未正式到期,最终兑付情况仍难定论,但遗憾的是,不久前的一次收益分配还是出现了不容乐观的迹象。

按照信托合同约定,中诚信托应于每年12月31日前向优先级受益人分配该年度信托净收益,来源主要为振富能源的分红、处置所持股权所得价款、股权维持费、回购保证金等。

此前,中诚信托曾在2011年及2012年年末向投资人进行了两次收益分配,共计分配信托净收益5.846亿元。但深陷泥潭的振富能源实际从2012年第二季度开始便未按约定支付股权维持费,也未提前支付股权转让价款。

而2013年12月20日第三次行至信托收益分配基准日,信托专户内货币财产余额却仅为8 634.26万元,不能够满足全体优先受益人当期预期信托净收益总额,中诚信托最终决定,按照合同规定,仅按照实际收益水平分配受益人。

事实上,对于这样的结果,不论中诚信托还是投资者,此前已有一定的心理准备,因为早在2012年6月,媒体介入报道后,中诚方面便已经发布公告坦承这单项目目前的运营确实遭遇重大风险,并称将积极参与核实民间融资情况,清查资产,推动事件解决。

1月27日,距离总额超30亿元的"问题"信托产品——"诚至金开1号"1月31日的兑付大限仅剩4天,最终结果终于明朗。中诚信托当天下午公告称,依照信托文件规定,中诚信托作为受托人以股权投资附加回购的方式运用信托资金对山西振富能源集团有限公司进行股权投资。目前,受托人已与意向投资者达成一致,诚至金开1号信托计划三年存续期间,前两年利息已按照10%向投资者兑付,第三年只兑付2.8%的利息,还差投资者7.2%的一年期利率部分的利息。

7.4.4.2 吉林信托"松花江【77】号"信托计划

吉林信托在2012年4月披露的吉信·松花江【77】号的管理报告显示,这一信托计划总共有六期,募集总金额为97 270万元,期限均为两年期。一期成立于2011年11月17日,规模为24 490万元;二期成立于2011年11月30日,规模为13 950万元;三期成立于2011年12月29日,规模为8 940万元;四期成立于2012年2月8日,规模为28 900万元;五期成立于2012年2月20日,规模为10 000万元;六期成立于2012年3月12日,规模为10 900万元。托管方均为建行山西分行。

吉林信托在前述公告中称,在信托计划一期到期前,吉林信托多次派遣相关人员到企业进行专人催款,并多次与福裕能源、联盛能源实际控制人及相关财务负责人沟通、商讨还款事宜,福裕能源及联盛能源(下称"融资方")均表示可按期足额偿还信托计划的本金及信托收益。但截至公告日,融资方仅向信托专户转款1 000万元。

该项目前三期已于2013年年底到期,却迟迟没有兑付。吉信·松花江【77】号山西福裕能源项目收益权集合资金信托计划第四期逾期兑付,又将吉林信托推至风口浪尖。吉信·松花江【77】号的产品推介书显示,信托资金用于山西联盛能源有限公司受让山西福裕能源有限公司子公司投资建设的450万吨洗煤项目、180万吨焦化项目以及20万吨甲醇项目的收益权,募集的资金用于这三个项目建设。该项目的增信措施为"由山西福龙煤化有限公司提供连带责任保证,由山西联盛实际控制人邢利斌、李凤晓提供无限连带责任保证"。实际上,吉信·松花江【77】号并没有任何实物抵押,融资方、担保方实际均为山西联盛实际控制人邢利斌、李凤晓。

而在2013年11月29日,山西省柳林县法院召开新闻发布会,宣布受理山西最大的民营煤炭企业——山西联盛能源有限公司及其下辖公司等12家企业的重整申请。根据柳林县法院公布的数据,当时联盛能源金融负债近300亿元,已基本失去债务清偿能力。

自从联盛能源提出重组,购买信托的投资者便陷入了焦虑中,截至2014年5月初,重组已经超过4个月,松花江【77】号的6期产品也已陆续到期,可是即便第六期的约定兑付时间已经过去了50天,投资者仍等不到重组方案。

吉信·松花江【77】号信托产品由建设银行山西省分行负责代销,投资者大多是该行的高净值客户。相关投资者表示:出于对建设银行的完全信任,在建设银行业务经理的无风险保证下,购买了该信托产品。购买过程中,产品推介、合同签订、汇款操作等一系列流程工作均是在建行提供的"一站式的服务"下完成的。建行并没有认真履行对客户风险监管的承诺和职责。建行内部有一套风险监测系统,用于监管高端客户所面临的风险。但是,从该信托产品存在较高的违约风险,并由从媒体公开报道之日起,投资者多次向建行询问和核实风险存在的可能,但建行一直给出无风险回复。2014年4月16日,涉及8省市的数十位投资者与建行山西分行沟通,建行表示山西省委省政府正在积极促成融资单位重组,尚未有最新结果。

7.4.4.3 银信博弈

中诚信托的"诚至金开1号"信托计划虽然最后给予投资者兑付本金,但其承诺的另外7.2%的利息并没有支付给投资者,实际已构成违约;而"吉信·松花江【77】号"信托计划目前尚未有定论,但未按期兑付已成事实,实际也构成了违约。在这两个信托计划的违约案例中,其实都涉及信托行业的两个存在颇多争议的问题:一是"刚性兑付",二是"通道业务"。

从历史来看,刚性兑付是信托公司为维护市场声誉和规避监管的不利后果而在信托计划发生兑付风险时采取的一种特殊处理方式,在行业发展初期为警戒提升风险管理能力起到了一定的促进作用。

以"诚至金开1号"信托计划为例,如果要全额兑付投资者,在到期日之前,就必然需要有一方担任兜底角色,如果不能成功找到"第三方",那么中诚信托和代销方工商银行就必须要有人出面承担差额补足。

理论上来讲,银行代销信托计划,无需对计划的到期兑付问题承担责任,但是诚至金开项目当初实为工行山西分行"推荐"项目,中诚扮演的角色实为"通道"。而如今项目风险暴露,中诚方面自然不愿"独吞苦果",双方就此陷入长期博弈之中,僵局难解。

谁来兜底,通过何种方式兜底,都是如今最大的谜题。

而如今这种银信激烈博弈的局面也让长期以来心照不宣的搭桥合作模式引发了更多思考和质疑。不论对于银行还是信托,都上了沉重的一课。对信托公司而言,不要以为大行牵头的项目,甘心做通道就可以没有后顾之忧,尽职调查走形式,以为出了事银行可以兜底,或者发放贷款替换信托资金。而对银行而言,不要以为只是扮演代销角色就可以无视项目风险,毕竟客户是银行自己的,一旦出现问题,隐形的信用背书让后续问题的处理变得十分棘手。

7.4.4.4 政府态度

中国人民银行在 2014 年 4 月底发布了《中国金融稳定报告(2014)》,报告中警示了理财产品刚性兑付的弊端——增加金融系统风险和引发道德风险,并称应在风险可控前提下有序打破刚性兑付。

近年来,信托、理财业务加速发展,刚性兑付现象日益凸显,扭曲市场纪律,干扰资源配置方式,带来诸多问题。

央行报告指出,其一,刚性兑付增加了金融体系的整体风险。长期以来的刚性兑付导致理财产品风险和收益不匹配,抬高了市场无风险资金定价,资金加速流向高收益的理财和非标准化债权产品,商业银行的存款流失,债券市场、股票市场和保险行业的资金被挤出,市场无风险利率上升,同时造成蓝筹股市盈率下降,债市股市低迷。其二,刚性兑付引发投资者和金融机构的道德风险。刚性兑付长期不破,使得一些理财投资者过于追求高收益,却不愿自担风险,如不能按照预期兑付,就去拥堵机构网点,要求机构偿付资金。而金融机构一旦存在第三方兜底的预期,也会忽视项目风险,优先选择收益高的项目,这类高收益产品往往投向地方融资平台和房地产等调控领域,加剧了中小企业"融资难"、"融资贵"问题。

央行指出,应在风险可控的前提下,顺应基础资产风险的释放,让一些违约事件在市场的自发作用下"自然发生"。

与此同时,银监会也下发了《关于信托公司风险监管的指导意见》,首次鲜明地提出按照"一项目一对策"和市场化处置原则进行风险处置,重点强调了"卖者有责"基础上的"买者自负"意识和第三方销售问题。这被认为是为信托公司防范营销风险、缓解刚性兑付压力的重要举措。

7.5 政府责任边界

7.5.1 隐性全额存款保险的风险

目前,中国尚未建立存款保险制度,但却存在一种隐性全额存款保险。即国家信用对存款几乎提供 100% 担保,在商业银行出现问题时,由国家财政支出为其埋单,从而保护存款人的利益、维护银行业的稳定。因为中国大部分存款集中于几家大型国有商业银行,在目前有国家信用做支撑、金融体系相对稳定、潜在风险较小的情况下,居民存款很安全。但是,在中国加快开放金融市场、加速推进利率市场化改革的背景下,这种由国家财政提供 100% 担保的隐性全额存款保险模式显得越来越被动。当前中国的隐性全额存款保险虽然能

够保护存款人利益、维护金融体系的稳定,但同时也存在诸多弊端:

(1)导致了银行业的运行低效。在这种不负成本的国家信用的担保下,商业银行能享受存款保险所带来的保障和收益,却无需承担保费缴纳义务,这便引发了道德风险,增加了银行的内在趋险性。商业银行无需为自身的风险埋单,因而不注重风险管理和资产质量的提高。

(2)隐性存款保险破坏了公平的市场竞争机制,对中小银行极不公平。相比于大型国有商业银行,中小银行所得到的政府支持要远远不足,往往只能依靠实力较弱的地方政府。而由于缺乏国家财政的大力支持,存款人对于中小银行的安全性也存在诸多顾虑,这使得中小银行与大型国有银行之间的实力差距显得更为悬殊。

(3)现行的隐性存款保险制度在增加政府负担的同时,也影响了中国实施财政政策和执行货币政策的独立性。

(4)这种由国家财政提供100%担保的隐性全额存款保险模式将不利于中国利率市场化进程的快速推进,也不利于银行业的改革,具体表现为:

①目前中国存款安全系数较高的原因并不是商业银行风险控制能力强,而是银行业普遍缺乏竞争。中国大型国有商业银行仍拥有较强的垄断优势,市场竞争化程度低,因而商业银行在经营中很难积累出适应利率市场化条件的风险管理。随着未来中国利率市场化进程加快,大型国有商业银行的垄断优势将逐渐削弱,竞争压力将不断增加,经营风险也必将增加。

②当前中国经济的增速将有所降低,资本流入的速度也逐渐减缓,金融体系不确定性增加,运行风险增加的可能性也越来越大。随着金融机构资产规模日益庞大,未来如果出现系统性风险,隐性存款保险制度可能成为国家财政的巨大负担。

③从国际经验看,利率市场化之后银行加速倒闭的现象并不罕见。如果事先没有明确的存款保险制度,出现银行倒闭时,可能引发大范围的市场恐慌。

目前,中国实行的隐性担保制度存在着很大的经济风险和道德风险。包括银行理财、银信合作等规避利率管制的金融工具被大量创设出来,起到了绕开利率管制、信贷控制的作用。大量的资金投向与政府相关的项目和资金回报率高的领域,金融风险不断地向上累积。银行业的资产规模从2008年年底的62万亿元迅速膨胀到2013年年底的151万亿元,信贷扩张的速度和规模在世界经济史上也是前所未有的。政府隐性担保机制真正转变为显性存款保险改革,已经成为中国利率市场化改革、化解银行风险的必要条件。

7.5.2　存款保险改革选择

利率市场化改革是中国金融体制改革的既定目标,在利率市场化条件下,中国银行业利润空间将被压缩,少数商业银行将因此面临破产清算的风险,金融风险上升势必要求建立相配套的金融保障机制——存款保险制度。

存款保险制度的建立意味着政府将不再为银行业埋单,必然对中国的金融格局产生深远影响,主要体现为金融监管和金融竞争方式上的变化。

首先,存款保险制度的建立,使存款保险公司成为银行业金融机构的专业监管机构,这就要求存款保险机构必须对日常的银行业金融机构经营活动进行监督,将对建立金融监管大框架提出更高要求。

其次,作为金融机构退出机制中的一项重要制度,这需要一系列配套措施与之呼应,如对破产银行等进行专业化的清算,建立起有效的市场退出机制,从而优化金融资源配置,维护中国金融市场稳定,保证金融安全。

最后,也是最为重要的,利率市场化和显性存款保险制度将使银行业失去"金融保护伞"。"存贷利差"的压缩和存款保险制度所导致的经营成本上升,倒逼银行业必须彻底改变信贷结构、资产结构、业务结构、收入结构和盈利结构,必须增加金融市场及中间业务收入占比,增强创新能力、定价能力、服务能力、风险管理能力、资源配置能力。长远来看,这势必推动中国金融格局的大变革、大调整。

实行存款保险制度,还需要其他制度配套以监管银行的道德风险。目前在中国还必须通过完善银行治理结构,严格信息披露制度,培育良好的存款保险理念、审慎的监督、健全配套的宏观政策,以及建立框架良好的会计制度、贷款评价制度等,以减少参保银行的道德风险。

7.6　总结

2013 年,中国银行业继续保持平稳运行,资产负债规模稳步增长,资本充足率和资产质量总体保持稳定,同时也面临信用风险有所上升、流动性短期波动增多、同业业务和理财业务风险等挑战。

未来随着利率市场化、人民币国际化改革的日益深入,建立适合中国国情的存款保险制度已经迫在眉睫。虽然中国现在没有显性存款保险制度,但为此做出的积极努力已达 20 年之久。在中国即将建立存款保险制度之际,有必要充分考虑存款保险制度下的商业银行道德风险的法律控制问题。

2014 年是全面深化改革的开局之年,银监会将着力深化改革开放,改进金融服务,防范金融风险,切实提高银行业运行效率和服务实体经济能力。切实防范和化解金融风险,加强地方政府融资平台贷款风险和"两高一剩"行业信用风险防控,进一步规范发展银行理财业务,并加强流动性风险管理;积极推进银行业改革转型,稳步推进新资本监管标准实施,支持中国(上海)自由贸易试验区金融开放实践;加强对经济社会重点领域的金融服务,进一步提升小微企业金融服务水平,大力推动绿色信贷发展,加强基层和社区金融服务。

参考文献

[1]刘毅. 银行业风险与防范机制研究[M]. 北京:中国金融出版社,2009.

[2]阎庆明. 中国银行业风险评估与预警系统研究[M]. 北京:中国金融出版社,2004.

[3]艾仁智,孙华崑,姚仲诚. 次贷危机以来欧美银行业风险研究[M]. 北京:中国经济出版社,2013.

[4]巴曙松. 应从金融结构演进角度客观评估影子银行[J]. 经济纵横,2013(4).

[5]王军,张翠萍. 影子银行监管问题研究[J]. 征信,2013(3).

[6]刘澜飚,宫跃欣. 影子银行研究评述[J]. 经济学动态,2012(2).

[7]2013年中国银行业运行报告. 中国银行业监督管理委员会,2014(2).

[8]中国金融四十人论坛研究部. 堵疏结合、分类监管影子银行[J]. 21世纪经济报道,2014(1).

[9]邵伟. 盘活存量呼唤影子银行"升级版"[J]. 21世纪经济报道,2013(9).

[10]彭文生. 107号文:阳光照到影子银行[J]. 节选自"新经济的起点"系列报告之五——阳光照到影子银行,2014(1).

[11]陈向聪. 存款保险制度下银行道德风险的法律控制[J]. 政法学刊,2006(2).

[12]戴晓凤,尹伯成. 论存款保险制度与银行的道德风险[J]. 世界经济,2001(11).

[13]何德旭,史晓琳,赵静怡. 中国显性存款保险制度的践行路径探析[J]. 财贸经济,2010(10).

[14]聂玲. 从巴塞尔协议分析国际银行业监管演进及对中国的启示[J]. 经济论坛,2013(1).

[15]中国社科院. 今年中国金融体系面临系统性风险隐患[Z]. 证券时报网,2012-6-15.

[16]李辽远. 深层次结构下的欧洲银行业风险状况分析[J]. 国际融资,2012(9).

[17]赵强. 中国银行业风险的防范与化解[J]. 北方经济,2008(10).

[18]中国金融稳定报告2014[M]. 北京:中国金融出版社,2014.

8 企业债务风险分析

王栋梁　　林正凯

中国发行债券的企业按照所有权属性可以分为三种类型:国有控股企业、民营企业、各种地方政府所有的城市投资公司。因此,分析公司债务风险,需要分别分析国有控股企业债务风险、民营企业债务风险和城市投资公司债务风险。

8.1 国有控股企业债务风险分析

8.1.1 国有企业债务历史

8.1.1.1 国有企业融资改革历程

根据中国国有企业融资的改革历程,可以将企业债务状况的发展过程划分为三个阶段:第一阶段是 20 世纪 80 年代之前的计划经济阶段,第二阶段是 20 世纪 80 年代到 1999 年的社会主义市场经济阶段,第三阶段是 1999 年之后至今。

在第一阶段,中国国有企业融资实行统收统支制度。统收统支也称满收满支,是一种高度集权的财政管理体制。按此体制,地方的收入统一上缴中央,其支出又统一由中央拨付,预算管理权基本上集中于中央。

统收统支的主要做法是国家财政政策、法令、收支项目、范围、标准、办法等都由中央统一制定,地方组织的一切收入全部逐级上缴中央,地方所需要的支出由中央逐级拨款,年终地方结余资金全部交还中央,国家的财政管理和财力支配权全部集中在中央。1950 年 3 月,政务院通过了《关于统一国家财政经济工作的决定》《关于统一管理 1950 年度财政收支的决定》,统一全国财政收支、物资和现金管理,初步形成了高度集中的统收统支财政体制。

统收统支的财政制度,是计划经济体制的客观要求和必然产物。这样的制度安排有利于在计划经济下集中国家的物力、财力,新建大中型建设项目,统筹安排国家财力,实现财政收支平衡。它在奠定中国社会主义工业化的物质技术基础过程中,发挥了功不可没的重要作用。

在统收统支的财政体制下,国有企业的利润全部上缴,财务开支由财政部统一规定,国有企业的亏损由财政部门进行补贴。所以,在统收统支的财政体制下,国有企业自身不存在债务风险,其债务风险全部由中央财政部承担。

由于国有企业的一切收入(包括折旧)都上缴中央财政,然后由中央财政根据各地区、各个部门的需要将资金按计划分拨下去。国家对企业统负盈亏,利润全部上缴,亏损国家弥补,扩大再生产费用由财政审核拨付。企业没有债务需求,也没有创造利润的动力,导致企业经济效益低下。

在第二阶段,国有企业融资采用拨改贷制度。20 世纪 80 年代以来,中国各级政府逐步将国有企业推向市场,改革"统收统支"的财政体制,实行"独立核算、自负盈亏、自主经营、自我发展"的企业财务制度。与此同时,国家开始试行"拨改贷"制度。该制度虽然产生了一定的负面影响,加重了企业负担,使企业面临生产资金不足的困难,但也使国有企业逐步成为独立自主的商品经营者,同时加强建设单位的经济责任制,提高了投资收益。

"拨改贷"即国家对基本建设投资拨款改为贷款的简称,是固定资产投资管理体制的一项重要改革。1979 年"拨改贷"首先在北京、上海、广东三个省市及纺织、轻工、旅游等行业试点,取得较好的效果。1980 年,国家又扩大基本建设投资拨款改为贷款的范围,规定凡是实行独立核算、有还贷能力的建设项目,都要进行"拨改贷"改革。经过总结后,1985 年 1 月起,"拨改贷"在全国各行业全面推行。

"拨改贷"就是原来实行的列入国家预算由国家直接无偿拨款的基本建设投资,除无偿还能力的项目外,改为由中国人民建设银行贷款解决。实行"拨改贷"的原因是,中国长期实行基本建设投资由国家预算无偿拨款,缺乏经济效益,为加强建设单位的经济责任制,提高投资收益,国家推行了"拨改贷"。实行"拨改贷"的结果是,企业必须为自身债务负责,出现国有企业的债务问题。

在第三阶段,国有企业融资采用债转股制度。1985 年中央政府实行的

"拨改贷"改革,将企业所需的投资由财政预算内拨款的形式转为向银行贷款。一方面,"拨改贷"改革之后,中央财政为国有企业的补贴总体上呈现下降趋势,但是国有企业在经历了"统收统支"的"大锅饭"制度后,经营效益低下,亏损额逐年增加。例如,当时河南中原制药厂建设了十几年,投了十几个亿,至今还没生产出一片药,也算创造了一项吉尼斯世界纪录;山东淄博石化投资了近十亿元,投产之日即破产之日,成为国外业界的笑柄。而另一方面,国有银行向国有企业提供的廉价政策性贷款为国有企业创造了大量租金。国有企业在经营效益低下、亏损额逐年增加的情况下却仍然盲目扩张规模。国有企业还不了债,但是银行仍然给借,因为这是国家的企业,国家不希望倒闭。并且银行大多都是国有的,政府就会让国有银行给企业输血,结果就会导致债务越来越高。这两方面使得国有银行产生了大量对国有企业的不良贷款,国有企业面临巨大的还本付息压力。

对此,1999 年中央政府推出"债转股"政策,以期化解中国国有商业银行的金融风险,减轻国有企业的债务负担,促进国有企业扭亏脱困。

所谓债转股,是指国家组建金融资产管理公司,包括信达、华融、长城、东方四家资产管理公司,收购银行的不良资产,把原来银行与企业间的债权债务关系,转变为金融资产管理公司与企业间的控股(或持股)与被控股的关系,债权转为股权后,原来的还本付息就转变为按股分红。国家金融资产管理公司实际上成为企业阶段性持股的股东,依法行使股东权利,参与公司重大事务决策,但不参与企业的正常生产经营活动,在企业经济状况好转以后,通过上市、转让或企业回购形式回收这笔资金。"债转股"的一个直接后果就是降低了国有企业的负债率,企业向银行还本付息的压力也大为减轻。

8.1.1.2 国有企业债务现状

"拨改贷"之后,国有企业为了参与市场竞争,在竞争中求生存、图发展,逐步学会负债经营,许多企业依靠借债开展生产经营活动,并获得成功。到20世纪 90 年代,国有企业负债经营已经十分普遍,负债在企业资金总量中所占股份也越来越大,自有资金与债务资金已成为企业资金流转中的两个重要组成部分。中国企业在经历了财政拨款融资—银行贷款融资—市场调节型融资机制后,形成了以外部融资为主、内部融资为辅的融资格局,这种不平衡的融资结构使企业的资金"短缺"也表现为不平衡,即股本资金相对短缺、债务资本相对充足,以致中国国有企业已债台高筑。

为了进一步说明中国国有企业的债务风险状况,因为中国是工业导向型国家,国企中工业企业是主体。所以,下面以中国国有及国有控股工业企业为例,对其主要财务指标进行列表分析。

（1）国有企业负债程度。

表 8—1　　　　　　　　　国有及国有控股工业企业资产负债　　　　　　　单位:亿元

年　份	资　产	负　债	资产负债率
1998	74 916.27	48 144.41	64.26%
1999	80 471.69	49 877.69	61.98%
2000	84 014.94	51 239.61	60.99%
2001	87 901.54	52 025.60	59.19%
2002	89 094.60	52 837.08	59.30%
2003	94 519.79	55 990.53	59.24%
2004	101 593.74	60 291.23	59.35%
2005	117 629.61	66 653.58	56.66%
2006	135 153.35	76 012.52	56.24%
2007	158 187.87	89 372.34	56.50%
2008	188 811.37	111 374.72	58.99%
2009	215 742.01	130 098.87	60.30%
2010	247 759.86	149 432.08	60.31%
2011	281 673.87	172 289.91	61.17%
2012	312 094.37	191 349.97	61.31%

资料来源:《中国统计年鉴2013》。

国有企业负债程度可以从两个角度进行考察:一是负债规模,二是负债比率。

从国有及国有控股企业的负债规模来看,从表8—1中我们可以发现国有及国有控股企业负债较高,从1998年以来,虽然实行了债转股,使得资产负债率略有下降,但是总负债一直递增,10年之内翻了两番,负债规模从2000年的5亿元,到2012年已经涨到接近20万亿元。

除了国企账面上的显性债务外,有的企业还有历史遗留的隐性债务,比如失业保险欠账、老职工养老保险费欠账、企业办社会方面需要支付的转轨成本、职工住房费用欠账等。可见,中国国有企业的负债范围不仅仅限于账面上的硬负债,还包括非账面的软负债。

从负债比率来看,由于1999年中央政府推出"债转股"政策,1999年后资产负债率略有下降,但仍然是在55%以上的高负债率,而且从2007年开始资产负债率又开始提高。从近几年的资产负债率变趋势来看,国企负债正处于逐步提高中。

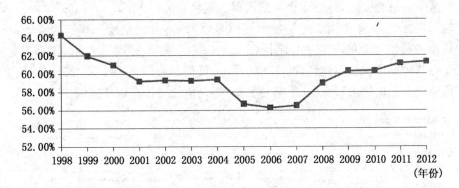

资料来源:《中国统计年鉴2013》。

图8-1　国有及国有控股工业企业资产负债率变化趋势

(2)国有企业债务结构。

表8-2　　　　　国有及国有控股工业企业资产负债与流动负债　　　单位:亿元

年　份	负债总计	流动负债	流动负债占比
1998	35 648.27	30 625.48	85.91%
1999	49 877.69	31 828.59	63.81%
2000	51 239.61	32 237.41	62.92%
2001	52 025.60	33 144.47	63.71%
2002	52 837.08	34 009.59	64.37%
2003	55 990.53	36 430.98	65.07%
2004	62 005.79	40 771.99	65.76%
2005	66 653.58	44 456.78	66.70%
2006	76 012.52	49 935.64	65.69%
2007	89 372.34	59 693.78	66.79%
2008	111 374.72	72 749.16	65.32%
2009	130 098.87	83 615.67	64.27%
2010	149 432.08	97 364.41	65.16%
2011	172 289.91	114 629.65	66.53%
2012	191 349.97	126 178.00	65.94%

资料来源:《中国统计年鉴2013》。

1998 年年末,国有工业流动负债占负债总额的比重达到 85.91%。高比例的流动负债不仅使企业经营风险加大,而且使其背负沉重的短期偿债压力。一旦生产过程受阻,就会使企业陷入财务困境。

根据 2013 年中国统计年鉴的资料显示,1998 年之后中国国有企业流动负债占负债总额的比例一直维持在 65% 左右。截至 2012 年年末,国有工业企业的短期流动贷款达到 126 178 亿元,占负债总额的 65.94%。流动负债占负债总额的比例虽较 1998 年略有下降,但是依然维持在较高比例。

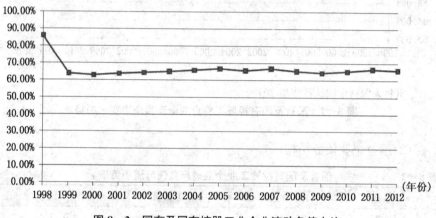

图 8—2　国有及国有控股工业企业流动负债占比

8.1.2　国有企业债务风险的因素分析

尽管国企的高负债经营是债务风险的重要来源,但是国有企业债务风险的真正问题是国有企业经营效率差、收入低。经营效率低下是国有企业竞争力低下的根源。

8.1.2.1　国有企业经营效率现状

从 1998 年到 2012 年中国国有企业的利润指标来看,虽然利润总额有一定的增加,但是相对于资产的增长而言,资产回报率的增长并不明显。

表 8—3　　　　国有及国有控股工业企业利润总额与资产回报率　　　　单位:亿元

年　份	资产总计	利润总额	资产回报率
1998	74 916.27	525.14	0.70%
1999	80 471.69	997.86	1.24%
2000	84 014.94	2 408.33	2.87%

年　份	资产总计	利润总额	资产回报率
2001	87 901.54	2 388.56	2.72%
2002	89 094.60	2 632.94	2.96%
2003	94 519.79	3 836.20	4.06%
2004	109 708.25	5 453.10	4.97%
2005	117 629.61	6 519.75	5.54%
2006	135 153.35	8 485.46	6.28%
2007	158 187.87	10 795.19	6.82%
2008	188 811.37	9 063.59	4.80%
2009	215 742.01	9 287.03	4.30%
2010	247 759.86	14 737.65	5.95%
2011	281 673.87	16 457.57	5.84%
2012	312 094.37	15 175.99	4.86%

资料来源:《中国统计年鉴2013》。

在2008年以前,中国国有企业的资产回报率从1998年的0.7%增长到6.82%,基本实现了资产回报率的稳步增长,但是资产回报率水平还是很低,均未超过7%。2008年,受到金融危机的影响,中国政府推出了基本上面向国企的刺激方案,为国企提供了大量的金融支持,严重削弱了国企提高效率的动力,结果导致国有企业资产回报率降至4%左右的水平。与之相比,民营企业的资产回报率则进一步上升至11%左右。之后,国有企业资产回报率一直在5%的水平上下震荡。

虽然国有企业的资产回报率整体上呈现略微上涨趋势,但是将国有企业的资产回报率水平与一年期存款利率和一年期贷款率比较发现,国有企业的资产回报率水平依然处于低水平。与一年期存款利率相比,除了1998年与1999年之外,国有及国有控股企业平均资产回报率还是在一年期存款利率之上,但是与一年期贷款利率相比,国有及国有控股企业平均资产回报率就基本在一年期贷款利率水平之下。由此看出,国有企业即使有着国家先天赋予的垄断优势,其收益水平却一直处于入不敷出状态。这也是中国国有企业债务高台垒筑的根本原因。

2014中国金融发展报告

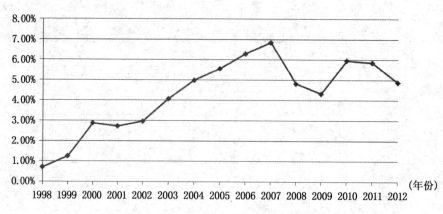

图8—3　国有及国有控股企业平均利润率

表8—4　　　　　　国有及国有控股工业企业资产回报率与存贷款率

年份	国有及国有控股企业平均资产回报率	一年期存款利率	利润存款率差值	一年期贷款利率	利润贷款率差值
1998	0.70%	3.78%	−3.08%	6.39%	−5.69%
1999	1.24%	2.25%	−1.01%	5.85%	−4.61%
2000	2.87%	2.25%	0.62%	5.85%	−2.98%
2001	2.72%	2.25%	0.47%	5.85%	−3.13%
2002	2.96%	1.98%	0.98%	5.31%	−2.35%
2003	4.06%	1.98%	2.08%	5.31%	−1.25%
2004	4.97%	2.25%	2.72%	5.58%	−0.61%
2005	5.54%	2.25%	3.29%	5.58%	−0.04%
2006	6.28%	2.52%	3.76%	6.12%	0.16%
2007	6.82%	4.14%	2.68%	7.47%	−0.65%
2008	4.80%	2.25%	2.55%	5.31%	−0.51%
2009	4.30%	2.25%	2.05%	5.31%	−1.01%
2010	5.95%	2.75%	3.20%	5.81%	0.14%
2011	5.84%	3.50%	2.34%	6.56%	−0.72%
2012	4.86%	3.00%	1.86%	6.00%	−1.14%

资料来源:《中国统计年鉴2013》。

8.1.2.2 国有企业经营低效率原因分析

(1)国有企业技术低效率。

技术是企业生产中人与物之间的结构关系,是决定企业生产成本和效率的最基础因素。企业技术选择的经济原则是实现生产要素的合理使用,即确定企业生产要素使用的合理规模和比例。国有企业是否具有技术效率,取决于其是否具有合理使用生产要素的能力。

从历史来看,中国国有企业经营低效率的原因是中国工业基础薄弱,在计划经济体制下追求国民经济发展规模和速度,在基础性的教育和科学技术研究方面投资非常少。除在导弹、原子弹等特殊领域之外,在任何领域几乎没有进行持续的研究投资,导致中国工业结构性矛盾及企业物质技术基础相对薄弱。而中国劳动力相对丰裕,技术却缺乏,在经济规模不断扩张下,必然导致在生产中倾向于用相对丰裕的劳动力替代相对稀缺的资本。

国有企业对生产要素的使用可能并不是由企业自身根据市场的价格信号来决定,而是根据各级政府管理部门颁布的行政性的条例、规定、办法等确定。当国有企业进入市场后,这种生产上的非经济性就显露出来,导致即使采用同样的生产条件,国有企业与非国有企业相比也会存在生产效率上的差距。

(2)国有企业制度低效率。

制度是生产中人与人之间的结构关系,是决定企业交易活动成本和效率的基础因素。制度的选择就是要实现既定制度收益下的交易成本最低。传统计划体制下,中国国有企业普遍采用了国有国营的制度形式,这种制度形式下国有企业经营效率低下。在经历了20多年的经济改革之后,虽然在形式上国有企业的制度结构发生了重大改变,但传统国有企业的运行机制始终在发挥作用,导致国有企业经营低效率的现状并没有完全发生变化。

迄今为止,国有企业的市场化改革尚不彻底,企业的治理结构和产权制度的改革尚在继续中,国有企业还不能够完全像民营企业那样在竞争的市场中自我发展、成长。在国有企业内部,由于制度结构的不合理,各级代理人有效激励机制缺乏,也很难对各级代理人形成有效的约束机制。由于企业机制的相对僵化,在竞争性经济条件下,企业缺乏及时有效的环境反应和利用机制,从而可能丧失环境提供的种种机会。

8.1.3 国有企业债务风险控制

8.1.3.1 民企债务危机的启示

到目前为止,企业债务违约现象在中国很少发生,最近出现的上海超日太阳能科技的债券违约事件,引起学术界和业界人士的高度重视。这次违约事件是一种信号,表明中国政府在向市场宣示投资者审慎承担风险的观念。中国总理李克强表示,未来金融产品违约可能难以避免,表明中国政府承认任何经济都会出现债务违约,中国政府将不再无条件为国有企业债务担保。

超日违约事件作为国内首例债券违约案例而具有里程碑意义,即企业为自身的债务承担责任。企业债券的投资者承担债务违约的后果,中国政府不为超日债务违约事件承担任何经济责任。与超日债券违约事件不同,在此前发生的赛维 LDK(LDK Solar)事件中,地方政府承担了部分责任。赛维 LDK位于江西省新余市,是一家拥有 2 万多名工人的大型民营企业,每年为该市贡献 12% 的税收。与超日和其他太阳能企业一样,赛维 LDK 遇到了财务困难。但鉴于赛维 LDK 对新余市就业与地方政府税收的重要性,新余市政府通过一项议案,决定为赛维 LDK 5 亿元人民币贷款偿还计划提供担保,维持赛维LDK 的经营,避免赛维 LDK 被破产清算。

超日债务危机与赛维 LDK 债务危机的处理案例说明,民营企业债务违约,中国政府既可能予以经济援助,承担一定经济责任,也可能让市场处理,让企业为自身的债务负责,政府置身事外。因此,可以预期,如果面临国有企业债务违约风险,政府也可能承担一定经济责任,企业的债务风险可能转化为政府债务风险。

8.1.3.2　比较国企与民企的违约风险

1998 年,中国国有企业总数为 26 万家,经过十多年前的国企改革,关闭或私有化经营不佳的企业,到 2003 年中国国有企业总数减少至 14.5 万家左右。2003 年,中国成立了国有资产监督管理委员会(SASAC),代表政府在国企中的国家利益。到 2008 年,中国大约有 11.5 万家国企。

1998 年,工业领域国有企业的资产回报率为 1%,到 2008 年则升至 6%以上,几乎赶上了民营企业的水平。但是,2008 年中国政府推出了基本上面向国企的刺激方案,为国企提供了大量的金融支持,严重削弱了国企提高效率的动力,结果导致国有企业资产回报率降至 4% 左右的水平。而民营企业的资产回报率则进一步上升至 11% 左右。国企和民企回报率的差距是近期中国 GDP 增长率出现下降的一个重要原因。

从金融上来说,刺激计划带来了对国企的市场纪律弱化影响。国资委不愿迫使表现不佳的国企退出,导致国企经营绩效下降。尽管中国工业部门整体并未存在异常的财务压力,但与民营企业相比,国有企业的杠杆化程度要高得多。2012 年年末,国有企业负债是其收入的 4.6 倍,而民营企业仅为 2.8倍。与金融危机爆发前的 2008 年相比,民营上市公司的债务利润比下降了5%,而国企上市公司的这个比例则上升了 33%。民营企业的营运现金流量与流动负债比为 60%,而央企仅为 30%。因此,更有可能违约和重组的企业在国有企业部门,如果考虑到政府事实上对国企的间接补贴,国有企业的债务风险远比财务数据显示的高。

8.2 民营企业债务风险分析

自改革开放以来,民营经济在中国经济中的作用越来越重要。根据全国工商联公布的相关数据,2013 年,中国民营经济贡献的 GDP 超过六成,至少有 19 个省级行政区的贡献率超过 50%,而作为民营经济重镇的广东省,这一比例更是超过 80%。同时,民营企业还吸纳了全国近 2.19 亿个就业岗位。民营经济已经是社会主义市场经济中不可或缺的一块。

然而,与民营企业在国民经济中所扮演的角色相比,民营企业的融资问题却始终得不到有效解决。传统的银行渠道和股市渠道仅向那些大型国企和实力强大的民企开放,剩下大量的民营企业只能通过其他渠道进行资金筹集,这也就造成了当前民营企业的债务问题。

8.2.1 2013 年民营企业经营环境

8.2.1.1 国际经济形势

2013 年,全球经济正从次贷危机和欧债危机中缓慢复苏。美国复苏态势强劲,全年 GDP 增长率达到了 4.1%;失业率从年初的 7.9% 降至 12 月的 6.7%,是 2008 年以来的最低水平;通货膨胀率全年始终处于较低水平,12 月 CPI 同比仅为 1.5%;美国供应管理协会(ISM)公布的制造业采购经理人指数(PMI)除 5 月外,均位于 50 荣枯线以上。同时,房地产市场继续复苏,股指屡创历史新高。受房地产市场和股票市场财富效应推动,个人消费支出增长较快。此外,2013 年美国贸易赤字较 2012 年收窄,全年贸易赤字 4 715 亿美元,同比减少 11.8%。12 月 18 日,美联储将 2014 年经济增长预期从 9 月的 2.9%~3.1% 调整至 2.8%~3.2%。

欧元区经济微弱复苏,欧债危机暂时进入相对平静期,欧元区经济暂时进入复苏。2013 年,欧元区 GDP 同比下降 0.4%,其中各季度分别增长 -0.2%、0.3%、0.1% 和 0.3%。衡量消费者和企业信心的欧元区经济景气指数持续上行 8 个月至 12 月的 100,创近两年来最高水平。虽然 GDP 略有回升,但是欧元区就业水平仍然不容乐观,第四季度以来欧元区失业率维持在 12.0% 的高位。此外,欧元区物价全年维持低位,12 月综合物价指数(HICP)同比仅增长 0.8%。2014 年 3 月 6 日,欧央行将欧元区 2014 年经济预测值从日本经济强劲反弹后增速放缓。受汇率大幅贬值和大规模财政刺激等因素影响，2013 年日本 GDP 增长 0.7％，其中各季度增长的环比年增长率分别为 4.5％、4.1％、0.9％和 0.7％。6 月以来核心 CPI 同比转为正值，12 月上升至 1.3％，触及 5 年来新高；就业市场平稳，全年失业率基本维持在 4.0％左右。受进口成本上升等因素影响，2013 年日本贸易逆差为 11.47 万亿日元，同比增长 65.3％，创历史新高。

新兴市场经济体增速总体放缓，部分国家面临的风险上升。根据国际货币基金组织（IMF）统计，2013 年主要新兴市场和发展中经济体 GDP 增长 4.7％，比上年有所放缓，不同国家经济走势出现分化。其中，印度、巴西 GDP 增速比上年分别上升 1.2 个和 1.3 个百分点，而俄罗斯和南非 GDP 增速比上年分别回落 1.9 个和 0.7 个百分点。部分新兴市场经济体国际收支恶化，外汇储备减少，财政和债务状况严峻。5 月，美联储向市场释放退出量化宽松政策信号后，国际资本流动逆转，导致一些新兴经济体金融市场一度大幅动荡。总的来看，新兴市场经济体基本面较为脆弱，个别经济体短期内风险可能上升。

从以上可以看出，国际经济形势相较于 2012 年来说有所好转，但总体依旧疲软，尤其是欧元区的复苏前景更是不容乐观。欧元区是中国第一大贸易伙伴，欧元区经济前景悲观，则中国对欧元区的出口预期也悲观，以出口为导向的民营企业面临长期出口收入下降的风险，减弱企业偿债能力，增加债务违约风险。而且，一些行业，如煤矿、钢铁等产能过剩，市场持续萎缩，都增加了这些行业中企业的债务风险。

8.2.1.2 国内融资环境

2013 年全年金融运行基本平稳，货币信贷和社会融资规模适度增长，融资结构多元发展，对经济薄弱环节的资金支持力度进一步加大。全年社会融资规模适度增长，融资结构多元发展。据初步统计，2013 年全年社会融资规模为 17.29 万亿元，比上年多 1.53 万亿元。其中，人民币贷款增加 8.89 万亿元，同比多增 6 879 亿元；外币贷款折合人民币增加 5 848 亿元，同比少增 3 315 亿元；委托贷款增加 2.55 万亿元，同比多增 1.26 万亿元；信托贷款增加 1.84 万亿元，同比多增 5 603 亿元，占社会融资总量比重达到 10.64％；未贴现的银行承兑汇票增加 7 751 亿元，同比少增 2 748 亿元；企业债券净融资 1.80 万亿元，同比少 4 530 亿元；非金融企业境内股票融资 2 219 亿元，同比少 289 亿元。12 月份社会融资规模为 1.23 万亿元，比上年同期少 3 960 亿元。

从结构看，全年人民币贷款占同期社会融资规模的 51.4％，同比低 0.6

个百分点;外币贷款占比 3.4%,同比低 2.4 个百分点;委托贷款占比 14.7%,同比高 6.6 个百分点;信托贷款占比 10.7%,同比高 2.6 个百分点;未贴现的银行承兑汇票占比 4.5%,同比低 2.2 个百分点;企业债券占比 10.4%,同比低 3.9 个百分点;非金融企业境内股票融资占比 1.3%,同比低 0.3 个百分点。

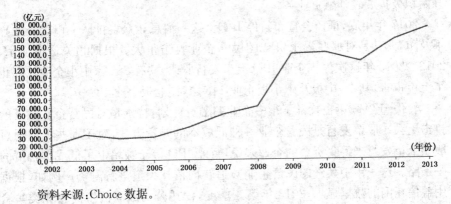

资料来源:Choice 数据。

图 8—4　社会融资总量

可以看到,社会融资结构大体稳定,与上年相比略有变化:社会的融资结构中,债券融资和非金融企业境内股票融资占比略有下降,信托贷款和委托贷款占比则有所上升,其中,委托贷款占比上升较为明显。

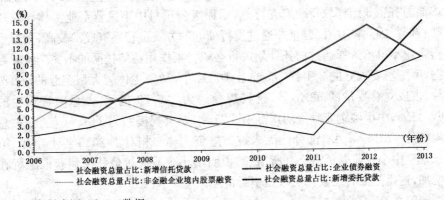

资料来源:Choice 数据。

图 8—5　社会融资结构

融资渠道的结构比重正在慢慢发生变化,主要原因有几点:①IPO 全年暂停,导致企业无法通过股票市场上市进行融资。虽然上市公司可以通过定向增发等方式进行融资,总体来看,权益性融资的比重在 2013 年逐渐减少。②在利率市场化的逐步推进和监管约束下,银行赢利机会逐步减少,倒逼银行等金融机构开展其他业务。银行通过成立信托计划、资产管理子公司等方式来规避监管、拓宽其营业范围,也为中小企业的融资扩大了渠道。③央行开始坚持稳健的货币政策,银行流动性收紧,传统的银行表内业务受到限制,银行开始积极扩展表外融资业务。

2012 年年底,证监会宣布暂停 IPO。这一消息让众多排队上市的企业猝不及防,尤其是对那些渴求资金的民营企业打击很大。根据相关资料显示,2012~2013 年这次停止企业 IPO 上市发行股票,共有 284 家中小企业被终止了上市审查,其中,中板及中小板企业 146 家,创业板企业 138 家。

暂停 IPO 政策也扰乱了很多企业的融资计划,特别是对民营企业融资的打击更大。股票发行是民营企业一种低成本的融资方式,对于那些渴望通过股票上市发行来筹集资金的企业来说,暂停 IPO 等于被堵上了低成本融资的一条路。这一年中大量的民营企业被迫转向信托渠道进行融资。例如,根据用益信托网的数据显示,2013 年第三季度,信托公司成立的工商企业类集合信托中,超过 80% 的产品投向为民营企业,融资规模约 271.62 亿元,占总发行规模的 74.41%。此外,第三季度集合信托投资中小企业的比重也达到了 31.16%,比上半年的比重高 6.8 个百分点。

相对于国有企业,民营企业股东背景或实力不够强大。民营企业取得银行信贷融资时的条件相对苛刻。由于民营企业相对国有企业比较弱小,也很难像国有企业那样取得政府支持,信用评级公司对中小民营企业主体评级通常较低。因此,中小民营企业通过发行债券的方式进行融资成本较高,大量民营企业不得不选择通过信托计划进行融资。根据用益信托网的不完全统计数据,第三季度成立的 281 款工商企业类产品中,融资主体为大型企业的有 121 款,占成立总数量的 52.31%,融资规模约为 226.73 亿元,占总融资规模的 62.11%;中小型企业融资的产品有 147 款,融资规模约为 113.74 亿元,占总规模的 31.16%;另有部分产品未披露融资主体。相对于 2013 年上半年,第三季度中小企业融资占比有所增加,说明中小企业通过信托公司获取融资在增加,这也是监管层及相关政策引导的结果。

8.2.1.3 企业经营环境

2013 年中国宏观经济景气程度下降,欧美等国复苏缓慢,外需增加的幅度减少;同时,企业制造成本、人力成本都在上升。这些不利因素综合,导致了中国企业的经营效益普遍下滑,尤其是广大中小企业的经营效益下滑严重。中小企业中,企业营收持平或下降的占比超过 50%,而净利润方面,这一比例则接近 70%。

企业制造、运营成本大幅上升,同时企业的产品价格难以提高,这是民营企业面临的现实。约六成民营企业生产成本上升,其中企业认为其在经营中遇到的前三位的问题都与成本上升有关,分别是劳动力成本、原材料成本以及资金成本的上升。不同地区、不同行业民营企业的成本上升的因素不同。东北地区和中部地区劳动力、资金成本是民营企业成本上升的集中地区。从区域上看,东北地区和中部地区反映成本上升的企业中,小民营企业比例最高,东部、西部地区比例则相对较低。劳动力成本上升最为集中的地区是中部地区;各地区原材料成本上升程度相近,相对比例较高的区域是东北地区;资金成本上升则是东北、中部地区比例更高,东部地区的资金成本上升企业的比例最低。随着劳动密集型产业向中部地区快速转移,带动了劳动力和资金需求,使得中部地区劳动力成本和资金成本普遍上升。

8.2.1.4 中小企业债务融资面临的主要困境

(1)融资渠道狭窄且单一造成了企业融资的扭曲。

中国社会主义市场经济尚在建设中,中国的金融体系仍处于发展阶段,金融管制政策严格,民营企业进入金融业的准入门槛较高。同时,民营企业(特别是中小型民营企业)市场融资的门槛也很高。这样的严格监管和市场准入政策,对于社会主义市场经济建设的初级阶段也许有必要。因为中国是金融体制较为脆弱的国家,经济发展也不够成熟,适当的严格监管与市场准入限制,有助于管理金融风险、防范金融危机的爆发。

但是,过度的监管与市场准入限制,造成了中小企业、民营企业融资渠道的匮乏,限制了民营企业、中小企业的发展。由于缺乏有效的资金来源,使得中小企业不得不借助于一些风险较大的(灰色)融资渠道筹措资金,这反而增加了金融风险,与严格监管与市场准入的本意背道而驰。当前中小企业已经从过去依靠自身内部积累转向主要依靠外部资金的方式扩大生产和投资。除了一些实力雄厚的大型民营企业之外,大量的民营企业得不到成本低、来源稳定的商业银行贷款。据全国工商联在 17 省市的调研中显示,90%以上的受访中小企业表示无法从银行获得贷款。因此,这些民营企业不得不另觅他路,通过发行债券或影子银行的渠道进行融资,其中,"影子银行"成了企业新的重要融资来源。"影子银行"正成为民营企业累积债务风险的重要因素。

(2)中小企业融资成本高昂,融资秩序混乱。

在金融危机的影响下,中国人民银行采取了多次连续加息和提高存款准备金率的货币紧缩政策,贷款利率提高严重影响了中小企业的经济利润,商业银行也通过类似收取违约延期支付费用、设置"补偿性余额"等手段变相提高贷款利率,增加了中小企业的贷款成本。商业银行的这些行为增加了中小企业的融资困难。

由于银行贷款准入条件严格,抬高了中小企业贷款门槛,中小企业为了能尽快融入资金,得到周转资金,不得不选择民间借贷。民间借贷没有法律的保障,贷款的金额小,但贷款利率却远远高于国家规定的水平。资料显示,当前中国商业银行指导利率水平是7%左右,而体制外"委托贷款"利率却高达20%,浙江民间借贷最高达180%,可见此种方式的融资成本特别高。中小企业借贷中的盲目投资行为,导致资金的无序运行,融资效率低下。企业之间的赊销赊购、易货交易,导致三角债的发生,经济秩序及社会秩序混乱。

(3)资本供给结构不平衡,融资结构不合理。

当前,大量个人资金、上市公司资金被"影子银行"的高利息信贷业务吸引,最终流入房地产市场以及其他高风险投资领域,研发投入资金很少,加剧了资金资源配置的不合理。中国中小企业大多集中在东部沿海地区尤其是长江三角洲、珠江三角洲、京津唐地区,这类地区经济发展程度高,能够为当地的中小企业提供相对较好的融资环境。而中西部地区经济不够发达,更需要资金投资发展当地经济。但是,本地的资金少,不足以为当地的中小企业发展提供足够的资金,也很难得到发达地区的资金支持。东部发达地区的中小企业无论是在资金还是资本的供给规模上都远远超过了中西部地区的中小企业。

综上可以看出,民营企业融资难的问题不仅阻碍了民营企业的发展,也埋下了债务危机的隐患:企业通过"影子银行"等渠道进行融资,而这些业务则都游离于银行资产负债表之外,使人们低估了银行体系累积的风险。

8.2.2　2013年民营企业债务风险

2013年,民营企业资产负债率处于较高水平,A股上市的非金融民营企业中,超过85%的企业资产负债率出现了不同程度的上升,约有57%的非金融民营企业资产负债率较2012年上升超过15%。

根据Wind数据统计显示,截至2014年3月19日,在已经公布2013年年报的上市公司中,负债合计共有3.14万亿元,对比同期未分配利润仅有不到5 400亿元。我们假定企业未来不增加新的负债,同时能够保持当前的赢利效率,则完全偿还这些债务至少需要5年的时间。具体而言,采掘业、房地产业、钢铁业、化工业、建筑材料业及交通运输业这些行业的债务问题更为明显。上市公司中,合计负债最多的企业是地产巨头万科A,其资产负债率高达78%。

虽然万科在2013年的净利润超过150亿元,然而其负债规模也已达到

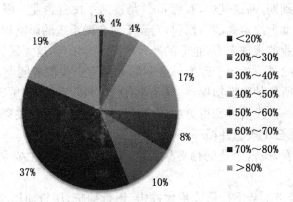

资料来源：Wind。

图8—6　已上市的民营房地产公司资产负债率分布

3 737.66亿元，相比于2012年，同比增长了25.99%。应该看到的是，万科作为房地产行业的领军企业，其赢利能力、付息能力、流动性储备等方面也是行业翘楚，但是面对如此高的负债水平，万科也不能说是完全没有风险的，更不用说国内还存在着大量实力远不如万科、负债水平却与其相近甚至超过其负债水平的中小房地产企业。

　　从资金来源来看，除了传统的银行贷款、发行债券等方式外，越来越多的房地产企业选择通过信托计划等方式进行融资。从图8—7可以看出，2013年，特别是上半年，信托贷款融资规模急剧上升。

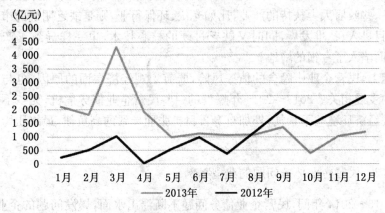

图8—7　新增信托贷款

227

　　通常信托贷款期限为两年。这意味着，2014年，中国约有6 600亿美元左右的信托贷款到期,而这其中,有近 80％是投向了民营企业。因此,民营企业的表现很大程度上决定其能否偿付,乃至于对金融系统的影响程度。然而,从去年大部分企业的表现来看,企业的经营状况不容乐观,这无疑为其能偿付本息打上了一个问号。相比于政府债务问题和国有企业债务问题,民企的债务没有政府为其所作的隐性担保,一旦企业有任何风吹草动,将更容易引起市场的恐慌情绪。一旦投资者变得更加谨慎,银行将被迫清算相关资产,以向投资者兑付,那时就会出现恶性循环。

从目前来看,民营企业的债务风险之所以不断加大,主要是由于以下几点:

(1)全球经济形势下行造成重大冲击,银行抽贷、压贷而压垮企业。国际经济形势下行,大量以出口为导向的民营企业及关联企业都受到很大的牵连,海外订单减少甚至被迫取消,对企业造成了很大的影响。由于业绩不佳,很多银行对中小型民营企业进行抽贷、压贷的政策,这无疑更加重了企业资金短缺的困境。

(2)部分民营企业热衷于炒"热钱",导致债务的雪球越滚越大。例如,温州立人集团长期利用高息民间借贷疯狂投资房地产和矿产的"拆东墙补西墙"手法难以为继,资金链断裂。

(3)企业自身发展战略失误,过于求大求全,无节制地扩张。企业大规模扩张必然要有大量的债务资金支持。然后很多企业在扩张之后,其业绩并没有多少提升,但沉重的债务负担却在持续加重。

(4)2008 年"四万亿"投资造成了部分产业如煤矿、钢铁等产能过剩,与此同时,一些政府大力扶持的产业,比如光伏、环保行业,则是缺乏明确的市场定位,盲目进入、扎堆发展,同时又缺乏过硬的核心技术,也一样导致了产能过剩,反而陷入了亏损的境地。

综上,民营企业中隐含的债务风险,既有宏观经济层面的原因,也与企业自身的发展相关。2013～2014 年爆发的一些民营企业债务危机,无一不是由于宏观经济环境的不景气,外加自身盲目扩张而导致的高负债,最终压垮了企业。

8.2.3　民营企业债务问题的典型案例

2013～2014 年间,民营企业债务问题不断浮出水面,爆发问题的企业中,不乏无锡尚德、山西联盛等知名民营企业,债务危机涉及的金融机构众多。此起彼伏的债务危机,为中国民营企业的融资风险敲响了警钟。

山西联盛集团成立于 2002 年,创始人邢利斌,是由柳林县金家庄煤业有限公司出资买断柳林县兴无煤矿全部国有资产后组建的民营企业。集团有员工 1 万余名,煤矿 16 座,坑口洗煤厂 3 座,固定资产 63 亿元,井田面积 40 多平方千米,地质储量 7 亿吨。山西联盛集团是吕梁市重点民营企业和利税大户。

然而,这样一家能源巨头,在 2013 年年底却传出濒临破产、面临重组的境地。根据联盛集团在各家金融机构融资表上的数据显示,至 2013 年 10 月底,联盛在 29 家金融机构的融资总额为 281 亿元,风险敞口(扣除保证金)总计为 259.16 亿元。前三大债权人机构为国家开发银行(下称国开行,总额 45.1 亿元)、山西农村信用联社(总额 41.5 亿元)和中国华融资产管理公司(下称中国华融,总额 19.9 亿元)。此外还包括民间融资在内的其他债务几十亿元,联盛的总债务规模超过 300 亿元,据估算,负债率很可能接近 100%。

联盛集团如此高的债务水平源自公司的发展战略。从 2002 年成立伊始,联盛制定了打造焦煤产业"航空母舰"的目标,而完成这一目标最直接的方法,就是通过不断的企业并购。从 2002 年开始,邢利斌就不断通过参股、并购以及租售等手段,扩张着自己的经营版图。除此之外,联盛集团还在 2008 年和 2009 年分别与山西国际能源集团有限公司和华润集团成立了合资公司。2012 年 2 月,邢利斌成立山西联盛置业投资有限公司,意图进军房地产领域。在十几年的时间里,联盛的创始人邢利斌将公司的资产从数亿疯狂扩张至数百亿。

接二连三并购的背后,需要的是源源不断的资金支持。如果仅仅通过积累留存收益的方式来筹集资金,联盛断不可能扩张得如此之快。通过外部负债融资的方式筹得资金也就成了必然的方法。在联盛成立至今的十余年间,联盛与国开行、建设银行、工商银行、中信银行、江西信托、兴业租赁等各家金融机构均有不同程度的合作。表 8—5 显示,联盛在银行的敞口总计约 360 亿元,敞口很大。

表 8—5　　　　　　　　"联盛系"在各家金融机构的融资敞口　　　　　　　　单位:亿元

融资机构	借　款	银承敞口	敞口总计
国家开发银行	45.10	—	45.10
山西省农村信用联社	41.50	—	41.50
华融资产管理公司	19.90	—	19.90
建设银行	12.35	2.65	15.00
招商银行	15.00	—	15.00

企业债务风险分析

融资机构	借 款	银承敞口	敞口总计
中信银行	13.00	—	13.00
江西国际信托	12.23	—	12.23
兴业银行	12.00	—	12.00
华夏银行	4.40	5.39	9.79
吉林信托	8.92	0.60	9.52
长安信托	8.50	—	8.50
光大银行	7.08	—	7.08
中投信托	7.01	—	7.01
光大金融租赁	1.00	6.60	7.60
民生银行	6.14	—	6.14
工商银行	5.50	—	5.50
晋商银行	5.00	—	5.00
山西信托(光大银行)	2.50	2.48	4.98
平安银行	4.00	—	4.00
民生金融租赁	2.17	—	2.17
长城租赁	1.83	—	1.83
民生瑞翔(天津)航空租赁、中国银行天津滨海分行	1.55	—	1.55
长城国兴金融租赁有限公司	1.27	—	1.27
兴业租赁	1.08	—	1.08
五矿信托	1.00	—	1.00
交通银行	0.50	—	0.50
民生海翔(天津)航空租赁	0.44	—	0.44
吕梁柳林联信小额贷款公司	0.40	—	0.40
汇泽村镇银行	0.08	—	0.08
合 计	241.45	17.72	259.17

资料来源:财新记者搜集整理。

联盛集团的债务问题并非突然爆发。在过去两年中,已经有数家信托公司对联盛集团的信托产品做了延期支付,例如,12 月 2 日,吉林信托发布公告,称"吉信·松花江【77】号山西福裕能源项目收益权集合资金信托计划"共六期、总规模 9.727 亿元到期不能偿还,该信托项目增信措施是:由山西福龙煤化有限公司提供连带责任保证,由邢利斌、李风晓提供无限连带责任保证;而此前,山西信托也对两期联盛集团的项目延期偿还,数额约 10 亿元。

虽然有这么多迹象提示联盛偿债风险,但是,银行、信托等金融机构仍然愿意为其融资。除了联盛作为一家大型能源集团的名声外,还因为其与当地政府关系密切。邢利斌本人"不讳言自己与当地政府的关系"。因此,尽管 2013 年煤炭行业不景气,但银行依旧认为联盛的信用等级较高,营运能力强,有按时兑付的能力。其实,银行如果能冷静地对公司进行研究,分析市场行情,就可以发现联盛偿债风险,也就不会增加对其信贷支持。

近年来,包括联盛在内的诸多煤炭业公司都面临债务问题,民间盛传各种小煤窑的煤老板因无法偿还高利贷而跑路的消息。从 2011 年开始,煤炭市场的需求每况愈下,煤矿价格持续走低,大量的山西煤气面临着销售困局,公司的资金链也纷纷出现问题,这些因素不断削弱公司的偿债能力;另一方面,大量的煤炭企业选择通过高杠杆模式运作,使公司面临更大的资金压力,甚至面临破产或重组的难题。

从联盛事件可以发现,用负债来撬动资金和盘活资产的发展,过度沉迷于资本的游戏,对自身主营业务没有稳健经营,是广大中国民营企业所面临债务风险的一大特征。

8.3 城投债债务风险分析

8.3.1 城投债简介

城投类企业是由地方国资委控股,依据当地政府决策进行地方基础设施和公用事业建设、融资、运营的主体,充当地方政府城市建设的投融资平台。它一方面代表政府参与对各项国有资产的管理,另一方面承担着土地一级市场开发,道路桥梁、广场绿化等地方基础设施的投资建设,及水、电、热、气、公交等市政公用事业的运营管理。城投债是指由城投类企业公开发行的债券,包括企业债、中期票据和短期融资券等,投向多为地方基础设施建设或公益性项目。城投债的使用与产业企业债券显著不同,产业企业债券通常是满足企业流动性需求或盈利项目投资需求,而城投债投资的项目收益通常都不高。

1994 年颁布的《中华人民共和国预算法》第二十八条规定:"地方各级预算按照量入为出、收支平衡的原则编制,不列赤字。除法律和国务院另有规定外,地方政府不得发行地方政府债券。"由于这样的限制,中国没有传统意义上的市政债券,目前在中央和地方分税制的财政体制下,地方政府的预算内资金主要来源是地方税,这部分资金远不能满足其经济发展(主要是基础设施和公益项目)的需要。因此,为解决资金短缺问题,一些地方政府通过设立的城投公司以银行借贷和市场化发行债券的方式获得资金,转而投入地方项目的建设中。城投债在中国被喻为"准市政债"。

从已发行的城投债券用途看,主要用于城市给排水管网设施、道路、桥梁、燃气、热力、垃圾和污水处理等市政基础设施、江河湖泊治理、保障房建设和棚户区改造、产业园区基础设施、城市轨道交通、城市文化和体育设施、地震灾后重建等领域。这些项目建设对地方经济社会发展、城市设施改善、污染治理和环境保护等都起到了积极的作用。

8.3.2　城投债的发展历程

从城投债的发展阶段来看,2005 年以前中国发行城投债较少,主要集中于直辖市和大型省会城市。2005 年以来,随着地方性城投债的启动,城投债的发展呈现逐年增多的趋势。2008 年以来随着中国推行积极的财政政策,地方政府扩大投资规模,城投债的发行更是呈井喷行情。

(1)起步阶段。

2005 年前中国城投债基本为中央企业债,发债主体集中于直辖市和大型省会城市,发行量非常有限。浦东建设债券是中国市政债券的早期代表,20世纪 90 年代初浦东开发后,国务院给予上海连续 10 年每年发行 5 亿元浦东建设债券的优惠政策。上海城市建设投资总公司受市政府委托于 1992 年 4月发行了首期 5 亿元浦东建设债券。2000～2004 年中国共发行城投类企业债 18 期,金额 214 亿元。

(2)初步发展阶段。

从 2005 年开始,地方企业债的启动使城投债发展明显加快。上海城投总公司于 2005 年 7 月率先发行了总额 30 亿元的地方企业债。国家发改委降低了企业债发行门槛,推动城投债发行规模快速增长,城投债成为企业债的重要品种。2008 年,各省城投类企业债共发行 383 亿元,占当年全部企业债发行总额的 16％。2005 年,地方融资平台开始发行短期融资券,增长迅速,每年的发行规模不亚于企业债券。2008 年,中期票据开闸,城投类公司也开始尝试中期票据。2005～2008年,中国累计发行各类城投债共2 441.7亿元。

(3)快速发展阶段。

进入2009年,中国实施积极的财政政策,扩大投资规模,地方政府也加大了基础设施投资,地方政府直接发债获批,发行了近2 000亿元,而城投债也出现跨越式增长。2009年3月,中国人民银行联合中国银监会发布《关于进一步加强信贷结构调整促进国民经济平稳较快发展的指导意见》,提出"支持有条件的地方政府组建投融资平台,发行企业债、中期票据等融资工具"。重新启动发行的中期票据也成为城投债发展的新亮点。其中,上海久事公司发行金额50亿元、期限8年的中期票据,募集资金全部用于上海轨道交通建设项目。2009年,城投类企业债累计发债110期,金额1 502亿元,是2008年全年发行量的4倍;城投类中期票据累计发行31期,金额883亿元;城投类短期融资券累计发债49期,金额488亿元。2009年地方政府各类债券总共4 864.3亿元,超过了以前所有年份发行的总额。

(4)治理阶段。

2009年地方各级融资平台债务的井喷引起了国务院对地方政府及融资平台发债风险的高度关注。2010年6月10日,国务院发出《关于加强地方政府融资平台公司管理有关问题的通知》(以下简称《19号文》),首次发文要求各级人民政府和国务院各部委及各直属机构,按照项目性质和债务主要还款来源,对地方融资平台公司的债务进行分类管理,从大的方向上提出对地方政府融资平台公司及其债务清理整顿的原则。2010年8月17日,财政部、发改委、人民银行、银监会四部委发出《关于贯彻国务院关于加强地方政府融资平台公司管理有关问题的通知》(以下简称《通知》),对《19号文》逐条进行解读,明确《19号文》中所出现的有关概念定义和有关事项的范围,实现了加强地方政府融资平台的管理从指导原则到实施细则的过渡,实际操作性得到明显提高。

《19号文》规定,今后地方政府设立融资平台时需足额注入资本金,但"学校、医院、公园等公益性资产不得作为资本注入融资平台公司"。《通知》中禁止地方政府"以直接、间接形式为融资平台公司提供担保"。《通知》明确指出,其违规担保承诺行为包括下列形式:为融资平台公司融资行为出具担保函;承诺在融资平台公司偿债出现困难时给予流动性支持,提供临时性偿债资金;承诺当融资平台公司不能偿付债务时承担部分偿债责任;承诺将融资平台的偿债资金安排纳入政府预算。同时明确指出在《通知》下发后形成的新债务,地方政府将只承担有限责任。地方融资平台经历治理整顿后,2010年后城投债的整体增长势头放缓,但发行总量预计与2009年接近或略有超过。

8.3.3 城投债风险

8.3.3.1 城投债特点

(1)发行主体。

从各行政级别发行区域所占比重看,随着城投债的增长,中小城市城投公司的发债比例不断增加,2009 年以来甚至扩展到省会城市的区县、欠发达地区的县市,如六安城市建设投资有限公司公司债券(六安城投债)、伊春市城市建设投资开发有限责任公司企业债券(伊城投债)以及常州市武进城市建设投资有限责任公司公司债券(武进城投债)等。从近期发行的城投债来看,来自中小县市或区政府所属的城投公司所发行的中小城投债的比重明显加大。按照具体经营业务范围的差异,我们大致可以将城投债发行主体划分为三个类别,分别是:①业务多元化、综合性的投资集团。这些企业一般属于省级政府下辖,不仅有城投类业务,还拥有其他一些赢利性较好的行业资产,例如"09桂投债"的发行人广西投资集团有限公司,其旗下的有色金属业务最近一个会计年度贡献了主营业务收入的 51.26%,而"09 青海国投债"的发行人青海省国有资产投资管理有限公司主营业务收入的 90%来源于钢材、焦炭及钾盐业务。这类投资集团整体经营规模大,业绩和赢利水平较优秀,抗风险能力强。②专业性城投企业。其中交通运输类和水务类最为典型,例如"09 福州交通债"和"09 绍兴水务债"等,这些发行主体的经营状况及业绩一般较为稳定,对其赢利水平和债务风险状况估计较为准确,债券的违约风险相对较低。③一般性城投企业。除去前两类外,剩余城投类企业,是城投类企业的主体,占总发行人中的大多数,通常负责土地一级市场开发、廉租房建设及其他基建业务。这些企业业务较分散,赢利性较差,经营波动性大,风险承受能力相对较差。

(2)品种。

从发行的城投债的类型来看,目前主要以企业债为主,2013 年城投债发行1 008只(Wind 统计口径),企业债发行 590 只,占城投债的比例为 58.5%;短期融资券发行 77 只,占比约为 7.6%;而中期票据发行为 157 只,占比约为15.6%;定向工具发行为 154 只,占比约为 15.3%;公司债发行为 30 只,占比约为3.0%。

(3)增信措施。

从发行的城投债的增信措施来看,目前主要包括第三方担保、土地抵押、应收账款质押、股权质押等。2013 年发行的城投债的增信措施中,第三方担保和抵押担保方式占多数,同时也存在部分土地质押和其他混合增信的方式。

而对于保证人的类型我们可以具体划分为三类:第一类即为专业性担保公司,比如"09绍兴水务债"以及"09合海恒债"都是由中国投资担保有限公司提供的第三方不可撤销连带责任担保。第二类是其他城投类企业,较常见的情况是作为发行主体的下一(行政)级别的城投企业,邀请其上级城投企业为其担保,比如"09临安城建债"和"09余城建债"都由杭州市城市建设投资集团有限公司为其担保,这两项债的发行主体分别是杭州临安市和杭州余杭区的城投企业。另外,市场上还曾经出现过城投类企业互保的现象,比如"09桐城投债"和"09湖交投债",已被国家发改委暂停。第三类担保人即为地方资源型大国企,比如淮北矿业集团就为"09亳州债"提供了不可撤销连带责任担保。

由于城投企业质押的应收账款主要是对政府部门的,而抵押所用的土地转让使用权价值则容易受房地产市场走势变动的影响,所以,此种质押能够更好地保障债券本息的偿付。至于担保人的选择上,应该说地方资源型国企的增信能力要大于专业性担保公司,后者又优于其他城投类企业,对于那些财务水平并非非常稳健的城投企业,其信用增信效果甚至可以忽略不计。

(4)评级。

由于城投类企业经营业务的特殊性,多数城投类企业经营业绩较差,营业利润为负的发债主体较多,甚至部分发债主体最近一个会计年度才有主营业务收入,但由于城投类企业作为地方政府的投融资平台,与本地政府之间联系密切,其在承担政府的部分经济建设职能的同时受到地方的保护和支持,不仅可以发债前每年从政府那里获得不菲的财政补贴,而且所发行的企业债券还受到地方政府各种隐性的担保。地方人大或政府公开发文或承诺为债券的偿付兜底或给予一定规模的财政补贴。因此,债券发行主体和债项本身所获信用级别并不低。

8.3.3.2 主体赢利风险

地方城投公司往往承担非营利性的公共项目,而这些公益性建设项目具有投资规模大且周期长、效益产出低且慢的特点。其现金流状况和赢利性指标偏弱,有的甚至主营业务收入为零。为确保公共项目的顺利完成,地方政府会给予城投公司诸如政府补贴、税收优惠等政策来支持其发展。因此,城投债风险很大程度上取决于地方政府信用实力、对城投公司的支持意愿和持续性。

城投债最主要的偿债资金来源是地方政府的财政收入和债务抵押物的土地出让金。首先,土地出让金在地方财政收入中占比越来越高,地方财政对土地出让金的依赖程度逐年上升,使得地方债务与房地产行业兴衰紧密地联系

企业债务风险分析

在一起。其次,地方政府多以土地注入代替现金作为城投公司的资本金,然后将土地抵押给银行取得贷款,进行城市基础设施建设。在这种情况下,一旦国家实施严厉的调控政策,房地产行业受到压制,地价大幅下滑,不仅地方财政收入面临危机,而且市场会调低对土地的估值水平,对地方债务的信用评级产生不利的影响,地方债务风险加大。可见,第一还款来源地方财政一般收入和第二还款来源土地出让金收入都受到房地产行业的制约。在当前房地产泡沫严重、随时都有破灭危险的情况下,增加了城投债的风险。

地方政府对于城投公司的补贴反映在一个公司的营业外收入,进而对利润总额造成影响。一个公司营业外收支净额占利润总额的程度就粗略反映了地方政府对于城投公司的补助程度。在考察了2013年年末存续的城投债的财务状况后,分析给出了表8—6。我们可以看出,城投公司的补助大部分还是落在0%~50%的合理区间内,但是也有一定数量的城投公司补贴比例很高,甚至超过100%。

表8—6　　　　　　　　　城投公司营业外收入占利润总额情况　　　　　　单位:%

营业外收支净额/利润总额	占　比
<－200	0.09
－100~50	0.09
－50~0	17.60
0~50	43.84
50~100	21.73
100~150	7.06
150~200	2.51
200~250	2.04
250~300	1.19
＞300	3.87
总　计	100.00

8.3.3.3 资产注入风险

地方政府为提高城投公司发债规模并提升其信用级别,会注入更多资产,包括土地使用权、公共事业公司、公益性资产等。其风险在于:一是土地使用权的虚高评估导致土地价值被抬高。二是在合并公司过程中,容易出现不合规的情形,如合并了不符合法律法规要求的事业单位、虚增资产或是发债企业合并无实际控制能力的当地企业。三是单纯为扩大企业资产规模而注入公益性资产,这对提升赢利能力和偿债能力无实质性作用。

政府对于城投企业的注资大部分是通过注入土地来完成的,而土地使用权在账面上显示为无形资产,而对于缺少专利技术的城投类公司来说,考察无形资产占总资产的比例就可以看出土地对于提升公司资产的程度。从表8-7可以看出,无形资产的占比分布还是相对均匀的,无形资产占比超过总资产半数的城投公司超过50%,而且占比达到70%~80%的为最多,可见通过土地作为无形资产增加资产的行为已经很严重。

表8-7　　　　　　　　　　　　无形资产占比　　　　　　　　　　单位:%

无形资产/总资产	占　比
10~20	0.64
20~30	3.64
30~40	10.38
40~50	12.37
50~60	15.25
60~70	19.28
70~80	21.02
80~90	12.46
90~100	4.96
总　计	100.00

8.3.3.4　地方政府风险

地方政府的风险体现在:一是地方政府对城投债的隐形担保并不具备法律意义上的担保作用,因为法律规定国家机关不得作为担保人提供保证担保。二是城投债年限较长,当经历政府换届后,下届政府还款意愿如何直接影响城投债的信用。三是城投债的履约较大程度上依靠当地财政收入,地方经济发展和财政收入是影响城投债偿还的重要因素。针对此类风险,防范重点应在发行前,如将发行规模与政府财政收入匹配、发行期限与政府换届周期挂钩等。

(1)隐性债务风险。

地方政府的信用担保方式有三种:①地方政府会以有形或无形的方式承诺在某城投公司无法偿付债券时,由地方财政偿还贷款的本息;②地方政府与城投公司签订特许协议或地方政府签署相关行政文件,以此来承诺回购项目或财政补贴;③地方政府通过最后的兜底还款证明其为城投债的担保人,属于无形的隐性担保。在①中,地方政府是以有形或无形的方式进行承诺担保。中国担保法也未有规定"承诺函"这种担保方式,在地方政府不愿承担偿付责任时,"承诺函"就会变为一纸空文。从②中我们可以看出,地方政府的兜底还款,可以说是提供给城投公司的财政补贴,但是都未纳入财政预算,这就说明地方政府进行担保提供的财政补贴不符合预算法的规定。③中地方政府的信用担保的呈现显而易见,地方政府是城投公司的"大家长",其信用伴随着城投公司的出生、成长、死亡。然而,这种信用担保因为没有法律上的依据,在中国这样的法治社会的国家里,只能说城投债穿着一件华丽的外衣,没有实质上的保障。

近年来,多起城投债违约风险最终由政府托底解决。这种解决方式既不利于债券市场的发展,也不利于债券风险的释放,同时也加大了投资人判定城投公司资质的难度。从中国现行法律规定来看,地方政府是不可以为城投公司所发行的债券进行担保的。但事实上,在地方融资平台发行城投债的过程中,地方政府仍会想方设法对平台公司提供变相担保或承诺。不过,由于部分地方政府自身债务水平已经很高,再加上一些地方政府的融资平台公司数目过多,地方政府的担保或者承诺往往是重复运用,因此,一旦融资平台发生偿债困难,其背后的地方政府实际上是没有能力替平台还债的。如有些资源依赖型或产业单一型城市,一旦其支柱产业出现长期衰退,其所面临的债务违约风险将随之增大。2012年,对石油高度依赖的大庆市政府债务率已超过70%,而以汽车城著称的长春市则达到159.73%。这些城市的地方政府在其自身财政支出都已捉襟见肘的情况下,已经没有能力为融资平台托底还债。

(2)期限跨越两届政府。

从地方政府城投债的偿还期限来看,城投债大部分期限为5~10年(见表8-8)。而其中7年期的就超过半数。这就是说,城投债的偿还期可能会跨越两届地方政府,这容易导致"寅吃卯粮"的超前融资与负债。一些地方官员在任期内大举借债,最后把一个烂摊子留给下任的情况并不少见。这不仅严重影响到地区可持续发展,也给银行如期收回政府借贷留下不可控的风险,令银行贷款质量面临更大挑战,从而易引发新一轮不良贷款危机,给正在复苏中的中国经济带来不可预知的风险。

表 8—8 　　　　　　　地方城投债偿还期限 　　　　　　　　单位:年

发行期限 (年)	占　比
<1	1.05
1	5.83
2	1.59
3	9.37
4	0.15
5	12.92
6	7.32
7	51.28
8	1.56
10	7.47
12	0.03
13	0.05
15	1.25
20	0.13
总　　计	100.00

(3)地方政府的支持不确定。

由于地方政府和投融资平台关系的紧密性和城投公司对地方政府的重要性,使得地方政府对下属城投公司的支持意愿要明确得多。地方政府具有基础设施建设需求的长期性,由此也带来了持续性的融资需求。而在地方政府不能举债的制度性约束不能突破的情况下,城投公司在投融资方面的重要性是毋庸置疑的。所以,当城投公司出现流动性困难时,地方政府会尽力给予其需要的支持。然而,由于城市化带动地方政府建设支出的逐年增长,以及投融资平台公司债务规模的快速增加,地方政府和投融资平台公司的资金压力均逐年增加。一旦出现地方政府无法依靠土地出让净收益进行资金平衡,地方政府在某一时点无力保障城投公司的所有到期债务时,城投公司的信用风险将会因政府支持的差异化而出现分化。地方政府在无法对所有投融资平台公司的债务进行兜底时,必然会按照城投公司的重要性实行差别对待。目前,地方政府可以设立一个或者多个融资平台,多种渠道融资给地方政府带来一定的管理难度。在城投债存续期间内,地方政府对于城投公司的信用支持可能会有变化,对城投债的信用支持缺乏相应的稳定性和强制的执行力。

8.3.3.5 外部增信与信用评级风险

外部增信主要分为两类:第三方担保和资产类担保。

在第三方担保中,要特别注意的是相互担保。相互担保是指同属一个地方政府的城投公司互相担保,关联程度复杂。第三方担保方式理论上可以降低债券违约风险,然而城投债市场上出现的同属一个地方政府的城投公司相互担保,这种复杂的相互担保的关系加大了关联企业间资金链的压力,容易诱发城投债信用风险。

资产类担保主要包括土地使用权抵押、"应收账款"股权质押等。对于第三方担保,可以出台法律法规禁止第三方担保中的相互担保行为,而对资产类担保要求更加充分的资产信息披露是比较有效的办法,如表明注入资产与当地财政的明确关系等。

由于有地方政府的大力支持与信用担保为依靠,城投债成为各信用评级机构竞相争取的"优质客户"。评级机构出于自身利益的考虑,可能会采用放大信用评级中政府担保的作用、提高对部分信用瑕疵的容忍度等手段,出具不够客观的评级结果,使得城投债的信用承诺打折扣。所以,监管部门可以参照审计机构对社会审计的监督方式,对评级机构和具体评级人员加强监管。

8.4 总结

国有企业、民营企业和城投企业的债务风险因其债务主体的性质不同展现出不同的特征。

对于国有企业,负债规模和负债率均在不断扩大和上升。同时,国有企业资产回报率稳步增长,但是资产回报率水平还是很低。国有企业债务风险的真正问题是国有企业经营效率差,而国有企业资产经营效率低下的主要原因为国有企业技术低效率和国有企业制度低效率。

对于民营企业,民营企业在取得银行等信贷融资时的条件相对苛刻,与国有企业在银行借贷系统中的地位不对等。信用评级公司对中小民营企业的公司主体评级通常较低。民营企业在债务融资中遭遇的主要困境有:融资渠道狭窄且单一,融资成本高昂,资本供给结构不平衡,融资结构不合理。

对于城投企业,作为地方政府城市建设的投融资平台,其融资和投资都与地方政府有着密不可分的关系,城投债风险很大程度上取决于地方政府信用实力。自2008年以来,地方政府扩大投资规模,城投债的发行呈井喷式增长。

城投债的主要风险主要可以概括为：主体赢利水平低、资产违规注入、地方政府隐性担保和城投公司相互担保的问题。

参考文献

[1]陈增军. 国企债务——规模到底有多大[J]. 金融信息参考,1997(3).

[2]管清友. 中国债务风险实践[J]. 金融博览,2013(7).

[3]王国顺. 国有企业经营低效率成因的系统性分析[J]. 中国工业大学学报,2002(4).

[4]王兰军,张合金. 中国政策性银行的经营风险及其防范研究[J]. 财经研究,2001(5).

[5]夏龙. 再造国企——债务重组与债券发行[J]. 微观经济,1997(7).

[6]阎坤,陈新平. 中国当前金融风险财政化问题及对策[J]. 管理世界,2004(10).

[7]张岷. 资本市场与国企债务重组[D]. 西南财经大学,1997.

[8]张馨,王玮. 透视中国公共债务问题:现状判断与风险化解[M]. 北京:中国财政经济出版社,2004.

[9]中国人民银行金融稳定分析小组. 2014 中国金融稳定报告,2014.

[10]庞成栋. 中国中小企业债务融资风险及防范[J]. 商情,2013(36).

[11]巴曙松. 小微企业融资发展报告:中国现状及亚洲实践[J]. 博鳌观察,2013(4).

[12]刘卓哲,吴红毓然. 山西联盛 300 亿债务危机[J]. 新世纪,2013(50).

[13]温来成. 城投债的发展前景及财政投融资体制安排[J]. 兰州商学院学报,2013(2).

[14]涂盈盈. 城投债的发展与风险控制[J]. 中国金融,2010(7).

[15]廖文娟. 城投债发行的政府隐性担保风险与偿付问题法律分析[J]. 经济研究导刊,2014(3).

[16]孙万欣. 城投债风险研究与分析[J]. 财会通讯,2011(8).

[17]魏雪梅. 当前城投债风险评估及预测[J]. 债券,2013(2).

[18]刘成萍. 地方融资平台贷款风险及防范措施[J]. 科技信息,2013(6).

[19]巴曙松. 地方政府投融资平台的发展及其风险评估[J].西南金融,2009(9).

[20]游俊,刘薇. 论中国城投债发展现状、问题及建议[J]. 中国外资,2011(9).

[21]梁颖,葛新权. 全球金融危机下中国各地方政府的隐性债务扩张及其风险[J]. 经济研究导刊,2010(2).

[22]李蓉. 透过数据看地方政府债务风险[J]. 金融市场研究,2012(6).

[23]王有轶. 中国城投类企业债市场发展状况研究[J]. 技术与市场,2010(6).

[24]吴亮圻. 中国城投债的风险分析及对策探讨[J]. 中债网债券专题研究,2013(8).

[25]汪伟. 中国城投债的信用风险分析[J]. 中国商贸,2013(9).

[26]余晨. 中国城投债风险分析与对策[J]. 时代金融,2013(9).

[27]蔡晓辉,辛洪波. 中国城投债规模扩大的原因、风险及对策[J]. 商业经济研究,

2013(7).

　　[28]马晓红.中国城投债市场发展的思考[J].金融经济,2011(11).

　　[29]李湛,曹萍,曹昕.中国地方政府发债现状及风险评估[J].证券市场导报,2010(12).

　　[30]钱凯.有效化解城投债风险的观点综述[J].经济研究参考,2013(48).

　　[31]赵恒,伍毅荣.中国城投债发展、风险及对商业银行的机遇研究[J].郑州师范教育,2013(1).

　　[32]李森焱.中国城投债风险防范对策研究[J].经济研究参考,2012(59).

　　[33]伍毅荣,魏劭琨.中国城投债现状、风险与机遇[J].银行家,2013(1).

　　[34]黄旭良.中国地方债务的成因及政策建议[J].专家论坛,2011(2).